🐾신비로운 요괴TRPG🐾

저 녁 노 을 🐾

어 스 름

부웅!

부웅!

털~썩

우우.....

펄럭!!

퍼어엉

끄덕

스으....

나으으

사아아....

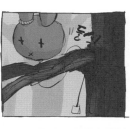

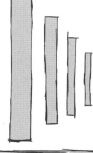

# 저녁노을어스름

신비로운 요괴 TRPG

# 시작하며

인간과 둔갑 동물이 함께 사는 신기한 마을, 히토츠나 마을에 오신 것을 환영합니다!

이 마을에 사는 둔갑 동물이 되어 조금 신비하면서도 따뜻한 이야기를 만들어보시기 바랍니다.

이 책은 테이블 토크 롤플레잉 게임(이후, TRPG)이라는 게임을 하기 위한 룰북입니다.

TRPG는 지금 있는 곳이 아닌 어딘가에서, 당신이 아닌 다른 누군가가 되어 다 함께 이야기를 만들며 노는 게임입니다.

TRPG는 게임기를 사용하지 않습니다. 여러 명의 참가자가 실제로 모여서, 이야기를 통해 게임을 진행합니다. 최근에는 인터넷에서 모여 플레이하는 ORPG도 인기가 좋습니다.

이 책에는 당신이 자신의 분신을 만들고, 친구들과 함께 게임을 하기 위해 알아둬야 할 내용이 적혀 있습니다. 혹시나 당신이 TRPG에 익숙하더라도 한 번은 마지막까지 읽어주시기 바랍니다.

## ● 『저녁노을 어스름』이란?

『신비로운 요괴 TRPG 저녁노을 어스름(원제: ふしぎもののけRPG ゆうやけこやけ)』은 신기하게도 사람으로 둔갑할 수 있는 「둔갑 동물」이 되어 곤경에 처한 사람들을 도와주거나, 용기를 북돋아 주는 이야기를 다 함께 즐기는 TRPG입니다. 플레이어(이후, PL)는 둔갑 동물이 되어 게임에 참가합니다.

이야기의 무대는 목가적인 분위기의 평범한 시골 마을, 「히토츠나 마을」입니다. 그곳에서는 예부터 둔갑 동물이나 요괴 같은 신비한 주민이 사람들과 함께 살고 있습니다.

사람들은 사소한 일로 고민에 빠지거나, 아무 일도 못 하게 되곤 합니다. 사람과 동물, 둔갑 동물 사이에 곤란한 일이 생겨 서로 고민에 빠질 때도 있습니다.

바로 그럴 때, 둔갑 동물들이 힘을 빌려줍니다.

물론 둔갑 동물은 신기한 술법을 조금 사용할 수 있을 뿐이지, 누군가와 싸우거나 큰 사건을 해결하지는 못합니다.

그래도 간단한 말이나 사소한 행동을 통해, 곤경에 처한 사람이나 슬퍼하는 사람들을 도와줄 수는 있습니다. 설령 직접 구해주지 못하더라도 이야기를 들어주고, 다가가 줄 수는 있을 것입니다. 둔갑 동물들은 그런 존재입니다.

여러분도 둔갑 동물이 되어 조금은 신비한 일상의 이야기를 즐겨봅시다.

## ● 게임의 목표

당신의 분신인 캐릭터를 통해 다른 참가자와 협력해서 여러분만의 이야기를 만드는 것. 그리고 그 이야기를 함께 즐기는 것. 이것이 『저녁노을 어스름』의 목적입니다.

이 게임에서 참가자가 엮어 나가는 이야기는 나쁜 사람을 혼내주거나, 누군가와 싸우는 이야기가 아닙니다. 누군가를 격려하거나, 마음을 훈훈하게 덥혀주는…… 그런 일상을 그리는 이야기입니다. 그래도 실제로 여러분 자신이 만들어낸 이야기는 남이 만든 어떤 이야기보다도 근사할 겁니다.

당신이 만든 이야기가 당신 자신의 힘이 될 수 있다면, 이 게임을 만든 저희로서는 그보다 더 기쁠 수는 없을 겁니다.

## ● 용어

이 책에 자주 나오는 단어를 설명합니다.

### ▼ 히토츠나 마을(一名町)

이야기의 무대가 되는 마을의 이름입니다. 어디에나 있을 법한 평범한 시골 마을입니다.

### ▼ 둔갑 동물

사람으로 둔갑하거나, 신기한 술법을 사용할 수 있는 동물들. PL은 기본적으로 둔갑 동물 캐릭터를 만들어 게임에 참가합니다.

▼ 토지신님

예부터 산이나 강 같은 자연을 다스리는 신으로, 각자가 담당하는 토지를 지킵니다. 둔갑 동물들의 상담 상대가 되어주기도 합니다.

▼ 요괴

둔갑 동물, 토지신님과 그 밖의 신기한 존재를 모두 통틀어서 이렇게 부릅니다. 『저녁노을 어스름』에서는 둔갑 동물이나 토지신님 말고도 신기한 존재가 잔뜩 등장합니다.

## ● 규칙 용어

자세한 것은 나중에 설명하겠지만, 자주 나오는 게임 용어를 설명합니다.

▼ 이야기꾼

『저녁노을 어스름』에서 이야기의 사회 및 진행, 판정을 담당하며, 게임 안에서 벌어지는 일들을 결정하는 참가자입니다. 게임에 관련된 모든 것을 최종적으로 결정할 권한이 있습니다. 어떤 문제를 두고 의견이 나뉠 때, PL은 이야기꾼의 결정에 따릅시다. 단, 이야기꾼도 PL이 하는 말을 잘 듣고, 오직 재미있는 이야기를 만들기 위해서만 자신의 권한을 사용해야 합니다. PL과 이야기꾼은 힘을 합쳐 이야기를 만들어가는 동료라는 점을 잊지 마시기 바랍니다.

▼ PL

플레이어. 이야기꾼 이외의 참가자입니다. 둔갑 동물을 만들어 이야기에 참가합니다.

▼ PC

PL이 맡는 등장인물입니다.

▼ NPC

PC가 아닌 등장인물입니다. 이야기꾼이 조종합니다.

▼ RP

롤플레이. 등장인물의 역할을 연기하거나, 행동을 묘사하는 것을 말합니다.

▼ 캐릭터

PC, NPC 양쪽 모두를 가리키는 말입니다. 이야기의 등장인물입니다.

▼ 특기

둔갑 동물이나 요괴가 사용하는 신기한 힘입니다.

▼ 세션

1회의 게임, 그리고 그 게임 안에서 만든 이야기를 가리킵니다. 몇 개의 장면으로 나뉩니다.

▼ 시나리오

세션의 대략적인 줄거리가 적혀 있는 문장입니다. 이 책에도 실려 있지만, 이야기꾼이 직접 만들 수도 있습니다.

## ● 범례

다음 기호는 이 책에서 아래와 같은 의미를 가집니다.

【】 PC가 공통적으로 가지는 정보를 나타냅니다.
《》 특기의 이름을 나타냅니다.
[ ] 이 게임 특유의 용어로, 본래의 의미와 구별해서 사용하는 용어를 나타냅니다.

## ● 필요한 것

『저녁노을 어스름』으로 게임을 하려면 다음과 같은 것을 준비해야 합니다. 이야기꾼과 참가자 모두가 분담해서 준비합시다.

▼ 룰북

이 책입니다. 이야기꾼이라면 꼭 가지고 있어야 합니다. PL이라면 첫 세션 때는 룰북 없이 이야기꾼이 준비한 견본 동물로만 게임을 할 수도 있습니다. 하지만 그 후에도 계속 게임을 하고 싶다면 반드시 각자 한 권씩 룰북을 준비합시다. 게임을 계속하려면 규칙을 잘 알아둬야 합니다!

▼ 요괴 기록 용지 등

각종 시트는 사전에 참가자의 수만큼 복사해둡시다.

▼ 필기도구

각 시트에 자주 내용을 적어야 하므로, 샤프와 지우개가 필요합니다.

▼ 코인 등의 카운터

세션 동안에는 [꿈](나중에 설명하겠습니다)이라는 포인트를 참가자끼리 빈번하게 주고받습니다. 관리하기 편하도록 코인이나 카드 같은 소품을 준비합시다.

▼ 장소와 친구

이야기꾼 1명, PL 1~4명이 필요합니다. PL이 이보다 더 많아지면 게임의 부담이 커지므로, PL을 5명 이상으로 늘리는 것은 피하는 편이 좋습니다. 1회의 세션에는 대체로 몇 시간 정도가 걸립니다. 게임을 할 때는 마음껏 떠들어도 주위에 민폐가 되지 않을 만한 장소에서 해야 합니다. 여건이 된다면 간식이나 음료도 준비해둡시다.

또, 인터넷으로 TRPG를 할 수도 있습니다. 필요한 소프트웨어는 인터넷을 검색해서 찾아봅시다. 환경만 갖출 수 있다면 온라인으로 게임을 해보는 것도 재미있습니다(이것을 ORPG라고 합니다). 문자 채팅만으로 ORPG를 하면 시간이 오래 걸리므로, 각 참가자는 되도록 게임에서 묘사할 내용 등을 미리 준비해둬야 합니다.

# 목차

# 리플레이 「들판에 핀 부적」

사람으로 둔갑하여, 사람의 마을에 섞여 살아가는 신기한 동물들. 때때로 짓궂은 장난을 치기도 하지만, 마을과 거기 사는 주민들을 너무나도 좋아하는 동물들. 우리는 그들을 둔갑 동물이라고 부릅니다.

둔갑 동물과 사람이 만나, 서로 마음을 열어가며 훈훈한 이야기를 만들어냅니다. 『저녁노을 어스름』은 이렇게 즐기는 게임입니다.

물론 이런 설명만으로는 어떻게 게임을 해야 할지 이해가 되지 않을 수도 있습니다.

하지만 걱정하지 않아도 됩니다.

규칙 설명에 앞서 우선 실제로 게임을 플레이하는 모습을 소개해드리겠습니다.

둔갑 여우, 하치만 스즈네가 장소를 준비하고, 모두가 모일 수 있는 시간에 세 명을 불러 모았습니다.

『저녁노을 어스름』을 하기 위해서.

세션은 바로 시작할 수 없습니다.

우선 준비부터 시작합시다.

## 둔갑 동물 만들기

**스즈네(이후 이야기꾼)**   그럼 세션을 시작하마. 내가 이야기꾼을 맡을 테니 너희는 둔갑 동물을 만들거라. 이 종이를 채워나가면 되느니라. (요괴 기록 용지를 넘기며)

**다나카 코로(이후 코로)**   빨리 시작하자! 어서! 빨리!

**쿠로무**   그래서? 뭘 어떻게 하면 돼?

**이야기꾼**   음. 우선 처음에는 어떤 종류의 둔갑 동물이 될지 정해야 한다. 후보는 여기 이 일곱 종류이니라. (이 책의 둔갑 동물 소개 페이지를 펼쳐 보여주면서)

**치카**   와! 너무 많아서 고민되는걸! (두리번두리번)

**쿠로무**   (지그시) 그럼…… 난 고양이로 할래.

**코로**   멍!? 빨라앗!

**치카**   윽! 나도 이미 정했거든!? (허겁지겁)

**이야기꾼**   그렇게 서두를 필요는 없는데……. 하긴 너무 고민해도 곤란하다만.

**치카**   쥐로 할래.

**코로**   나는 개!

**이야기꾼**   좋아, 셋 다 정했구나. 그럼 이제 【약점】을 정해보려무나. 각 동물의 【약점】 중에서 적어도 하나는 【약점】을 골라야 하느니라. 더 많이 고르고 싶으면 세 개까지 골라도 된다. (둔갑 동물의 【특기】를 복사한 종이를 세 명에게 넘기며)

**쿠로무**   많이 고르면 뭐 좋은 거 있어?

**치카**   【약점】은 죄다 불편한 것뿐인데?

**이야기꾼**   그 대신 대응하는 【추가 특기】를 받을 수 있느니라. 이런 【특기】는 【약점】을 가져야 얻을 수 있지.

**코로**   그럼 고를래! 【추가 특기】가 많으면 할 수 있는 일이 더 많겠지?

**이야기꾼**   허나 【약점】 탓에 행동에 제약을 받을 수도 있느니라. 어느 쪽이 좋다고는 말 못 하겠구나.

(셋 다 고민 끝에 3개의 【추가 특기】를 골랐다)

**이야기꾼**　호오, 셋 모두 3개씩이나 고른 게냐. 관리는 꼼꼼히 해야 하느니라?

**쿠로무**　이 정도라면 문제없어.

**이야기꾼**　으흠. 그럼 이참에 기본 【특기】 여섯 개도 옮겨 적어 두거라. 대략 어떤 둔갑 동물인지 감이 올 게야.

(셋 모두 한동안 옮겨 적는다)

**코로**　다 했어!

**쿠로무**　음. 다 썼어.

**치카**　이히히! 이거 그럴싸한걸!

**이야기꾼**　그럼 이제 능력치를 정할 차례. 8점을 원하는 능력치에 분배하거라. 단, 분배할 수 있는 수치는 최저 1, 최고 4다. 이 규칙은 지켜야 하느니라? 아차, 【어른】은 0이어도 된다.

**쿠로무**　응. 그럼 이렇게 해볼까.

**치카**　우와!? 빠, 빨라도 너무 빠르잖아! 생각을 하긴 하는 거야? (허둥지둥)

**쿠로무**　괜히 고민해봐야 더 나을 것도 없잖아? 고민되면 전부 2로 찍어버리지?

**이야기꾼**　대, 대범한 녀석이로고. 하긴 그렇게까지 면밀히 정할 것도 아니긴 하다만……

**치카**　그, 그래? 그래도 【어른】은 2 정도는 찍어두고 싶은데.

**쿠로무**　……네가 그렇게 어른스러웠던가?

**치카**　다다다당연하지! 난 《도시 쥐》걸랑!

**쿠로무**　뭐, 내 알 바는 아니지만. (깜빡깜빡)

**이야기꾼**　어허, 지금 만드는 둔갑 동물은 너희들 본인이 아니거늘. 만들고 싶은 대로 만들게 놔둬라.

**코로**　난 【어른0】이야!

**치카**　(이히히. 코로는 속이기 쉬울 것 같네……♪)

**쿠로무**　흐응. 그래서? 이제 완성된 거야?

**이야기꾼**　아니. 이제 사람으로 둔갑했을 때의 모습을 정해야 한다. 여기에는 복장이나 겉보기 나이도 포함되느니라. 당연한 이야기지만, 성별도 지금 정해두거라.

**쿠로무**　고양이가 인간으로 둔갑했을 때의 모습이라……

**이야기꾼**　이건 잘 생각해서 정하는 게 좋을 게다. 그 둔갑 동물의 가장 중요한 부분이니 말이다.

(셋 모두 한동안 생각에 잠긴다)

**쿠로무**　응. 그럼 난 이렇게. (쿠로무의 그림을 참조)

**코로**　난 이렇게! (코로의 그림을 참조)

**치카**　어때? 귀엽지? (치카의 그림을 참조)

**이야기꾼**　음, 셋 다 여자애로구나. 그럼 드디어 마지막이다. 이름과 나이를 정하거라.

**쿠로무**　아무렇게나 정해도 돼?

**이야기꾼**　안 될 소리. 일부 여우와 주인을 가진 동물 말고는 성을 쓸 수 없고, 이름도 단순한 이름만 쓸 수 있느니라.

**코로**　난 주인님이랑 성이 같아♪

**치카**　나이에도 뭔가 제한이 있어?

**이야기꾼**　아니, 나이는 어느 정도 마음대로 정해도 된다. 수천 년 살았다고 한다면 좀 문제가 있겠지만, 100년 이내라면 상관없다.

**쿠로무**　걱정 마셔. 누가 일부러 수천 살 먹은 할머니를 만들겠어?

**치카**　그럼…… 내 이름은 치카! 나이는 열 살로 할래. 사람 모습도 열 살 정도로!

**코로**　다나카 코로! 5살짜리 장난꾸러기 강아지야! 둔갑하면 12살 정도!

---

**둔갑 쥐**

## 치카

| | | | |
|---|---|---|---|
| 요괴 1 | | 동물 3 | |
| 어른 2 | | 아이 2 | |

집쥐 요괴. 사람으로 둔갑했을 때의 모습은 멜빵바지를 입은 단발머리 여자애. 장난치기를 좋아하며, 곧잘 남을 선동하려고 든다. 짓궂은 구석이 있는 편. 어떤 의미로는 참모 타입이라고 할 수 있을지도?

**【약점】**
《도시 쥐》《먹보》《아이, 무서워》

**【추가 특기】**
《쪼르르》《훔쳐먹기》《말똥말똥》

---

**둔갑 개**

## 다나카 코로

| | | | |
|---|---|---|---|
| 요괴 1 | | 동물 4 | |
| 어른 0 | | 아이 3 | |

시바견 잡종으로 추정되는 개 요괴. 사람으로 둔갑했을 때의 모습은 운동복 차림의 여자애. 가장 아끼는 보물은 개 목걸이. 솔직하고 기운이 넘치지만, 아무 말이나 곧이곧대로 믿는 것이 옥에 티. 무드 메이커.

**【약점】**
《목걸이》《요령 빵점》《정직》

**【추가 특기】**
《집》《참을성》《미안해》

둔갑 고양이
# 쿠로무

요괴 2  동물 3
어른 1  아이 2

검은 고양이 요괴. 사람으로 둔갑했을 때의 모습은 눈초리가 치켜 올라간, 보이시한 여자애. 쿨하고 제멋대로인 척 행세하고 있지만, 사실은 상냥한 아이랍니다. 얼빠진 꼴을 보면 지적하지 않고는 못 배기는 성격.
【약점】
《고양이혀》《맥주병》《제멋대로》

【추가 특기】
《내숭》《곡예》《그늘》

**쿠로무**　음. 그럼 난 이름은 쿠로무, 나이는 사람일 때도 고양이일 때도 15살로.

**치카**　고양이가 15살이나 먹었으면 완전히 할머니네, 이히히.

**쿠로무**　요괴잖아. 너야말로 쥐가 열 살이면 그냥 노인네 아냐?

**이야기꾼**　어허, 이놈들. 그게 싸울 일이냐? 어서 정한 내용을 종이에 적지 못할까.

**쿠로무&치카&코로**　네~

## 【인연】 정하기

**코로**　멍! 이제 세션 시작하는 거야?

**쿠로무**　뭔지 모를 빈칸이 아직 꽤 남아 있는데? (요괴 기록 용지를 가리키며)

**이야기꾼**　오, 마침 잘 말했다. 거기에는 주로 이야기의 등장인물과 맺은 【인연】을 적게 되느니라.

**쿠로무**　등장인물이라고 해도 지금은 치카랑 코로, 나밖에 없잖아?

**이야기꾼**　지금이야 그렇지. 이제 이야기 속에서 누군가를 만나면, 그때마다 상대의 이름을 적는 것이야. 하는 김에 마을의 이름도 적어두거라. 마을의 이름은 히토츠나 마을이니라.

**치카**　오케이! 그럼 이쪽 칸에는 일단 쿠로무와 코로의 이름을 적어야겠네.

**이야기꾼**　다 적었으면 【인연】의 내용을 정해야 한다. 상대를 어떻게 생각하는지를 여기에서 골라 정하거라. (【인연】의 내용을 대강 보여주며)

**코로**　마을과의 【인연】은 【애정】으로 할 거야! 나 히토츠나 마을 너무 좋아!

**쿠로무**　난 마을에 대해서는 【가족】으로. 왠지 모르게 지내기 편하다는 정도로 해둘까.

**치카**　이 마을에 대해서는 【동경】이 가장 좋겠네. 도시에 비해 느긋하게 지낼 수 있어

서 좋아. 슬로 라이프 만세♪

**이야기꾼**　그럼 서로에 대한 【인연】은 어떠한고?

**쿠로무**　치카에 대한 【호의】, 코로에 대한 【신뢰】 정도로.《도시 쥐》인 치카는 이 마을에서는 새내기일 테니까, 일단 선배 행세라도 해봐야지. 코로랑은 그냥 친한 사이.

**치카**　그럼 코로한테는 【보호】! 내가 없으면 다른 녀석들한테 속을 것 같거든! 쿠로무에 대해서는 【대항】이야. 지, 지지지, 지지 않을 거라구!

**코로**　쿠로무한테 【대항】, 치카한테는 【존경】으로 정했어! 쿠로무는 놀이 친구야! 질 수 없어! 그리고 치카는 말이지, 자기가 직접 먹을 걸 구해오는 게 너무 굉장하더라구!

**치카**　흐흥~ 항상 득의양양한 표정으로 뭔가 먹고 있지롱!

**쿠로무**　어……? 잠깐, 나한테는 둘 다 【대항】이야?

**코로**　앗! 어, 어디까지나 놀이 친구로서 그렇다는 거야!

**치카**　초초초, 촌 동네의 고고고, 고양이 따위 하나도 안 무서워!

**이야기꾼**　(웃음) 요 녀석들, 잡담은 그 정도로 해두거라. 【인연】의 강도는 모두 1이니라. □에 색칠을 해두거라.

**쿠로무&치카&코로**　(슥슥)

**이야기꾼**　그럼 이제 남에 대한 【인연】의 수만큼 【신비】를 얻거라. 그리고 자신에 대한 남들의 【인연】 수만큼 【마음】을 얻는 것이니라.

**쿠로무**　여기에 숫자를 적으란 말이지…….

**치카&코로**　(쿠로무를 따라 적는 중)

**이야기꾼**　좋다. 거기까지 끝났다면 드디어 모든 준비를 마친 것이야! 이제 이야기를 시작하겠다!

**쿠로무&치카&코로**　네~!

드디어 이야기가 시작됩니다.
참고로 이 이야기에서 스즈네가 이야기꾼을 위해 각 [장면]에 준비한 【마음】은 10점.
사람밖에 안 나오고, 판정을 자주 할 이야기도 아니므로 표준에 해당하는 수치로 정했습니다.

## 첫 번째 [장면]

**장소: 마을 근처의 산속**
**시간: 저녁**

**이야기꾼**　그럼 첫 [장면]을 시작하겠다. 시간은 저녁 무렵. 장소는 마을 근처의 산에 놓인 논두렁길이니라.

**쿠로무** 계절은 언제야?

**이야기꾼** 봄이다. 초목에는 새싹이 돋아나고, 꽃도 피어나고 있지. 주위에는 아무도 없다. 주인 있는 개인 코로는 왜 이런 산에 나와 있을꼬?

**코로** 코로는 말이지, 주인님이랑 산책한 후에 또 멋대로 혼자서 산책을 하거든! 주인님한테는 비밀이야!

**이야기꾼** 오호라, 귀여운 녀석 같으니. 그럼 내가 코로에게 [꿈]을 주마.

**코로** 멍멍! 고마워!

이야기꾼인 스즈네가 나중에 수를 파악하기 편하도록 코인 1개를 코로에게 건넵니다. 이 코인의 개수가 곧 각자가 가진 [꿈]의 수를 나타냅니다.

[꿈]은 누군가의 언동을 보고 「그거 좋네」「귀여운 걸」「근사하다!」라는 생각이 들 때 줍니다.

이렇게 모인 [꿈]은 나중에 서로의 【인연】을 더 굳건하게 할 때 사용합니다.

**쿠로무** 「이제야 좀 따뜻해졌네. 낮잠 자기에 딱 좋은 날씨인걸.」 난 논두렁길 옆에서 꽃을 피운 벚나무 가지 위에 앉아 으냐~ 하고 꾸벅꾸벅 졸고 있어.

**치카** 거기에 두다다다~ 하고 허겁지겁 등장! 「뭐 하니~ …으악!? 고양이……! 어, 뭐야. 쿠로무잖아.」 이렇게 꼬리를 한 번 빳빳이 세웠다가, 쿠로무라는 걸 확인하고 안심하면서 다시 내려.

**이야기꾼** 음. 다들 사랑스럽구먼. 너희 둘에게도 [꿈]을 주마. 자, 그러고 있는데 논두렁길 옆의 공터에 쭈그려 앉은 남자애가 보이는구나.

**코로** 어? 벌써 어두워졌는데 아직 어린애가 있어? 아이들은 다들 집이 있지? 집 없는 애는 없을 텐데!

**이야기꾼** 「훌쩍훌쩍……. 대체 어디 있는 거야…….」 남자애는 울면서 뭔가를 찾고 있는 것 같구나.

**쿠로무** 「미아인가 했는데, 그렇지도 않은 것 같네. 그래도 벌써 해질녘인데, 어쩜 저리 조심성이 없담.」 벚나무 위에서 가만히 지켜볼게. 몇 살 정도로 보이는지, 본 적 있는 앤지 확인하면서.

**치카** 그럼 난 말을 걸어볼까?

**이야기꾼** 으흠. 적극적이로구나.

**치카** 이히히. 남자애면 눈깔사탕 가지고 있을지도 모르잖아?

**코로** 역시 도시쥐다워! 치카한테 [꿈]을 줄래!

이렇게 세션을 진행하는 동안에 종종 [꿈]을 주고받습니다.

[꿈]을 줄 때는 가볍게 언급만 하고 넘어가도 됩니다. 어차피 코인으로 점수를 표시할 것이고, 무엇보다 이야기의 진행을 방해하면 안 되기 때문입니다. 말없이 코인을 건네주기만 해도 됩니다.

ORPG에서는 각 소프트웨어의 기능을 사용해 [꿈]을 건네줍시다. 그때그때 이야기꾼의 지시에 따라 [꿈]을 넘겨주면 됩니다.

이제부터는 [꿈]을 주고받는 부분은 생략하고 설명하겠습니다.

**이야기꾼** 오, 그렇지. 지금 사람으로 둔갑한 녀석은 있는고?

**치카** 귀랑 꼬리를 드러낸 채로 둔갑하려고. 얘랑 얘기 좀 해보고 싶걸랑. 어, 【신비】 몇 점 써야 해?

**쿠로무** 저녁에는 귀랑 꼬리를 내놓으면 0점으로도 둔갑할 수 있어. 아, 난 그냥 고양이 모습 그대로.

**이야기꾼** 예부터 황혼에는 다가오는 이가 누군지조차 알아보기 힘들었지. 윤곽조차 애매모호한 저녁은 둔갑하기에는 딱 좋은 시간이니라.

**코로** 나도 그냥 개 모습으로 나올래!

인간으로 둔갑할 때는 【신비】나 【마음】을 사용합니다. 어느 쪽을 소비할지 고를 수 있습니다.

어느 정도로 둔갑하겠습니까? 누가 봐도 완벽한 모습으로? 아니면 귀와 꼬리, 혹은 날개를 드러낸 모습? 둔갑 정도에 따라 사용하는 【신비】나 【마음】 점수가 달라집니다. 그 [장면]에서 뭘 하고 싶은지 생각해서 결정합시다.

**치카** 「얘! 거기 울먹이는 애!」 남자애의 얼굴을 들여다볼 수 있도록 아래쪽에서 불쑥 튀어나와 눈을 마주쳐볼래. 어떻게 반응할까?

**이야기꾼** 「우와앗!? 누구야, 넌?」 상당히 놀라는구나.

**치카** 「나? 여자애한테 이름을 물을 때는 자기 이름부터 대야 하는 거 아냐?」 히죽 웃어.

**이야기꾼** 「나, 난 쿠사다 지로라고 하는데…….」 놀라서 눈물도 뚝 그친 모양이다. 아직도 상당히 동요하고 있다만.

**쿠로무** 마을 애야? 어디서 본 적은 없어? 혹시 아는 얼굴?

**이야기꾼** 흠. 그럼 쿠로무와 코로는 알고 있다고 할까. 치카는 이 마을에 온 지 얼마 안 되어서 모른다.

**코로** 멍? 쿠사다 씨댁의 지로잖아! 지로에게 달려갈게!

| 쿠로무 | 벗나무에서 고양이 상태로…… 치카의 등을 향해 점프해. 그렇게 등에 매달린 상태에서……. |
|---|---|
| 치카 | 「우꺄아아~~ 자, 잡아먹힌다~~」 전신에서 힘이 쭉 빠져나간다아아~. |
| 쿠로무 | 「냐옹~」 치카가 몸을 웅크리면 그 위를 아장아장 밟으면서 소년의 발치까지 가. |
| 이야기꾼 | 다들 지로의 곁으로 온 게로군? 하지만 지로는 겁을 집어먹었다. 어떻게 해야 할지 망설이는 것 같구나. |
| 코로 | 《괜찮아》를 사용하면 지로가 기운을 좀 차릴까? 내가 눈물 핥아줄게! |
| 쿠로무 | 기본 【특기】인 《부비부비》를 써서 복잡한 고민 따위 날려주지! 목을 고롱고롱 울리면서 몸을 쓰다듬게 해줘. |
| 이야기꾼 | 사랑스러운 동물들에 둘러싸여 복슬복슬한 털뭉치를 부비부비……. 완전히 마음이 놓인 모양이구나. 지로가 웃기 시작했다. 이제 치카가 【아이】로 2를 낸다면 지로와 이야기를 나눌 수 있다. |
| 치카 | 【아이】는 원래 2야. 성공! |
| 쿠로무 | 내가 이 모습으로 사람 말을 할 수야 없으니 교섭은 너한테 맡길게. 쓰다듬는 손길에 몸을 맡기면서 눈으로 치카에게 그렇게 전해. |
| 치카 | 시, 시선이 느껴진다! 조, 좋다구! 끝까지 가보자고! 못 본 척하고 있지만 눈이 평소보다 더 빨리 깜빡이고 있어. (깜빡깜빡) |
| 이야기꾼 | 지로는 완전히 평정을 되찾았다. |
| 코로 | 「멍! 멍!」 그럼 난 기운을 차린 지로의 주위를 빙글빙글 돌래! |
| 이야기꾼 | 그럼 지로와의 【만남】을 처리하겠다. 【만남】을 통해 서로 어떻게 생각하게 되었는지를 정하는 거야. 자, 정해보거라. |

세션 동안 처음으로 만난 상대와 이야기를 나누거나 관여하게 되면, 그 시점에서 【만남】을 처리합니다. 이때, 서로에 대해 강도 1의 【인연】을 얻습니다.

| 쿠로무 | 뭐, 이 경우는…… 【보호】 말고는 없겠지. |
|---|---|
| 치카 | 지로한테는 【호의】를 골랐어! 이히히. 얘 순진해 보이는 게, 뭐든 말만 하면 간단히 넘어올 것 같아! |
| 코로 | 난 【보호】야! 마을의 아이는 소중한 친구거든! |
| 이야기꾼 | 지로는…… 너희 각자에 대한 【인연】으로 【신뢰】를 골라둘까. 외로울 때 곁에 와준 상냥한 녀석들이니 말이다. 【만남】을 마쳤으니 [장면]을 끊겠다. |

## 🐾첫 번째 [막간]🐾

[장면]에 새로운 등장인물이 등장하거나, 시간이 흐르거나, 상황이 바뀌었을 때는 [장면]을 끊읍시다. [장면]과 [장면] 사이에는 [막간]이 있습니다. 【꿈】을 사용해 【인연】을 더 굳건하게 하거나, 【인연】의 내용을 바꿀 수 있습니다.

| 이야기꾼 | 자, 이제 [막간]이니라. 【인연】의 강도를 높이고 싶은 녀석은 있는고? 모아둔 【꿈】을 쓸 때다만? |
|---|---|
| 쿠로무 | 그럼 10점 사용해서…… 코로와 치카에 대한 [인연] 말인데, 내용은 그대로 놔두고 강도만 높일게. 지로하고는 아직 그렇게까지 잘 아는 사이가 아니니까 그대로 유지. |
| 치카 | 나도 쿠로무와 코로에 대한 【인연】에 5점씩 쓸게. 내용은 그대로! |
| 코로 | 와우~웅. 둘 다 【꿈】 많네. 난 둘 모두한테 사용하기에는 부족하니까…… 치카한테 쓸래! 난 씩씩한 치카를 【존경】한다구! |
| 이야기꾼 | 흐음. 다들 [꿈]을 많이도 받았구먼. 사랑스럽게도 서로를 배려하며 놀이를 즐기고 있다는 말이렷다. |
| 쿠로무 | 난 딱히 아양 떨 생각은 없는데. (흥!) |
| 이야기꾼 | 고양이답게 구는 것도 [꿈]으로 이어지는 법이니라. 고양이의 입장에서 적극적으로 이야기에 관여한다면 그걸로 되는 것이야. |
| 치카 | 이히히! 쿠로무가 쑥스러워한다! |
| 쿠로무 | 시끄러워! |
| 이야기꾼 | 이 녀석, 얼버무리지 말고. |
| 코로 | 와우웅. 나만 【꿈】이 적은 건 내가 잘 못해서 그런 거야? 주인님이 항상 나보고 주위에 폐를 끼치면 안 된다고 했는데……. |
| 이야기꾼 | 전혀 그렇지 않다. 넌 잘하고 있느니라. 【꿈】은 때에 따라 많을 수도 있고, 적을 수도 있는 것이야. 【꿈】은 벗의 사랑스러운 모습을 칭찬하고, 이야기를 더 재미있게 즐기기 위해 있는 것이니라. 【꿈】 때문에 끙끙 앓아서야 본말전도다. 알겠느냐? |
| 코로 | 응! 알았어! |
| 이야기꾼 | 그럼 셋 다 남에 대한 【인연】 강도를 합한 만큼의 【신비】와 자신에 대한 【인연】 강도를 합한 만큼의 【마음】을 받아두도록. |

[막간]의 맨 마지막에는 【신비】와 【마음】을 얻습니다. [막간] 도중에 【인연】의 강도나 내용이 달라졌을 것이므로, 변경 후의 【인연】을 참조합시다.

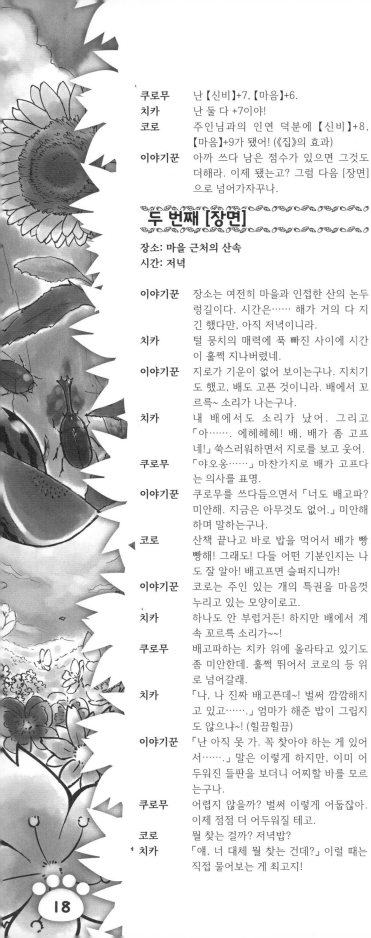

| | |
|---|---|
| 쿠로무 | 난 【신비】+7, 【마음】+6. |
| 치카 | 난 둘 다 +7이야! |
| 코로 | 주인님과의 인연 덕분에 【신비】+8, 【마음】+9가 됐어! (《집》의 효과) |
| 이야기꾼 | 아까 쓰다 남은 점수가 있으면 그것도 더해라. 이제 됐는고? 그럼 다음 [장면]으로 넘어가자꾸나. |

## 두 번째 [장면]

**장소: 마을 근처의 산속**
**시간: 저녁**

| | |
|---|---|
| 이야기꾼 | 장소는 여전히 마을과 인접한 산의 논두렁길이다. 시간은…… 해가 거의 다 지긴 했다만, 아직 저녁이니라. |
| 치카 | 털 뭉치의 매력에 푹 빠진 사이에 시간이 훌쩍 지나버렸네. |
| 이야기꾼 | 지로가 기운이 없어 보이는구나. 지치기도 했고, 배도 고픈 것이니라. 배에서 꼬르륵~ 소리가 나는구나. |
| 치카 | 내 배에서도 소리가 났어. 그리고 「아……. 에헤헤헤! 배, 배가 좀 고프네!」 쑥스러워하면서 지로를 보고 웃어. |
| 쿠로무 | 「야오옹……」 마찬가지로 배가 고프다는 의사를 표명. |
| 이야기꾼 | 쿠로무를 쓰다듬으면서 「너도 배고파? 미안해. 지금은 아무것도 없어.」 미안해하며 말하는구나. |
| 코로 | 산책 끝나고 바로 밥을 먹어서 배가 빵빵해! 그래도! 다들 어떤 기분인지는 나도 잘 알아! 배고프면 슬퍼지니까! |
| 이야기꾼 | 코로는 주인 있는 개의 특권을 마음껏 누리고 있는 모양이로고. |
| 치카 | 하나도 안 부럽거든! 하지만 배에서 계속 꼬르륵 소리가~~! |
| 쿠로무 | 배고파하는 치카 위에 올라타고 있기도 좀 미안한데. 훌쩍 뛰어서 코로의 등 위로 넘어갈래. |
| 치카 | 「나, 나 진짜 배고픈데~! 벌써 깜깜해지고 있고…….」 엄마가 해준 밥이 그립지도 않으냐~! (힐끔힐끔) |
| 이야기꾼 | 「난 아직 못 가. 꼭 찾아야 하는 게 있어서…….」 말은 이렇게 하지만, 이미 어두워진 들판을 보더니 어찌할 바를 모르는구나. |
| 쿠로무 | 어렵지 않을까? 벌써 이렇게 어둡잖아. 이제 점점 더 어두워질 테고. |
| 코로 | 뭘 찾는 걸까? 저녁밥? |
| 치카 | 「얘, 너 대체 뭘 찾는 건데?」 이럴 때는 직접 물어보는 게 최고지! |

| | |
|---|---|
| 이야기꾼 | 흠. 치카하고는 앞 [장면]에서 대화가 성립했으니 대답해주지. 「실은…… 『네 잎 클로버』를 찾고 있어.」 |
| 코로 | 『네 잎 클로버』? 그게 뭔데? |
| 이야기꾼 | 그럼 【어른】으로 판정을 해보자. 6 이상이라면 알고 있다. 8 이상이라면 더 자세히 알고 있다고 하마. |
| 쿠로무 | 문제없어. 치카는 어른이지? |
| 치카 | 그그그, 그렇고말고! 【마음】 6점 쓸게! 이러면 8이라도 성공이라구! |

『저녁노을 어스름』에서는 주사위를 사용하지 않습니다.

판정을 하게 되면 이야기꾼은 능력치와 필요한 수치를 지정합니다. 능력치와 필요한 수치를 비교했을 때, 결과가 같거나 능력치 쪽이 더 높으면 그 행동은 성공합니다.

능력치가 부족해도 그만큼의 【마음】을 사용하면 판정에 성공할 수 있습니다.

당신을 향한 누군가의 【인연】이 당신을 지지해주는 셈입니다.

| | |
|---|---|
| 이야기꾼 | 훌륭하구나. 클로버란 봄에 들판에 가면 자주 보이는 풀이니라. 토끼풀이라고도 하는데, 잎이 셋 달린 풀이지. |
| 쿠로무 | 응? 방금 네 잎이라고 하지 않았어? |
| 이야기꾼 | 끝까지 들어라. 클로버의 잎은 대부분 세 잎이지만, 아주 드물게 잎이 넷 달린 클로버도 있느니라. 이것은 행운의 상징으로, 가진 이에게 행운을 가져다준다는 속설이 있다. |
| 코로 | 행운을 가져다줘? 그럼 좋은 일 생겨? 누가 밥이라도 주나? |
| 쿠로무 | 그럴 리가 있겠나? (어이없어 하며) |
| 이야기꾼 | 지금 당장 배를 채울 수 있을지 없을지는 운으로 따질 문제가 아닐 게다. |
| 치카 | 난 수다 떠는 걸 참 좋아하거든? 그러니까 지로 군에게 이렇게 물어볼게. 『『네 잎 클로버』를 찾아서 뭘 어떻게 할 건데?』 |
| 이야기꾼 | 「엄마한테 가지고 가려고…….」 |
| 쿠로무 | 엄마에게 행운을 전해주고 싶단 말이야. |
| 코로 | 맛있는 거 잔뜩 먹여드리고 싶은 거구나! |
| 이야기꾼 | 「엄마가 입원했어……. 아빠가 큰일 났대. 그래서, 엄마가 무사히 돌아왔으면 해서…….」 |
| 쿠로무 | 그랬구나……. |
| 코로 | 가족을 소중히 여기는구나! 그거 정말 중요한 거야! 참 착해! |
| 치카 | 「지로, 벌써 해도 졌잖니. 『네 잎 클로버』, 꼭 오늘 찾아야 해?」 |
| 이야기꾼 | 흠……. 지로를 설득하겠다는 말이렷다? 그럼 【어른】으로 판정을……. |

| | |
|---|---|
| 치카 | 여기에서 《찍찍》을 쓸래! 내 말을 믿게 하는 【기본 특기】야! |
| 이야기꾼 | 으음? 뭔가 생각이 있나 보군? 좋다. 해 보아라. |
| 치카 | 「엄마를 걱정할 줄도 알고, 참 장한걸? 하지만 이러다가 네가 밤길에 미아가 되기라도 하면 엄마가 슬퍼하실걸? 그러니까 그만 돌아가자. 응?」얼굴을 바라보며 웃어 줄게. |
| 이야기꾼 | 오오, 그거 괜찮군. 그 말에 지로도 얌전히 고개를 끄덕이는구나. 「응……. 그렇겠지. 알았어.」 |
| 코로 | 마을까지 돌아가자! 달릴래? 달릴까? |
| 쿠로무 | 「마을까지 가는 거야 좋긴 한데, 달리진 말고 느긋하게 가자. 응?」코로의 귓가에 대고 말해. |
| 이야기꾼 | 안심한 것일 테지. 지로의 배에서 크게 꼬르륵 소리가 울리는지고. 그 소리를 들으니 다들 덩달아 배가 더 고파오는구나. 참을 수 있을지 【어른】4로 판정해서 정해 보거라. |
| 치카 | 내가 왜 참아야 하는데? (당당하게) |
| 이야기꾼 | (웃음) 그것도 좋겠지. |
| 쿠로무 | 길고양이가 자존심이 있지, 참아주겠어! 걸을 생각은 없지만. 【마음】3점 써서 참을래. |
| 코로 | 난 《집》에서 밥 먹었는데? |
| 이야기꾼 | 소리를 듣고 덩달아 그렇게 되었다 했잖느냐. 코로도 판정해야 한다. |
| 코로 | 등에 쿠로무도 타고 있고, 나도 참을래! |
| 이야기꾼 | 【약점】에 《요령 빵점》이 있으니 【어른】 판정에는 【마음】을 2배로 쏟아야 한다만? |
| 코로 | 아우우……. 그래도 참을래! 코로는 「기다려!」 배웠다구! |
| 이야기꾼 | 그럼 【마음】을 8점 쓰거라. |
| 코로 | 참는 거 너무 힘들엇! |
| 쿠로무 | 「힘내~」코로의 등에서 느긋하게 뒹굴면서 응원할게. |
| 이야기꾼 | 산에는 가로등이 없느니라. 날이 저물면 깜깜해질 테지. 그래도 해가 떨어지기 전에 지로를 집에 데려다줄 수 있었다. |
| 치카 | 이히히. 답례로 밥이라도 얻어먹을 수 있으면 좋겠다 ♪ 아! 물론 지로한테는 이런 소리 안 해. |
| 이야기꾼 | 오냐, 오냐. 현관까지 나온 부친은 걱정스러운 표정을 짓고 있다. 지로를 보고 겨우 안도한 것 같구나. 그리고 소녀와 개, 고양이를 보고 당황하느니라. 「너희가…… 지로를 바래다 준 거니?」 |
| 치카 | 얼레? 조금 수상해 보였나? (안절부절) |
| 코로 | 안녕하세요! 다나카 코로라고 해요! 아, 실수! 방금 거 취소! 「멍! 멍!」 |
| 이야기꾼 | 어디 보자, 코로가 【동물】로 6을 내면 부친이 알아본다고 할까. |
| 코로 | 【마음】2점 써서 성공이야! |
| 이야기꾼 | 「오, 다나카 씨댁의 코로잖니? 그렇구나. 너도 지로와 함께 있어줬구나? 고맙다.」뉘 집 개인지 알고 안심한 것 같다. |
| 쿠로무 | ……밥 얻어먹을 수 있을까? |
| 이야기꾼 | 물론이니라. 지로의 부친이 먹을 걸 주는구나. 「늦은 시간까지 돌아다니느라 배고프지? 새로 한 건 없지만, 괜찮다면 밥 먹고 갈래?」 |
| 쿠로무 | 좋아. 이제 도와줄 이유가 생겼다. |
| 치카 | 밥 한 끼 얻어먹은 보답이라도? (웃음) |
| 쿠로무 | 그런 거라도 없으면 나설 이유가 없으니까. |
| 코로 | 고양이의 의리는 잘 모르겠어. 내가 멍멍이라 그런가? 이런 게 세상 사는 의리라는 거야? (빙글빙글) |
| 이야기꾼 | 부친은 걷다 지쳐 꾸벅꾸벅 조는 지로를 데리고 안으로 들어갔다. |
| 쿠로무 | 그럼 우리도 이만 해산할까. |
| 치카 | 그래도 돼? |
| 쿠로무 | 이제 일이 어떻게 정리될지 지켜보자고. |
| 이야기꾼 | 뭔가 생각이 있는 모양이로군. 그러면 여기에서 [장면]을 끊으마. |

## 〰〰 두 번째 [막간] 〰〰

| | |
|---|---|
| 쿠로무 | 솔직히 치카를 좀 다시 봤어. 말 잘하던데. 생각보다 제법이잖아. |
| 치카 | "생각보다"는 빼! |
| 코로 | 쿠로무는 믿음직했어! |
| 쿠로무 | 역시 그렇지? 나한테 맡겨두면 다 잘 풀린다니까? |
| 치카 | (못 믿겠다는 눈) |

이 [막간]에서 세 참가자는 그동안 받은 [꿈]으로 【인연】을 더욱 굳건하게 했습니다.

쿠로무는 치카에 대한 【호의】를 【신뢰】로, 코로는 쿠로무에 대한 【대항】을 【신뢰】로 바꿨습니다.

지로는 치카에 대한 【신뢰】를 높였습니다.

그리고 각자 더욱 깊어진 【인연】을 바탕으로 【신비】와 【마음】을 얻었습니다.

| | |
|---|---|
| 이야기꾼 | 그럼 이 뒤의 전개를 어찌할꼬? |
| 치카 | 어떻게든 지로한테 네 잎 클로버를 선물하고 싶은데. |
| 코로 | 지로네 엄마를 낫게 해주고 싶어! |
| 쿠로무 | 지금 당장 【신비】나 【마음】을 많이 쓸 일은 없을 것 같고……. 좀 더 화려한 걸 해보고 싶은데. |
| 이야기꾼 | 호오. [신비한 기적]을 일으키고 싶은 게냐? 남은 【신비】나 【마음】으로 특별한 일을 일으키고 싶다 이거군? |

19

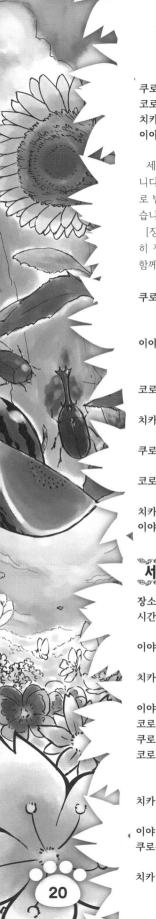

| | |
|---|---|
| 쿠로무 | 가능하다면 밤에 [장면]을 열고 싶은데. |
| 코로 | 멍!? 쿠로무가 뭔가 꾸미고 있어! |
| 치카 | 재미있겠는데! |
| 이야기꾼 | 흠. 밤을 원하는 게냐? 그것도 좋지. |

세션은 때때로 이야기꾼의 의도를 뛰어넘기도 합니다. 하지만 그래도 괜찮습니다. 제안을 적극적으로 받아들인 결과, 전개가 바뀐다 해도 아무 문제없습니다.

[장면]의 수까지 변할 때도 있습니다. 모두가 열심히 장면을 만든다면, 이야기꾼은 그것을 받아들여 함께 이야기를 만들어봅시다.

| | |
|---|---|
| 쿠로무 | [신비한 기적]에 쓸 【신비】와 【마음】은 이미 충분히 모이긴 했는데, 이걸로 그냥 끝내버리는 것도 좀 아닌 것 같아. |
| 이야기꾼 | 그렇다면 [신비한 기적]은 마지막까지 미루고, 다음 [장면]에서는 그걸 준비하는 과정을 다뤄보는 건 어떠냐? |
| 코로 | 그러면 나도 지로가 열심히 노력해서 근사한 클로버를 찾을 수 있게 도와줄래! |
| 치카 | 밤에 몰래 준비하는 거지? 그거 기대되는데! (두근두근) |
| 쿠로무 | 그런데 코로는 밤에 나와도 돼? 주인님은 괜찮아? |
| 코로 | 집의 담벼락 아래에 구멍을 파놨거든! 주인님 몰래 마음껏 산책하고 다니지롱! |
| 치카 | 가끔 있지, 그런 개들. (웃음) |
| 이야기꾼 | 그럼 다음 [장면]은 코로의 탈출 판정부터 시작하마. |

## 세 번째 [장면]

장소: 마을 안
시간: 밤

| | |
|---|---|
| 이야기꾼 | 자, 너희는 이미 마을 안에 있다. 시간은 밤이니라. |
| 치카 | 코로가 잘 빠져나오는지 담장 근처에서 따스한 눈으로 지켜볼게. (웃음) |
| 이야기꾼 | 【동물】8로 판정하거라. |
| 코로 | 【동물】이라면 자신 있어! |
| 쿠로무 | 난 그냥 출구에서 기다릴래. |
| 코로 | 파바바바바바바박! 푸앗! 【마음】을 2점 써서 탈출했어! 흙을 휙휙 털면서 사람 모습으로 둔갑할게. |
| 치카 | 제법인데! 못 빠져나올 것 같으면 도와줄까 했는데. (히죽히죽) |
| 이야기꾼 | 조용한 마을에 세 마리 모두 모였느니라. |
| 쿠로무 | 난 귀와 꼬리를 남기고 둔갑할게. 사용하는 건 【마음】으로. |
| 치카 | 난 지금은 쥐 모습이라……. |

| | |
|---|---|
| 쿠로무 | 「지금은 떠들면 안 돼. 조용히 우리를 따라와.」 코로의 입가에 손가락을 가져다 대면서 짖지 말라고 못을 박아둬. |
| 코로 | 「머…… 멍.」 (작게) |
| 치카 | 지로는 엄마한테 네 잎 클로버를 하나 따서 드리고 싶은 거지? |
| 코로 | 기왕이면 잔뜩 선물하고 싶어! |
| 쿠로무 | 그렇게 많이 필요하겠냐? (어이없어하며) |
| 치카 | 난 장난꾸러기라서 말이야. 지로네 엄마가 깜짝 놀라는 얼굴을 보고 싶단 말이지. 지로네 엄마는 지로가 네 잎 클로버를 줬을 때 가장 놀랄 것 같아! 이히히. |
| 코로 | 당장 네 잎 클로버 찾아서 지로한테 주자! |
| 쿠로무 | 마을에서 네 잎 클로버가 있는 곳을 찾아내고, 지로한테는 지도만 건네주면 충분하지 않아? |
| 코로 | ?? |
| 쿠로무 | 그러면 지로가 직접 찾아서 발견할 수 있잖아. |
| 코로 | !! 역시 쿠로무! 똑똑해! |
| 이야기꾼 | 어디까지나 지로의 손으로……. 좋은 생각이구나. |
| 치카 | 으그긋! 이건…… 이 마을의 명소를 잘 아는 쪽에게 유리한 흐름……!? 신참한테는 허들이 너무 높아~! |
| 쿠로무 | 그럼 치카를 향해 손을 내밀어. 쳐다보지는 않고, 올라오고 싶으면 올라오라는 듯이. |
| 치카 | 쿠로무가 내민 손을 보고 눈을 깜빡이는 치카. |
| 코로 | 치카! 가자! |
| 치카 | 머뭇거리면서 천천히 쿠로무의 어깨에 올라가서……「고마워…….」 |
| 쿠로무 | 뭘 이런 걸 가지고. |
| 코로 | 쿠로무, 치카 데리고 어디 갈 거야? 쿠로무는 마을 어디에나 친구가 있지? 고양이 《친구》들은 네 잎 클로버 어디 있는지 알까? |
| 쿠로무 | 「친구들까지 부르는 건 좀……. 밥 얻어먹은 건 나 혼자니까, 보답도 나 혼자 해야지.」 사실은 그냥 【신비】에 여유가 없을 뿐이지만! (쓴웃음) |
| 치카 | 코로야말로 산책하면서 괜찮은 곳을 많이 봤을 것 같은데? |
| 코로 | 「주인님이랑 같이 멋진 벌판에서 산책하곤 해!」 |
| 이야기꾼 | 흠. 클로버가 자랄 만한 공터라면……. 어디 【아이】나 【동물】로 6을 내 보거라. 그 정도라면 알고 있을 테지. |
| 쿠로무 | 이번에는 코로에게 맡길게. |
| 치카 | 그럼 난 코로한테 《이거 좀 해줘》를 써볼까! 나 대신 이것저것 힘 좀 써줘! |
| 코로 | 멍? 뭘 하면 되는데? |

20

치카 「나 대신 멋진 벌판이나 공터를 찾아줘 ♪ 코로는 내가 아는 곳보다 훨씬 멋진 곳을 알고 있겠지?」

코로 「그야 당연하지! 나 이 마을 잘 알아! 멍멍!」

이야기꾼 그렇다면 숫자가 6보다 1씩 커질 때마다 공터를 하나씩 더 발견할 수 있다고 해둘까.

치카 《이거 좀 해줘》를 사용하면 내 【마음】도 더할 수 있거든! 3점 써둘게.

코로 【동물】에 더하고, 이것도 더해서⋯⋯ 9가 됐어!

이야기꾼 코로의 【마음】도 더한 게지? 그러면⋯⋯ 추가로 세 군데, 총 네 군데의 공터를 발견했다. 계절도 봄이니까 말이다. 튤립이나 민들레 같은 예쁜 꽃들도 있을 테지. 물론 클로버도.

치카 「역시 코로는 대단해! 여긴 나도 모르는 곳인데!」 이히히! 코로는 치켜세워주면 열심히 움직여준다니까 ♪ 그런 생각을 하면서도 처음 보는 숨겨진 꽃밭을 보고 무심코 미소를 짓는 치카였도.

쿠로무 좋아. 지도를 그리자.

코로 「저쪽에 유채꽃이 있고~ 저쪽에는 튤립, 저쪽에는 민들레, 좀 더 걸어가면 목련도 있어!」

쿠로무 「헤에. 먹지도 못하는 꽃인데, 잘도 아네.」

코로 「전부 주인님이 가르쳐줬어!」

쿠로무 기본은 내가 그리겠지만, 코로랑 치카도 아무거나 좀 그려. 나 예쁘게 꾸미는 건 잘 못하니까.

이야기꾼 지도를 그리려면⋯⋯ 【어른】으로 6이니라.

쿠로무 그럼 어린애가 봐도 알아보도록 【마음】 5점을 써서 지도를 그릴게.

코로 아우우~ 【어른】은 자신 없어~. 「어, 저기, 나! 직접 찾아가는 건 정말 자신 있거든? 하지만 지도는⋯⋯ 좀⋯⋯.」

치카 그럼 발자국이라도 찍어볼래? 귀엽고 좋을 것 같은데?

쿠로무 그림이라도 그려보든가. 그 정도면 돼.

코로 쿠로무! 치카! 고마워!

치카 「코로는 여기, 구석 네 군데를 발로 척 밟아주고⋯⋯」 이리하여 다 같이 신나게 떠들면서 지도를 완성했답니다! 귀여워!

이야기꾼 알아보기 쉬우면서도 요란한 지도가 완성되었구면. 지로의 머리맡에 지도를 가져다두는 데 「신비한 기적」을 쓸 셈인 게냐?

| | |
|---|---|
| 쿠로무 | 그것도 괜찮겠지만……【특기】로 할 수 있는 건 그냥 다 해볼까? |
| 이야기꾼 | 과연. 그것도 괜찮겠구나. |
| 쿠로무 | 치카를 어깨에 태운 채로《고양이의 길》을 써서 지로의 방에 등장할게. 뒷골목의 어둠이 지로의 방구석과 연결돼. 고양이만 볼 수 있는 특별한 길로 말이야. 코로까지 데리고 가지는 못하지만……. |
| 코로 | 다녀와! |
| 쿠로무 | 응. 고마워. |
| 치카 | 우와아아~~! 너무 높아앗! 필사적으로 어깨에 매달려! |
| 쿠로무 | 귀랑 꼬리를 드러낸 채로……. |
| 이야기꾼 | 뭐야……!? |
| 치카 | 「쿠, 쿠로무……!? 정체 들키겠어! (작게)」 |
| 쿠로무 | 가볍게 콕콕 찔러서 깨워볼까. |
| 치카 | 「히, 효와앗~~!! (작게)」 |
| 쿠로무 | 아, 깨우기 전에 창 열어두자. |
| 이야기꾼 | 「으…… 응? 어? 너는……?」 지로는 잠이 덜 깬 모양이다. 그러고 보면…… 인간 모습의 쿠로무와는 처음 만난 거로군. |
| 쿠로무 | 「음……. 밥 얻어먹은 답례를 하러 왔다고 해야 하나? 잘 먹었어. 엄마 잘 보살펴드려.」 |
| 치카 | 잠이 덜 깼으면 꿈으로 착각할지도? |
| 이야기꾼 | 음. 그렇겠지. 「어……? 고, 고마워……. 넌 혹시……」 꿈 속에서 이야기를 나누는 듯 들뜬 얼굴로 지로가 쿠로무에게 고맙다고 말했다. |
| 쿠로무 | 살짝 얼굴을 가까이 가져가서 고양이 특유의 까칠까칠한 혀로 코끝을 핥아 가볍게 잠을 깨우고…… 지로의 손에 지도를 팔랑팔랑 떨어뜨리고. |
| 이야기꾼 | 「힉!?」 깜짝 놀라 잠이 확 달아나는구나. 지도는 잘 받아들었느니라. |
| 쿠로무 | 《곡예》로 몸을 휙 날려서, 한순간에 창문을 넘어 사라질게. |
| 코로 | 쿠로무! 멋져! |
| 쿠로무 | 「다녀왔어.」 코로의 옆에 척, 하고 착지. 나올 때는《곡예》로 뛰어내렸으니까 치카는 무서웠겠네. (웃음) |
| 치카 | 죽어라 붙잡고 있었다고!! |
| 쿠로무 | 이제【신비】가 1점밖에 안 남아서 다른【특기】는 아무것도 못 쓰겠다! |
| 이야기꾼 | 가진【특기】를 실로 잘 살렸노라! |
| 코로 | 「어때? 잘 됐어?」 |
| 쿠로무 | 코로한테는 별것 아니었다는 얼굴로 「뭐, 아마도?」라고만 이야기해둘까. 달의 역광을 등진 채 슬쩍 돌아보며 웃으면서. |
| 이야기꾼 | 봄날 밤의 으스름달이 웃고 있는 쿠로무의 얼굴을 비추는구나. |
| 코로 | 「멍?」 |

| | |
|---|---|
| 치카 | 코로한테 귓속말을 해줄게. 「천연덕스러운 얼굴로 점잔 빼고 있는데, 정말 굉장했어……!」 (소곤소곤) |
| 코로 | 「언제나 그래. 쿠로무는 항상 태연한 얼굴로 뭐든지 해낸다니까. 정말 멋있어!」 |
| 이야기꾼 | 그럼 여기에서【장면】을 끊도록 하마. |

## 세 번째 [막간]

| | |
|---|---|
| 이야기꾼 | 이 다음에는 마지막 [장면]이 열릴 게야. [신비한 기적]을 사용하고 싶다면 이때 해야겠지. |
| 코로 | 네 잎 클로버투성이로 만들어줄 거야! |
| 쿠로무 | 그러면 놀라기야 하겠지……. (어이없어하며) |
| 치카 | 지로가 네 잎 클로버를 찾은 건 엄마에게 선물하고 싶어서였지? 몸이 아프신 엄마가 건강해지기를 바라며. |
| 이야기꾼 | 정확히 말하자면『몸이 아픈』게 아니라『입원』한 거다. |
| 치카 | ?? 그게 그거잖아? |
| 이야기꾼 | 꼭 그렇지도 않아. 인간은 아프지 않아도 병원에 갈 때가 있느니라. |
| 쿠로무 | 무슨 소리야? 나 수수께끼 풀는 별론데. |
| 이야기꾼 | 뭐, 곧 알게 될 게다. |
| 코로 | 병원에 가면 알 거야! |
| 치카 | 병원 사람들은 날 싫어할 텐데. |
| 쿠로무 | 고양이나 개도 병원 안까지는 못 들어가. 바로 쫓겨날걸. |
| 이야기꾼 | 마지막 [장면]으로 넘어가도 되겠느냐? |
| 치카 | 지로한테…… 엄마가 건강해진 모습을 보여줄래. 혹시 [신비한 기적]을 쓸 거면 여기에 쓰고 싶어. |
| 쿠로무 | 응, 찬성. 그러면 되겠지. |
| 코로 | 건강이 최고야! |

## 네 번째 [장면]

장소: 마을 안
시간: 다음 날 낮

| | |
|---|---|
| 이야기꾼 | 지로는 꿈속에서 손에 넣은 마법의 지도를 들고, 공터에 웅크리고 있다만……. 네 잎 클로버는 아직 못 찾은 모양이로고. |
| 치카 | 아, 정말! 서두르지 않고 뭐해! |
| 쿠로무 | 어린애잖아. 좀 더 느긋하게 기다려줘. |
| 이야기꾼 | 그리고 하루 종일 걸려 겨우 네 잎 클로버를 찾은 것 같구나. 지로가 어딘가로 달려간다. |
| 코로 | 만세! |
| 쿠로무 | 자, 우리도 쫓아가자. |
| 치카 | 그래! |

이야기꾼　지로는 병원에 들어갔느니라. 입구 주위에는 바빠 보이는 어른들이 잔뜩 있구나.

쿠로무　아아……. 이거 들어가는 건 무리일 것 같은데.

치카　이 병원, 무슨 병원이지?

쿠로무　무슨 병원이냐니?

치카　인간은 머리가 아프면 머리 병원, 배가 아프면 배 병원에 가잖아? 여기는?

이야기꾼　흠. 병원에는 간판이 걸려 있다. 읽으면 알 수 있을 테지.

코로　나는! 못 읽어!

이야기꾼　【어른】으로…… 10을 내보거라.

쿠로무&코로　(둘 모두 치카를 본다)

치카　그야…… 읽을 수는 있는데, 읽을 수 있긴 한데! 여기에서 【마음】을 너무 많이 썼다가 나중에 [신비한 기적]에 쓸 점수가 부족해지면 어쩌려고?

쿠로무　야옹……. 듣고 보니.

코로　와우우……. 그건 곤란해~.

치카　[신비한 기적]을 위해 【마음】은 아껴둘게.

이야기꾼　흠. 그것도 하나의 방법이겠지.

쿠로무　지로랑 엄마는 어때?

이야기꾼　병원 안뜰에서 몰래 훔쳐볼 수 있겠구먼. 모자 둘이 담소하고 있구나. 모친은 클로버를 받아들고 괴로움을 억누르며 미소짓고 있다.

치카　해피엔딩이라기에는…… 뭔가 좀 부족한데.

이야기꾼　지로는 한동안 정신없이 이야기를 나누다가 돌아갔다. 너희는 어찌할 생각인고?

쿠로무　일단 상황을 좀 볼까?

코로　빨리 나으면 좋겠어!

이야기꾼　글쎄다, 어떻게 될까? 한동안 지켜보면 병원의 어른들이 갑자기 바쁘게 움직이기 시작한다!「선생님! 쿠사다 씨의 용태가……!」

치카　쿠, 쿠사다 씨가 누구더라!?

코로　멍! 지로네 엄마야!

치카　뭐엇!? 이거 어쩌지? (허둥지둥)

쿠로무　괜찮아. 엄마한테는 지로가 준 마법의 클로버가 있으니까.

이야기꾼　호오?

쿠로무　[신비한 기적]으로 뭘 할지 정하자.

치카　…!! 응!

코로　이대로 놔두면 어떻게 돼?

이야기꾼　모친이 괴로워하고 있구나. 보통 괴로운 게 아닌 모양이다.

쿠로무　그렇게 심해?

치카　고통을 없애줄 수 있을까?

코로　낫게 해주고 싶어!

이야기꾼　【신비】와 【마음】을 합쳐 30점을 내면 고통을 씻어낼 수 있다.

치카　에엑!! 그 많은 【신비】랑 【마음】을 대체

어디에서…… 어라, 있네!!

코로　다 함께 모아서 잔뜩 있어!

쿠로무　그거 봐. 괜찮다고 했지?

이야기꾼　클로버에 깃든 신비한 힘은 순식간에 모친을 치유했다. 모두의 마음이 깃든 클로버는 지금 이 순간 작은 기적을 일으켰느니라. 정말 훌륭하구나.

코로　이걸로 끝난 거야?

이야기꾼　흠. 그럼 조금 더 계속해볼까. 그럼…… 치카야.

치카　히얏!? 또 뭔데!?

이야기꾼　【어른】으로 10을 낼 수 있겠느냐?

치카　으으, 좀 부족한데. [신비한 기적]으로 【마음】을 너무 많이 썼어. (곤란한 표정)

코로　[도와주기] 하고 싶은데. 안 될까?

이야기꾼　인정하마.

쿠로무　뭘 위한 판정인데?

이야기꾼　그냥 간판을 읽을 수 있는지 보는 게다.

코로　나 산책하러 다닐 때 간판 많이 봤어! 치카랑 같이 간판 읽을래! 【마음】은 4점까지 낼 수 있어.

치카　좋아! 그럼 성공이야! 이히히!

이야기꾼　병원 간판에는 말이다. 『히토츠나 산부인과 클리닉』이라고 적혀 있다.

쿠로무　뱃속에…… 아기가 있었구나.

코로　난 또! 아픈 게 아니었구나!

치카　그럼 [신비한 기적]으로 무슨 일이 일어나는 거지? 아픈 게 아니라면…….

이야기꾼　그야 당연히 아기가 무사히 태어나는 거지. 난산이 순산으로 바뀌는 게야.

치카　만세!! 다행이다! 쥐는 보통 《대가족》이라 아이를 많이 봐서 그런지, 남 일 같지 않네. 아기는 정말 사랑스럽지!

코로　정말 기쁜 일이야! 멍, 멍!!

쿠로무　그럼 난 이만 갈까.

코로　어? 어디 가게?

쿠로무　「흥……. 코로 넌 집에 가서 잠이나 자 둬. 맨날 혼자 나돌아다니면 네가 그렇게나 좋아하는 주인님한테 미움받을걸? 나도 이만 잘래.」 귀를 쫑긋쫑긋 움직이면서, 자기들끼리 속닥거리는 둘로부터 도망치듯이 퇴장.

치카　이히히! 부끄러워하기는! 네 본심이 어떤지 난 다 알지롱♪

코로　「어? 쿠로무 그냥 가게?」 코로는 부끄럽다든가, 속내가 어떻다든가 하는 이야기는 잘 몰라서 일단 불러 세우려고 해!

쿠로무　대답하지 않고 퇴장.

코로　퇴장? 이제 다시 안 나와?

쿠로무　내가 있으면 재수가 없잖아. 이걸로 끝!

치카　아하! 검은 고양이라서!

이야기꾼　이 녀석, 어쩜 이리 섬세한 배려를 다 할꼬.

| 쿠로무 | 생일날 검은 고양이가 나타나서 좋아할 사람은 아무도 없으니까. (웃음) |
| 코로 | 왜 그런 생각을 해! 그렇지 않아! |
| 쿠로무 | 이걸로 됐어. 그럼 난 이만. 소리 없이 그 자리를 떠날게. |
| 이야기꾼 | 그러면 쿠로무가 떠난 뒤의 일이다. 지로와 부친이 병원에 와서 갓 태어난 아기를 쓰다듬는구나. 원숭이같이 생긴 갓난아이를 보고 깜짝 놀라면서도 기뻐하며 찰싹 달라붙는 지로의 모습이 보이느니라. |
| 코로 | 병원 안뜰에서 지켜볼래! |
| 치카 | 코로 옆에서 같이 볼게. |
| 이야기꾼 | 쿠로무는? |
| 쿠로무 | ……. 병원 밖에서는 안 보여? |
| 치카 | 역시 보고 싶었구나! 이히히! |
| 쿠로무 | 보기 싫다고 한 적 없거든!? |
| 이야기꾼 | 병원 옆 잡목림에서 엿볼 수 있다. |
| 쿠로무 | 응. 그 정도면 돼. 멀리서 가만히 지켜볼게. |
| 이야기꾼 | 그럼 여기에서 이야기의 막을 내리겠다. 너희 덕분에 정말 즐거웠다. |
| 쿠로무&치카&코로 | 우리도 재미있었어! |

## 마지막 [막간]

이것으로 세션은 끝.

이렇게 선언하는 것도 이야기꾼의 중요한 역할입니다.

마지막 [장면]의 끝은 곧 세션의 끝이기도 합니다.

이야기꾼은 모든 참가자가 이야기를 끝마치는 것에 동의할 수 있도록 배려해야 합니다. 구체적으로는 둔갑 동물들이 하고 싶은 일을 모두 마친 순간이 끝을 고하기에 적절한 때입니다.

하지만 어쩌면 아직 못다 한 이야기가 남아 있을 수도 있습니다.

이야기꾼은 끝을 고하기 전에 모두에게 더 하고 싶은 일이 있는지 확인하고, 끝내도 좋다는 동의를 구합시다.

그리고 모든 것이 끝난 뒤에는 신나게 떠들며 [후일담]이라도 만들어봅시다.

자, 세션은 이것으로 끝났습니다. 하지만 아직 마지막으로 할 일이 남아 있습니다.

그것은 세션을 【추억】으로 남기는 것. 요컨대 이야기의 뒷정리, 혹은 다음 이야기를 위한 준비입니다.

| 이야기꾼 | 좋아. 이것으로 전부 끝났다고 하고 싶다만, 다음 세션을 위한 준비를 좀 해둬야겠구나. 우선 마지막 장면에서 얻은 [꿈]을 사용해 【인연】의 강도를 더 높여두거라. 【굳건한 인연】이 생기면 그만큼 【추억】이 늘어나니까 말이다. |
| 코로 | 【추억】이 있으면 뭐가 좋아? |
| 이야기꾼 | 다음 세션 때 【신비】나 【마음】 대신 【추억】을 사용할 수 있느니라. 마음에 새긴 행복한 기억이 너희의 일거수일투족에 힘을 실어줄 게야. |
| 쿠로무 | 흥. 우리가 무슨 인간도 아니고. |
| 치카 | 말은 그렇게 해도 꼬리가 아주 신났는데용♪ 사실은 기쁘면서♪ |

## 후일담

| 코로 | 이름은 뭘까? |
| 치카 | 엉? 아기 이름? |
| 쿠로무 | 이름이야 아무럼 어때. 건강하게 자라기만 하면 되지. |
| 이야기꾼 | 호오? 뒷이야기가 신경 쓰이는 게냐? 좋다. 조금 더 이야기를 이어나가볼까. |
| 쿠로무 | 그래도 돼? |
| 이야기꾼 | 물론이지. 지로의 마음은 확실하게 전해졌고, 이야기는 일단 끝을 맺었다만, 그 후에도 각자의 일상은 이어진다. 그 후의 지로, 그 후의 아기, 모두와의 관계……. 삶이란 그렇게 끝임없이 이어지는 법이니라. |
| 코로 | 나 생각해 봤는데, 지로라는 이름은 보통 둘째로 태어난 남자애한테 붙이잖아? 그럼 지로한테는 형이 있겠지? 옆집에 사는 타로라는 멍멍이가 그렇댔어! |
| 쿠로무 | 그렇다면 이번에 태어난 아기는 셋째? 아, 누나가 있다면 넷째일지도……. |
| 치카 | 넷째라면 네 잎 클로버에서 따와서 요츠바라고 지을지도 모르겠네! 이히히! |
| 코로 | 와! 정말 좋은 이름이다! |

(이야기꾼까지 넷이 함께 이야기꽃을 피운다)

이리하여 이야기가 완전히 끝났습니다.

이야기꾼의 역할, 세션을 진행하는 방법이 조금은 이해가 되셨습니까?

언뜻 보기에는 어려워 보이지만, 직접 해보면 의외로 간단하답니다.

처음으로 이야기꾼을 맡을 때는 예시 시나리오 「여우 신사에서」로 게임을 해봅시다.

부디 여러분이 오래도록 기억될 근사한 이야기를 만들 수 있기를 바랍니다.

봄은 시작의 계절.
따스하고 안락한 계절.
꿈을 꾸기 시작하는 계절.

『저녁노을 어스름』이 어떤 놀이인지.
어떤 존재가 되어 어떤 일을 하는 놀이인지.
무대 위에는 어떤 존재가 있는지.

여기에서 그 모든 것을 배워봅시다.
이야기를 시작하기 전에 읽어두기 바랍니다.

# 저녁노을 어스름이란?

## 어딘가에 있는 마을

하나뿐인 선로.

한 시간에 한 번 지나가는, 두 량짜리 열차.

역 앞과 몇 안 되는 상점가에만 있는 가게들.

군데군데 차도 다니지 못하는 좁은 길이 있고.

포장되지 않은 흙길도 곳곳에.

사람보다 고양이나 토끼가 더 자주 쓰는 길.

곳곳에 보이는 들판.

집보다 더 많은 논과 밭.

먼 곳을 바라봐도 산이나 숲밖에 보이지 않고.

산 위에서, 연못에서, 가느다란 냇물이 흘러.

모두 한 줄기의 큰 강으로 모여든다네.

흘러오는 물과 흘러가는 물.

아무도 없는 고요한 신사와 절.

바람에 술렁이는 대나무 숲.

끝없이 이어지는 참억새 벌판.

유채꽃밭, 연꽃과 클로버가 핀 들판.

연못, 그리고 석산이 핀 논두렁길.

나팔꽃이 잔뜩 피어 있는 돌담.

마을에 봄이 찾아와도 여전히 하얀 눈이 남아있는 산꼭대기.

하늘은 끝없이 넓고.

밤이 되어도 가로등 하나 없지만.

달과 별이 밝게 비추는 마을.

마을에 몇 개 없는 신호등.

가장 높은 건물은 3층짜리 학교.

마을 안에서 들리는 소리는.

물고기가 물을 차고 튀어 오르는 소리.

아이들이 놀며 떠드는 소리.

우체부의 오토바이 소리.

인쇄소의 기계가 돌아가는 소리.

개 짖는 소리, 고양이 우는 소리, 새들이 지저귀는 소리, 벌레 우는 소리.

물 흐르는 소리, 바람 부는 소리, 빗방울 떨어지는 소리.

사람보다 더 떠들썩한 것들이 잔뜩 있는 마을.

사람 말고도 다양한 생물이 사는 마을.

그런 마을을 무대 삼아, 당신은 이 이 책을 가지고 이야기를 만들어나갑니다.

## 인간이 아닌 이들도 사는 마을

그 마을에는 그리 많지 않은 사람과 많은 생물이 살고 있습니다.

그 마을에서는 예부터 사람과 생물이 말과 마음을 나누며 살았습니다.

당신은 그 마을의 주민.

다만, 사람이 아닙니다.

당신은 동물. 둔갑 동물입니다.

어른도 아이도 아닌, 마을을 이끄는 동물.

할 수 없는 일도 잔뜩 있지만, 아주 조금 사람보다 나은 점도 있는 존재.

그것이 바로 『저녁노을 어스름』의 당신입니다.

당신이 지닌 것은 싸우기 위한 힘이 아닙니다.

당신이 가진 것은 작디작은 마법의 힘.

아니, 때로는 마법이라는 말조차 어울리지 않을 정도로, 정말로 작은 계기를 만드는 힘.

하지만 그런 작은 계기가 사람들을, 둔갑 동물 자신을 바꿔 나갑니다.

큰 힘으로 직접 구해주지는 못하더라도, 그 변화는 사람들에게 자기 자신을 도울 힘을 줄 것입니다.

사람은 강한 생물입니다.

마을을 만들고, 도구를 만들고, 자신을 지킬 집을 만들고, 마음을 전하는 말을 만들고. 그리고 당신 같은 둔갑 동물들이 있다는 사실을 이야기를 통해 전하는 유일한 생물.

그렇지만 사람도 때로는 약해집니다.

때로는 말 때문에.

때로는 복잡한 마음 때문에.

자기 자신에게 얽매이고 맙니다.

사람은 자신을 굳게 다잡을 힘 또한 가지고 있습니다.

많은 이들이 자력으로 다시 일어설 것입니다.

하지만 그러기 위해서는 계기가 필요합니다.

계기는 혼자서는 만들 수 없습니다.

바로 당신이 그 계기를 만들어야 합니다.

물론 계기를 만들 수 있는 이가 당신뿐인 것은 아닙니다.

또, 당신 혼자만으로는 계기를 만들 수 없을지도 모릅니다.

하지만 그렇다고 해서 당신이 남을 돕지 말라는 법은…… 없을 터입니다.

사람과는 다른 둔갑 동물로서…… 누군가의 소중한 순간, 중대한 갈림길에 나서 봅시다.

그것은 당신 자신에게도 소중한 계기가 될지도 모릅니다.

사람도, 동물도 혼자서는 살아갈 수 없습니다.

## 게임

『저녁노을 어스름』는 게임이면서 게임이 아닙니다.

누군가와 다투는 게임이 아닙니다.

누군가와 경쟁하는 게임도 아닙니다.

이것은 세션이라는 형태로 다 함께 이야기를 만드는 게임입니다.

근사한 이야기가 만들어진다면 모두가 승자가 되고, 재미없는 이야기가 만들어지면 모두가 패자가 되는…… 그런 게임입니다.

둔갑 동물들은 무기나 마법으로 싸우지 않습니다. 중대한 비밀을 찾아내거나 밝히지도 않습니다.

세계를 구하지도 않고.

돈을 벌지도 않습니다.

둔갑 동물들의 이야기는 더 간단하면서도, 다른 이야기에 뒤지지 않는 중요한 것을 다루는 이야기입니다.

돈도, 싸움도 아닌, 마음으로 남을 돕는 이야기.

그런 이야기가 그 마을에서 여러분을 기다립니다.

때로는 이야기 속에서 사소한 다툼이 벌어질 수도 있습니다.

조금은 상처를 입을 수도 있습니다.

하지만 그것이 이야기를 해결해주지는 않습니다.

이 게임을 할 때는 서로를 배려하는 상냥한 마음을 잊지 마시기 바랍니다.

둔갑 동물은 특별하지만, 특별하지 않은 존재입니다.

그리고 특별하지 않은 이들을 아주 살짝 도와주는 존재입니다.

이 세상에 단 하나뿐인 이야기.

훈훈한 이야기, 마음이 깃든 이야기를 만들어나갑시다.

당신이 세션에 참가할 때 기억해둘 것은 딱 하나뿐.

바로 이야기에 적극적으로 참여하는 것입니다.

적극적으로 행동합시다.

생각하기보다 먼저 시도해봅시다.

하지만, 자신의 방식만을 고집해서는 안 됩니다.

다른 사람의 제안에 귀를 기울입시다.

서로 양보하는 마음을 잊지 맙시다.

이야기는 그렇게 만들어집니다.

이윽고 끝을 맺었을 때, 여러분의 이야기는 그 무엇과도 바꿀 수 없는 근사한 것이 되어 있을 것입니다.

## 둔갑 동물들

당신은 둔갑 동물.

사람으로 둔갑하는 힘을 지닌 동물입니다.

사람으로 둔갑하는 것 말고도 사람에게는 없는 힘을 몇 가지 가지고 있습니다. 물론 본래 동물이므로, 평소에는 원래의 모습인 동물의 모습으로 살고 있습니다.

사람으로 살아가기 위한 호적도, 집도, 돈도, 휴대전화도 없습니다.

당신은 어디까지나 동물. 사람으로 둔갑하는 힘이 있을 뿐입니다.

애당초 먹이는 동물의 방식으로 손에 넣을 수 있고, 둔갑했을 때는 옷을 입은 모습으로 둔갑하므로 딱히 문제될 것은 없습니다.

종종 사람의 모습으로 이상한 행동을 해버리거나, 동물 특유의 약점이나 체질 탓에 엉뚱한 일을 저지르기도 하겠지만…….

둔갑 동물이 사는 마을의 노인들은 사람으로 둔갑하는 동물들의 존재를 알고 있습니다. 큰 소동은 일어나지 않을 것입니다. 둔갑이 불완전해서 꼬리나 귀가 보이더라도 못 본 척해줄 것입니다. 물론 모르는 사람이 본다면 깜짝 놀라겠지만 말입니다.

본모습에 해당하는 동물답게 행동하는 것도 중요하지만, 동물도감을 준비할 필요는 없습니다.

행동의 근거를 제시해줄 장점과 단점은 규칙으로 대략 정해져 있습니다. 게다가 둔갑까지 할 정도의 동물이라면 꼭 정해진 특징에 얽매이리라는 법도 없습니다. 수영을 잘하는 고양이나 유부를 쳐다보지도 않는 여우도 있을 수 있습니다.

둔갑 동물들은 사람으로 둔갑할 수 있습니다.

즉, 사람의 말을 이해합니다.

사람들을 조금…… 아니, 매우 놀라게 하겠지만, 사실 동물 모습일 때도 사람의 말을 할 수 있습니다. 물론 같은 종류의 동물들과도 이야기를 나눌 수 있습니다. (다른 종류의 동물과는 사람의 말로 대화해야 합니다!)

둔갑 동물들은 어째서 사람으로 둔갑할 수 있을까요?

여우라면 오랜 세월을 살아왔기 때문이라고 말할지도 모릅니다. 하지만 많은 둔갑 동물들이 나이와 관계없이 둔갑합니다.

둔갑 동물들에겐 사람으로 둔갑하거나 신비한 힘을 사용한 것이 아무래도 당연한 일인 모양입니다. 어쩌면 동물들은 모두 둔갑하는 힘, 신기한 힘을 지니고 있을지도 모릅니다. 어쩌다가 자주 사람으로 둔갑하는 아이들이 둔갑 동물이라 불릴 뿐일 수도 있습니다.

다만, 이것은 당사자들에게는 그다지 중요한 문제가 아닙니다.

둔갑 동물이란 신비 그 자체.

자기가 신비한 힘을 쓸 수 있는 이유 따위에는 관심조차 없을 것입니다.

## 사람과 동물과 토지신님

마을에는 사람이 삽니다.

둔갑 동물보다 훨씬 많이 살고 있습니다.

무대가 되는 마을은 시골이라 불릴 만큼 작디작은 마을이지만, 그래도 만 명에 가까운 사람들이 살고 있습니다. 아무리 노인들이라도 그들 모두를 기억하지는 못할 겁니다. 가게를 여는 사람, 마을 사무소에서 일하는 일부 공무원 중에는 마을 사람들을 모두 파악하고 있는 사람도 있을지 모르겠습니다만.

아무튼 둔갑 동물들이 마을을 좀 돌아다녀도 바로 정체를 들키지는 않습니다.

가로등도 없고, 오가는 사람도 적은 마을이기 때문입니다.

게다가 노인들이나, 마을에서 자란 어른들은 대체로 둔갑 동물의 존재를 알고 있습니다. 여우쯤 되면, 알고 있는 사람도 많을 겁니다.

하지만 젊은 사람들이나 타지에서 온 지 얼마 안 된 사람은 둔갑 동물을 모릅니다. 아마도 남의 집 아이로 착각할 겁니다. 어쩌면 미아라고 생각할지도…….

한편, 마을에는 둔갑하지 않는 평범한 생물도 많이 있습니다.

인간은 그들과 대화할 수 없지만, 둔갑 동물들은 자신과 같은 동물이 상대라면 대화할 수 있습니다. 다만, 다들 먹고 사느라 바빠서 도움이 될 만한 정보는 기대하지 않는 게 좋습니다.

그래도 같은 동물과 만나면 가볍게 인사 정도는 해둡시다.

그리고 마을에 사는 신기한 주민은 둔갑 동물뿐이 아닙니다. 애초에 동물조차 아닌 더 기묘한 존재도 있습니다.

갖가지 요물, 유령, 요정, 우주인……. 사람들이 그들을 본다면 깜짝 놀랄 것입니다.

둔갑 동물들조차 쉽게 만날 수 있는 존재는 아니지만…… 그들이 등장하는 이야기는 평소보다 더 신기한 이야기가 될 겁니다.

마지막으로, 토지신님도 빼놓을 수 없습니다.

토지신님은 둔갑 동물에 가까운 존재지만, 동시에 매우 오래전부터 살아오며 하나의 토지를 지켜온 "터주" 같은 존재이기도 합니다.

토지신님은 인간으로 둔갑할 수도 있지만, 마을에는 거의 나타나지 않습니다. 그 대신 숲이나 산, 연못이나 강 같은 각자의 토지를 줄곧 지켜왔습니다.

사람도, 둔갑 동물도 토지신님을 공경합니다. 하지만 토지를 지킨다는 역할 때문에 토지신님이 사람이나 둔갑 동물과 충돌할 때도 있습니다.

충분한 이유가 있다면 부탁을 들어줄지도 모르지만…….

토지신님, 둔갑 동물, 그리고 그 밖의 다양한 요물이나 신기한 존재를 모두 통틀어 「요괴」라고 부릅니다.

## 이야기꾼

이제부터 규칙을 설명하거나 할 때 「이야기꾼」이라는 말을 자주 쓸 겁니다.

이야기꾼이란 세션 진행의 축이 되는 사람입니다. 이야기를 전개하는 축을 담당하는 사람이라고도 할 수 있습니다.

이야기꾼은 술래잡기나 숨바꼭질의 술래와 비슷한 입장입니다. 도망치거나 숨는 것도 재미있지만, 쫓는 것도 즐거운 법입니다.

이야기꾼은 다른 참가자와는 상당히 다른 역할을 합니다.

하지만 술래가 없으면 술래잡기를 할 수 없는 것처럼, 이야기꾼이 없으면 세션이 성립하지 않습니다.

매우 중요하고 힘든 역할입니다.

하지만 이야기꾼이야말로 다른 놀이에서는 맛볼 수 없는 즐거움을 누릴 수 있습니다.

이야기꾼은 누구 한 사람에게만 맡기지 말고, 다 함께 번갈아 가며 적극적으로 맡아봅시다.

그때까지 몰랐던 다양한 재미를 알게 될 겁니다.

이야기꾼은 PL이 되어 세션에 참가할 수 없습니다. 하지만 이야기의 흐름을 정하는 것은 이야기꾼입니다. 이야기의 대략적인 내용이나 무대, 등장인물 등 모든 것을 이야기꾼이 정합니다.

또, 단 한 명의 PC가 아닌, 많은 NPC를 사용해 게임에 참가할 수 있습니다.

규칙을 판단할 때도 이야기꾼의 판단을 가장 우선합니다. 그렇습니다. 이 책에 적힌 내용보다 이야기꾼의 판단을 더 우선한다는 이야기입니다.

세션을 진행하다보면 이 책에서 가르쳐주지 않은 상황도 일어날 겁니다. 혹은 책에 언급되어 있더라도 어떻게 해석해야 할지 모호할 때도 있습니다. 그럴 때도 참가자 모두가 의논한 후에 마지막으로 이야기꾼이 결정을 내립니다. PL은 거기에 따라야 합니다.

이것은 모두 이야기꾼만이 가지는 특권입니다.

이야기꾼은 자기만을 위해 이 특권을 사용해서는 안 됩니다. 참가자 모두와 함께 즐거움을 나누기 위해, 다 함께 근사한 이야기를 만들기 위해 자신의 특권을 사용하기 바랍니다.

이야기꾼 역할을 재미있어하는 사람도 있지만, 귀찮아하는 사람도 있습니다.

그래도 당신이 이 책을 읽고 있다면, 부디 한 번은 이야기꾼이 되어보시기 바랍니다.

단 한 번이라도 이야기꾼을 체험해보면, PL만 할 때는 몰랐던 관점을 얻을 것입니다. 그 경험은 당신이 이후에 참여할 세션을 더욱 재미있게 만들어줍니다.

이야기꾼이 되기 위한 규칙은 「겨울의 장」에 실려 있습니다.

이야기꾼이 되는 첫걸음이라 생각하시고, 꼭 읽어보시기 바랍니다.

## 여러 종류의 둔갑 동물들

다음 페이지부터는 일곱 종류의 둔갑 동물을 소개합니다. 당신의 분신으로 선택할 수 있는 것도 이들 중 누군가와 같은 종류입니다.

여기를 읽으면 당신이 선택할 둔갑 동물이 어떤 존재인지 대강 알 수 있습니다. 그 동물의 생각도 못 한 일면을 알게 될지도 모릅니다.

각 둔갑 동물의 대표 격인 캐릭터들이 자기소개를 해줄 겁니다.

단, 그녀들은 어디까지나 하나의 예시입니다.

당신이 실제로 세션에 참여한다면 다른 타입의 아이를 만들어도 됩니다. 남자아이도 있을 것이고, 소개하는 아이와 성격이 다른 둔갑 동물도 잔뜩 있을 겁니다.

# 여우

**여우** 하치만 스즈네다. 인간 모습일 때는 고작 열하고도 하나 정도의 어린애다만, 벌써 300년 넘게 살았느니라. 나를 가리켜《거드름》만 피우고,《비밀》주의에,《기묘》한 옷을 입고 다닌다고 수군거리는 어린 것들도 있는 모양이다만, 그런 망언을 믿어서는 아니된다.

흠, **요괴로서의 여우**라. 여우는 다른 어느 둔갑 동물보다도 오래전부터 마을에서 살았노라. 둔갑 동물이라기보다 오히려 토지신에 가깝지. 나처럼 자신의 신사를 가진 여우도 많고 말이다. 여러 가지 신비한 힘을 사용해 신의 역사라 불리는 현상을 일으키는 것이 우리의 특권이니라.

하긴 너무나도 위대한 몸이다 보니 하찮은 일을 일일이 처리하는 건 다소 거북하다만⋯⋯ 그런 것이야말로 다른 둔갑 동물들이 할 일이니라. 우리를 의지하러 온 백성의 부탁이나 고민을 해결하기 위해 녀석들이 활약할 자리를 마련해주는 것 또한 덕이라 할 수 있겠지.

**동물로서의 여우** 말이냐? 내겐 퍽 오래전의 일이로구나. 보는 대로 아름다운 모피로 뒤덮인 이 몸은 두 척(*역주: 1척은 약 30cm 남짓)이 좀 넘는 정도다만, 꼬리가 거기에서 또 한 척 이상은 되느니라. 합치면 세 척은 넘겠지. 우리는 어지간해서는 인간들 앞에 모습을 드러낼 입장이 아니다. 자기 영역에서 사냥을 하고, 가족을 지키고, 부모가 남겨준 굴에서 자식을 키워야 하지. 짐승의 의무를 다한 끝에 나와 같은 영물이 되는 것이 여우의 삶이니라.

**예쁘다**고? 그야 당연하지. 짐승의 모습일 때는 아름다운 털가죽과 균형 잡힌 사지를, 인간의 모습일 때는 그야말로 요염한 아름다움을 뽐내는 것이 우리니까. 뭐야? 귀엽다고? 말을 고르지 못할까! 연장자를 상대로 그런 말을 쓰면 못 쓴다! (확)

나는 일찍이 **수렵자**였느니라. 토끼든 새든 쥐든 잡아먹었으니. 인간이 바치는 공양물을 먹게 된 것은 둔갑을 하게 된 후의 일이니라. 그러나 나 자신이 수렵자라는 사실은 아직도 잊지 않았다. 달리기 승부라면 어지간해서는 지지 않느니라.

**동심**이라. 좀 지나치게 나이를 먹은 탓인지⋯⋯. 때때로 굉장히 눈부시게 느껴지는구나.

**여우굴**은 복잡한 미로 같아서 말이다. 적으로부터 몸을 지키거나 비상구로 사용하기 위한 출구도 잔뜩 있고, 막혀 있는 길도 있느니라. 굴을 만든 여우와 그곳에서 자란 여우만이 굴을 활용할 수 있지. 물론 이 숲에 있는 나의 굴도 그러하다.

**고독**의 「고(孤)」라는 글자는 여우를 뜻하는 「호(狐)」와 비슷하지. 내가 혼자인 것은⋯⋯ 우연에 불과할 터인데. 여우란 모두 이렇게 되어버리는 것인가. (한숨)

요호妖狐라는 말도 있으니 말이다. 우리도 각자 차이는 있느니라. 허나 토끼나 고양이만큼이나 인간에게 마음이 끌리는 녀석이 많은 것도 사실이다. 오랜 세월을 살아왔건만, 토지신들처럼 확실하게 선을 긋지도 못하지. 다들…… 지루하고 외로운 게야. 너무 나쁘게 보진 말아다오.

뭐냐? 이 옷이 뭔가 이상하기라도 한 게냐? 고리타분하다고!? 그대들이 기묘한 차림을 하고 있을 뿐이지 않은가! 뉘 앞에서 그런 무례한 말을! 내겐 이런 차림이 어울린다. 유행에 휘둘리는 몇몇 녀석들과 똑같이 취급하지 말거라!

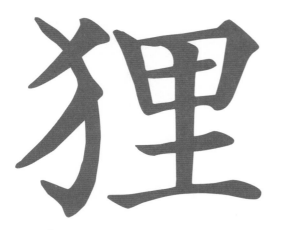

# 너구리

**너구리** 리코에요오. 사람으로 둔갑하면 13살 먹은 아이처럼 보이지만, 너구리로도 벌써 세 살이에요오. 다들 절 보고 《호인》에, 《까불이》에, 《천하태평》이라고 하지만요, 둔갑할 수 있게 된 지 벌써 1년이나 된 왕 베테랑이에요오.

에헴! **요괴로서의 너구리**는 둔갑으로는 누구에게도 지지 않아요오. 무엇으로든 변신할 수 있답니다아. 무서운 괴물로도, 도구나 탈것으로도, 아는 사람하고 똑같은 모습으로도 변할 수 있어요오. 나뭇잎을 돈으로 바꿀 수도 있다니까요오? 아, 그래도 나쁜 짓은 안 해요오. 남을 골탕 먹인 만큼 모두에게 골탕먹거든요오. 리코는 착해서 다른 애들을 겁주지 않아요오.

**동물로서의 너구리**는 두 살 정도면 이미 어른이에요오. 몸길이는 60cm 정도인데, 그렇게 크진 않아요오. 에헤헤. 품에 쏙 안길 수 있을 정도예요. 덤불이나 구멍 속, 그리고 낡은 집 아래에 살아요오. 너구리는 자기 영역 같은 게 따로 없어서 가족 모두가 아주 친해요오. 먹을 것을 찾으러 마을에 가기도 하지만, 밤에만 가다 보니…… 에헤헤헤~. 고양이 정도밖에 못 만나요.

능구렁이 같은 사람을 가리켜 **늙은 너구리** 같다고 할 정도잖아요? 정말로 100년 정도 산 너구리도 있어요오. 확실히 아는 것도 많고, 술도 마실 줄 알지만…… 그래도 리코랑 별로 다를 것도 없어요오. 좀 더 믿음직한 모습을 보여주면 좋겠는데 말이에요오.

하으? **둔하다**니, 그렇지 않아요오. (눈물) 우으, 대체 누가 그런 말을 하나요? 그, 그야 다른 둔갑 동물 여러분이랑 달리기 경주를 하면 좀…… (중얼중얼)이긴 하지만, 동물로서는 평범할 텐데~.

**겨울**이 되면요, 너구리는 털이 복슬복슬해지고, 몸도 뚱뚱해져요오. 그래서 사람으로 둔갑하면 옷도 두꺼워지고, 살짝 통통해져요오. 모, 모모모모모, 몸무게는 묻지 말아주세요오. (땀) 여름이 되면 날씬해진다구요오.

에헤헤~ **나무타기도** 할 줄 안답니다아. 저, 감 같은 거 좋아하거든요오. 나무에 못 올라가면 새들이 먼저 먹어버릴 테니까요오.

**비슷해 보이지만,** 라쿤하고는 다른 동물이에요오. 보세요오. 제 꼬리가 더 짧고 탐스럽잖아요? 으음, 그리고 또…… 그, 그다지 말하고 싶진 않지만 뭐랄까…… 있잖아요, 제 쪽이 좀 더 포동포동…… 해요오. (얼굴이 빨개진다)

안경은요오. 눈 주위의 까만 부분이 변한 거예요
오. 이게 없으면 왠지 진정이 안 되거든요오. 에헤헤
~. 리코처럼 안경 쓴 너구리는 많이 있을 걸요……
아마도~. (두리번 두리번)

몸이 길고 다리가 짧다…… 고요?
몰라욧! (울컥)

# 고양이

**고양이** 쿠로무. 인간 나이로도 고양이 나이로도 열다섯 살이야. 이미 어엿한 어른이니까 생긴 것만 보고 어린애 취급하지 말아줬으면 좋겠는데. 어른인 주제에 《고양이혀》에, 《맥주병》에, 《제멋대로》라고? 당연하지. 고양이인데.

**요괴로서의 고양이**라? 그런 거 물어봐도 말이야, 고양이는 고양이잖아. 사람으로 둔갑하는 거랑 사람 말 할 줄 아는 거 말고는 다를 게 없는데? 하는 짓도 다들 제각각이고. 사람들과 착 달라붙어서 지내는 녀석이 있는가 하면, 마을에 살지 않는 녀석도 있지. 고양이니까 이래야 한다는 생각 자체가 웃기지 않아? 나는 나인걸.
마음에 들면 도와주고, 마음에 안 들면 안 도와주고, 필요한 거 있으면 가져가고, 필요 없으면 무시하고……. 다들 변덕스럽다고 투덜거리는데, 오히려 그게 당연한 거 아냐?

**동물로서의 고양이?** 본 적 없어? 뚱뚱한 애도 있긴 하지만, 사람이라면 품에 안을 수 있는 크기지. 원래는 리비아 살쾡이가 조상이라는 이야기를 들었지만…… 그런 거야 아무래도 좋잖아? 인간에게 길들여졌다고 주장하는 사람도 있나 본데, 우리는 그냥 살고 싶은 대로 사는 거야. 밥 주는 거야 자기들 마음이지만, 필요하다면 지금 당장이라도 이 근처에서 사냥이든 뭐든 해서 먹고 살 수 있다고.

저기 말이야. **바케네코**化け猫라느니, 네코마타猫また라느니, 검은 고양이를 보면 재수가 없다느니, 마녀의 사자네, 신령이네 하는 그런 이야기 말인데……. 진짜 그렇게 멋대로 남을 괴물 취급하지 말아 줄래? 몇 년을 살아도 고양이는 고양이야. 살고 싶은 대로 살고 있을 뿐인데 이러쿵저러쿵 이상한 소리를 해도 곤란하거든?

**좋아하는 거랑 싫어하는 거?** 그야 당연히 있지. 사람이든 먹을 거든 호불호 갈리는 건 많아. 마음에 들면…… 칫, 그야 싫어할 때랑 반대로 굴겠지. 그런 뻔한 걸 왜 물어!

**몸이 유연하다**고? 그냥 다른 애들이 너무 뻣뻣한 거 아냐?

**애완동물** 취급 좀 하지 말지? 난 그냥 거기 있고 싶어서 있는 것뿐이야. 딱히 너희를 특별하게 여기는 건 아니니까, 너무 잘난 척하지 말아 줄래? 잔다고 멋대로 얼굴 들여다보지도 마. 멀쩡히 깨어 있으니까.

목에서 **골골** 소리 나는 건 동물치고는 꽤 신기하고 특별한 경우라더라. 아무래도 좋지만.

**기분**이 어떤지는 꼬리 보면 알 거 아냐? 위로 서 있으면 기분이 좋은 거고, 옆으로 누워 있으면 기분이 나쁜 거야. 마음에 든 상대에겐 꼬리를 가져다 대고. 참, 꼬리를 세웠더라도 부풀고 있을 때는 가까이 오지 마. 다가오지 말라는 표시니까.

**털 색깔**은 각자 달라. 털의 결도 마찬가지고. 나는 새까맣지만, 다른 애들은 얼룩무늬부터 줄무늬, 하양, 갈색…… 제각각이야. 그래도 난 내 검은 털이 마음에 들어. 다들 자기를 좋아하니까 당연히 색깔도 자기 털 색깔을 좋아하지 않겠어?

# 개

개인 다나카 코로! 다섯 살이야! 멍? 응, 둔갑하면…… 으음, 열두 살 정도! 그리고, 그리고! 다들 날 보고 《요령 빵점》이라고 하지만, 주인님한테 《목걸이》도 받았고, 무엇보다 《정직》하다구! 에헤헤헤!

**요괴로서의 개** 말이지? 다들 사람이랑 같이 살아. 난 주인님이 있지만, 주인님 없는 개들도 모두 사람이랑 같이 살아. 항상 사람 곁에 살다 보니까 사람들을 정말 좋아해! 개들은 말이지, 모두 사람을 좋아한다구! 둔갑 동물 중에서도 가장 사람이랑 친해! 그러니까 말야, 무서운 개도 있긴 하겠지만 그래도 사이좋게 지내주면 좋겠어!
그리고 또…… 어, 여우가 그러는데, 다른 둔갑 동물들이 우리를 무서워한대. 난 모두와 친하게 지내고 싶은데……. 주인님이 있어서 무리일까?

**동물로서의 개**는……끄응. 너무 많아서 전부 소개할 수 없어. 커다란 애도 있고, 작은 애도 있고, 복슬복슬한 애도 있고, 몽실몽실한 애도 있고…… 너무 많아! 그래도 다들 친해. 가끔 멍멍 짖기도 하지만, 우리도 잡담 정도는 나누고 싶은걸. 아, 그리고, 그리고! 특기는 냄새 쫓는 거야! 킁킁! 끝까지 쫓아간다구!

멍? **혈통서**가 뭐야? 몰라. 우리 그런 거 몰라. 사이좋은 개랑 사이 나쁜 개는 있지만. 주인님이 가지고 있는 거야?

**사람들의 생활**은 우리와 관계가 깊어. 우리 생활도 사람들이랑 관계가 깊어. 그러니까 무승부! 에헤헤헤. 혼자 있는 것보다는 다 함께 있는 게 좋아!

**집안**에 사는 개도 있더라. 난 바깥의 개집에 살지만, 창문으로 날 보는 개도 자주 만나. 그 애들도 주인님이 산책시켜줄까? 나도 집안에 들어가 보고 싶어!

우~ **늑대**님은 우리 조상님이야. 늑대님은 강하고, 크고, 무서워. 난 무섭지 않은데! 어, 그리고 있지, 늑대님은 이제 없어. 하지만 산속 같은 곳에서 토지신님이 되어 지금도 남아 있는 늑대님도 있어. 우리 할아버지의 할아버지도 늑대님이었을까……?

끄응. 실은 나 **오줌** 싸는 버릇이 있어. 미안해. 우으으. 아무리 혼나도 나도 모르게 실례해버려. 참아야 하지만 못 참겠어. 와우우우~ 미안해~ 용서해줘~

와우우~ **빙글빙글**빙글빙글빙글빙글…… 꼬리는 아무리 쫓아도 못 물겠어. 고양이처럼 꼬리가 길어야 할까? 항상 신경 쓰여. 우으~ 꼬리! 빙글빙글빙글빙글…….

나 **산책** 좋아! 우리 달리는 거 좋아해! 빨리, 빨리 가자!

# 토끼

**토끼** 아마미! 어어, 아직 한 살도 안 됐지만, 사람으로 둔갑하면 일곱 살 정도야! 아직 어린애라구? 어린애 아니거든! 뭐?《외로움》많이 타고, 금세《안달복달》하는 데다《응석받이》? 그게 뭐 어때서? 친구 정도는 되어 줘! 나 혼자는 싫어!

**요괴로서의 토끼**는 말이지, 여러 가지 꿈을 이룰 수 있어. 덤으로 내 꿈도 이루지만. 우후후. 뭐? 안 돼? 자, 잠깐! 그 정도는 괜찮잖아! 난 친구를 사귀고 싶단 말이야! 변신시키거나 기운을 북돋아 줄 수도 있다구. 그러니까 친하게 지내자! 응? 으으, 우린 모두 외로움을 많이 탄단 말이야. 그러니까 상냥하게 대해줘야 해! 이렇게 귀여운 애가 하는 말이니 좀 들어! 그리고 내버려 두거나 무시하는 것도 금지! 놀아줘어!

어, **동물로서의 토끼?** 그 얘긴 별로 하고 싶지 않은데. 일단 작고 귀엽겠지……? 으, 그런 눈으로 보지 마. 알았어, 알았다구. 아기 때부터 걸어 다닐 수 있고, 산토끼들은 겨울이 되면 하얘지고, 풀을 먹어. 어, 대충 그 정도? 뭐? 자기 똥을 먹냐고? 몰라! 이상한 거 묻지 마! 여자애한테 실례잖아!

**육구** 같은 건 없어. 토끼거든. 만지고 싶으면 고양이한테 부탁해보지 그래?

**눈의 색**이 붉은 건 학교 같은 곳에서 키우는 흰토끼뿐이야. 산토끼는 겨울이 되어 하얘져도 눈은 까매. 아, 참고로 난 흰토끼야!

**당근**보다는 양배추를 더 좋아해. 시금치나 양상추 같은 것도. 이파리 특유의 그 아삭아삭한 식감이 좋아. 참, 알고 있겠지만 채식주의자니까 고기나 생선은 먹이지 마.

**달토끼**는 떡을 찧는다고들 하는데, 외롭지 않을까? 나도 떡 정도는 찧을 수 있지만, 기왕이면 다 함께 사이좋게, 웃고 떠들면서 찧는 게 더 좋잖아? 난 밤이 되어 혼자만 남는 게 무서워서 항상 누군가와 함께 있는데. 달님에 사는 토끼는 괜찮을까?

항상 **달리기만** 하는 것처럼 보여? 저기 말이지, 나처럼 연약한 여자애는 항상 위험에 노출되어 있다구! 그런데 느긋하게 지낼 수 있겠어? 항상 전력으로, 적극적으로 살아야지!

우후후. 이 옷, **하늘하늘** 귀엽지? 다른 둔갑 동물들은 패션에 신경 안 쓰는 모양인데, 우리도 여자애잖아. 귀여운 옷을 입어줘야지. (빙글) 사람들을 봐도 여자애는 다들 옷에 여러모로 신경을 쓰는 것 같더라. 나도 질 수 없지!

**다리가 굵다**…… 고? 어머나, 나 지금 잘못 들은 거 같은데, 다시 한번 말해볼래? 아, 그런데 내 다리 예쁘지? 사실 나, 달리기 진짜 빨라. 그리고 또 발차기도 엄청 쎄거든. 깜짝 놀랄 정도로! (이글이글)

# 鳥 새

새인 세라야. 나이……? 몰라. 새라서 《건망증》이 심하거든. 후후. 세라는 《새눈》인 데다 날지 않으면 안심 못 하는 《약골》인데, 모두에게 민폐일까? 그래 도…… 하늘을 날 수 있어. 새니까.

**요괴로서의 새**는…… 바람이랑 하늘밖에 모르다 보니 사람으로 둔갑해도 이상한 말을 하곤 하나 봐. 후후후. 무슨 말을 했는지 벌써 잊어버렸지만, 그래도 하늘을 날면 알 수 있는 것만 이야기해. 아마도. 모두 하늘을 날 수 있다면 좋을 텐데. 사람은 재미있어서 좋아. 세라가 이것저것 까먹어서 곤란하게 했을지도 모르지만. 그래도 우리, 하늘에서만 보이는 것들 잘 알아. 어, 그러니까…… 세라는 크고, 넓어. 말로 표현하기 힘들지만, 폐를 끼치기도 하지만, 도움이 될 때도 종종 있…… 을 거야. 응. 있었어. 후후. 떠올렸다.

**동물로서의 새**……? 새는 잔뜩 있는데. 둔갑할 수 있게 되는 건 까마귀나 참새나 백로나 오리나…… 그런 날아다니 는 새들. 세라는 카나리아. 후후, 새장에서 도망쳐버렸어……. 아마도. 이 마을에는 먹을 게 많아서 다른 새들과도 싸우지 않 고 잘 지내. 사는 방식은 다들 제각각이지만, 모두 하늘을 날 수 있으니까…… 동료야.

응, **하늘**은 매우 넓어. 모두가 날개를 펼치고 날 아도 서로 부딪치지 않아. 바람이 세게 불 때는 무섭 지만…… 둔갑 동물이 된 세라는 바람도 마음대로 일 으킬 수 있어. 바람 속에, 하늘 위에 있으면 머릿속이 시원해져서…… 이것저것 까먹어버리긴 하지만, 기 분이 좋아.

**노래**를 하곤 해. 마음껏 마음껏 노래하고, 바람에 노래를 짜 넣고, 바람과 하나가 되어서…… 노래하면 서 하늘과 하나가 되어서, 조그만 세라가 마을을 감 싸. 다른 애들도 올 정도라면 차라리 지저귀면 좋을 텐데. 노래하면 좋을 텐데.

으음, **철새**라고 하던가? 종종 마을에 오는 새들. 둔갑 동물도 있긴 하지만, 마을에 계속 머물지 않다 보 니 사람에게는 거의 다가가지 않아. 세라가 함께 놀자 고 해도 이야기만 나누고 놀아주지 않아. 철새는 세라 를 알고 있는 것 같은데, 세라는 기억 안 나…… 미안.

**밤**하늘은 아무도 못 날아. 하지만 날 수 있는 새도 있대. 누가 그렇댔어. 세라였나? 원래는 못 날았는데 둔갑하고 나서 날 수 있게 된 새도 있대. 세라는 못 날 아. 세라는 새니까. ……어라?

**날지 못하는 새**라도 둔갑할 수 있을지도 모 르지만, 세라처럼 하늘을 날거나 바람을 움직이지는 못할 것 같아. 세라는 만난 적 없어. 그냥 까먹은 거 아니냐고? 그럴지도.

세라를 **천사**라고 부른 사람이 있었어. 세라는 천사가 뭔지 모르지만, 세라는 세라니까 천사가 아닐 거야. 세라는 새. 천사는 새일까? 그 사람이 뭐라고 했는지는 기억 안 나지만, 세라가 말한 거랑 다르댔어.

부리……. 위험하니까 만지지 마.

# 쥐

**쥐** 치카라고 해! 나이? 사실 나, 아직 태어난 지 2개월 정도밖에 안 됐어. 그래도 인간으로 둔갑하면 열 살 정도로 변해. 아, 말해두는데 정신적으로는 어엿한 어른이거든? 조급하고 《먹보》인 데다 《작다》고? 쥐가 원래 그렇지, 뭐. 몸집은 작아도, 쉬지 않고 움직인다구! 그런데 너 지금 어딜 보고 작다고 한 거야!

**요괴로서의 쥐**는…… 으음. 꽤 다양하지. 나는 남의 집 지붕 아래에 살지만, 땅 밑이나 산, 들에 사는 애들도 있어. 그래서 내 의견만으로 쥐가 요괴로서 어떻다고 단정할 수는 없어. 아, 맞다. 우리 쥐들은 다들 머리가 좋아. 몸이 작은 걸 머리로 커버하는 거지! 난폭한 짓은 안 하지만, 화나면 꽤 무섭다 이거야.

응? **동물로서의 쥐?** 들쥐 말고는 다들 미움받지. 우리도 살아가려면 어쩔 수 없는데 말이야. 일단 작고, 빠르고…… 그리고 귀엽달까? 야, 왜 웃어! 나, 나 말고 쥐 전체를 말한 거야! 그, 그야 나도 쥐는 쥐니까…… 꽤, 그게, 저기……. (중얼중얼)

쥐를 뜻하는 "네즈미(ねずみ)"라는 **이름**은 잘 때 물건을 훔친다는 의미라고도 하고, 땅속 뿌리 왕국에 산다는 의미라고도 하더라. 멋대로 이상한 이름 붙이기는. 우린 그냥 우린데 말이야.

**고양이**는 껄끄러워. 난 비교적 친하게 지내지만, 무서워서 도망치는 애들도 많아. 고양이는 고양이 대로 힘들겠지만, 이해해 줘.

아하하, 내가 **장난**을 좀 많이 치긴 했지. 그래도 무작정 사고 치는 건 아니야. 뒷일까지 다 계산한다구.

**밥**은 아무리 많아도 부족해. 작은 몸에 무한한 파워! 뭐, 그런 거니까! 그러니 우리를 만났을 때 먹을 걸 주면 쉽게 친해질 수 있을 거야! 하긴 먹을 것만 먹고 가버릴 때도 제법 많지만.

우린 **아이**를 많이 낳아. 나만 해도 형제가 엄청 많아. 태어나서 1개월 정도 지나면 다들 엄마 아빠가 될 수 있어. 어쩌면 다음에 만났을 때는 나도 엄마가 되어 있을지도? 이히히히히.

우리의 **시간**은 빠르게 흘러가. 사람 기준으로 빠른 것도 우리에겐 멈춰 있는 걸로 보이고, 더 빨리 움직일 수도 있어. 물론 그만큼 성격이 급해지기 십상이지만…… 어쩔 수 없다구! 너희 말하는 거 너무 느려!

누가 뭐라고 해도 **십이지**에서는 우리가 첫 번째야! 어떻게 첫 번째가 되었는지에 관해서는 여러 가지 이야기가 전해지는 모양인데, 요컨대 우리 조상님이 똑똑했다는 내용! 이히히히.

# 이야기 해 질 녘의 만남

많은 둔갑 동물들이 사는 이 마을에서는 오늘도 신비한 만남이 이루어집니다.
그럼 이제 실제로 어떤 이야기가 만들어지는지 잠시 살펴봅시다.
이것은 어디까지나 하나의 예시입니다.
하지만 만들어지는 이야기는 대체로 이런 느낌입니다.
둔갑 동물들은 마을의 누군가와 만나 훈훈한 추억을 쌓아 나갈 것입니다.

해 질 녘의 꼬마 요괴.
담벼락과 산울타리에 둘러싸인, 포장조차 되지 않은 길.
그곳에 있는 작은 공터.
풀이 우거진 그 공터에 동물 두 마리가 있습니다.
너구리 리코와 검은 고양이 쿠로무랍니다.
「석양이 참 예쁘네요오♪」
커다란 꼬리를 천천히 흔드는 아이가 리코.
「……」
차분한 눈으로 식빵 자세를 유지하는 아이가 쿠로무입니다.
두 마리가 담벼락 틈새로 석양을 지켜보고 있는데, 어떤 아이가 좁은 길을 따라 달려옵니다.
초등학교 3학년 정도로 보이는 남자애.
아이는 이쪽을 향해 급히 달려오고 있네요.
리코는 인간을 너무나도 좋아한답니다.
종종걸음으로 그 아이를 향해 걸어가네요.
물론 너구리 모습으로요.
갑자기 튀어나온 너구리를 보고 남자애가 깜짝 놀랍니다.
「우왁!」
놀라서 넘어지는 남자애.
리코도 거기에 말려들어 남자애에게 깔렸습니다!
「쟤가 진짜! 지금 뭐 하는 거야!」
무심코 고양이 모습으로 달려가며 외치는 쿠로무.
「어?」
설마 고양이가 말을 했을 거라고는 생각도 못 한 남자애는 황급히 주위를 둘러봅니다. 어디에서 들린 소리일까요?
오른쪽, 왼쪽, 위, 아래.

아래를 보니 눈이 뱅글뱅글 돌아가는 너구리가 깔려 있네요?
「우. 우와아아아악!?」
저런. 크게 소리 지르며 뒤로 펄쩍 뛰었습니다.
리코도 비틀거리며 일어나네요.

퍼엉.

너구리 리코가 안경을 쓴 여자애로 변신!
남자애의 눈앞에서 말이에요!
게다가 자세히 보니 여자애에겐 너구리의 귀와 꼬리가……?

「다치진 않았나요오?」
리코가 싱글벙글 웃습니다.
그 옆에서 쿠로무가 고양이 모습으로 재주 좋게 머리를 싸매고 있네요.
「어라? 너, 너구리……. 어? 어라?」
눈을 비비적비비적.
눈앞에서 벌어진 일이 믿기지 않나 봐요.
「괜찮아요오?」
어안이 벙벙한 남자애 앞에서 몸을 숙여 흙먼지를 털어주는 리코.
둘 다 무사한 것을 확인한 쿠로무는 고양이 모습으로 옆에서 지켜봅니다.
아직 어린 남자애는 리코에게서 고개를 휙 돌렸어요.
갑자기 나타난 누나가 상냥하게 대해주니까 부끄러워진 모양이네요.
그 모습이 너무 귀여워서 리코도 싱글벙글.

쿠로무는 끝까지 고양이인 척, 새침한 얼굴로 고개를 갸웃거립니다.

「어라……? 저기, 어…….」

남자애가 뭔가 말하고 싶은 게 있나 봅니다.

놀라기도 하고, 부끄럽기도 하고…… 횡설수설하네요.

「야옹. 냐~옹.」

쿠로무가 슬그머니 남자애의 코앞까지 다가가 빨리 말하라고 재촉합니다.

「저는 리코라고 해요오. 그리고 이 고양이는 쿠로무라고 하는데요오. 제 친구에요오♪」

리코가 검은 고양이를 안아 올리더니 남자애의 품에 안겨줍니다.

쿠로무도 리코의 손에 들렸을 때는 싫어했지만, 남자애의 손에 넘어가자 움직임을 뚝 멈추고 입을 다물었습니다.

안긴 채로 가만히 남자애를 바라보는 쿠로무.

「어, 저기…… 난, 나오토. 사와다 나오토라고 하는데…….」

조금 진정되었는지 이제야 자기소개를 하네요.

「나오토 군이군요오? 잘 부탁해요오, 나오토 군♪」

긴장했는지 더듬거리며 말하는 나오토.

그래도 쿠로무를 상냥하게 쓰다듬어주고 있네요.

리코는 그런 나오토의 머리를 토닥토닥 쓰다듬어줍니다.

「갸르릉…….」

쓰다듬어주자 자기도 모르게 목을 울리며 눈을 가늘게 뜨는 쿠로무.

나오토는 리코가 머리를 쓰다듬어주자 머뭇거리며 얼굴을 붉힙니다.

신기한 분위기 속에서 시간이 흘러갑니다.

리코와 나오토는 잠시 이야기를 나눴습니다.

쿠로무는 나오토의 품 안에서 가만히 듣고 있고요.

이야기를 하는 사이에 시간이 흘렀습니다.

「나오토! 어디 간 거야!」

쿠로무의 귀가 움찔하고 흔들렸습니다.

갑자기 들려온 목소리에 고개를 들어보니, 어느새 하늘이 완전히 어두워졌네요.

「어어? 부르는 거 아닌가요오?」

리코가 묻자, 나오토는 허둥지둥.

「수, 숨어야 해!」

속닥속닥 작은 목소리로, 하지만 분명하게 말했습니다.

「그, 그치마안…… 친구 아닌가요오?」

걱정스러운 얼굴로 말리는 리코.

그 말을 들었는지 못 들었는지 나오토는 서둘러서 공터 구석에 살그머니 숨습니다.

쿠로무도 나오토의 손에서 뿅 하고 빠져나와 덤불 아래로 뛰어듭니다.

리코 혼자 남아 버렸네요.

그리고 곧바로…… 나오토가 온 방향에서 여자애 하나가 두리번거리며 걸어옵니다.

「어머나? 나오토 군의 누나일까요오?」

리코는 나오토보다 연상으로 보이는 여자애를 향해 터벅터벅 걸어가네요.

「이런 시간에 돌아다니면 위험해요오? 무슨 일이신가요오?」

어둠 속에서 느긋하게 말을 거는 리코였습니다.

「꺅!」

갑자기 누가 말을 거는 바람에 놀라는 여자애.

그래도 주위가 어둡기 때문일까요? 리코가 너구리라는 것은 눈치채지 못한 것 같습니다.

「저기…….」

뭐라고 말해야 할지 몰라 리코가 곤란해하고 있을 때!

「뭐 해? 이런 시간에.」

갑자기 덤불에서 누군가가 나타났습니다.

사람으로 둔갑한 쿠로무에요.

여자애는 또 깜짝 놀랍니다.

그래도 다부지게 물어봅니다.

「실은…… 남자애를 찾고 있어. 키가 이 정도 되는 앤데…….」

손을 어깨높이로 올리며 두 사람에게 묻는군요.

「나오토 군이라면 어디 갔는지 몰라요오.」

태평한 얼굴로 리코가 대답했습니다.

「어, 야!」

옆에 있던 쿠로무가 눈을 동그랗게 뜨는군요.

「어, 뭐? 나오토 봤어?」

여자아이가 캐물었지만, 리코는 여전히 태평한 얼굴로 대답합니다.

「아뇨오? 쿠로무도 나오토 군 못 봤지요오?」

태연하게 대답하는 리코의 곁에서 쿠로무가 어깨를 늘어뜨리며 고개를 푹 숙입니다.

여자애가 울컥하는 표정을 짓네요.

하지만 그런 얼굴을 보면 고양이 쿠로무도 고집을 부리고 싶어지지요.

「아무튼 나오토를 봤으면 심술부리지 말고 어디 갔는지 말해줘!」

여자애가 끈덕지게 캐묻습니다.

「으음, 우리한테 그래봤자…….」

나오토가 숨어 있는 쪽을 힐끔 쳐다보는 쿠로무.

고양이라면 그 정도 어둠쯤은 훤히 들여다볼 수 있지만, 여자애에겐 아무것도 안 보입니다.

「그, 그치마안…… 리코랑 쿠로무는 나오토 군 못 봤거든요오? 나오토 군도 숨으려고 했고요오.」

「야, 잠깐!」

리코의 대답에 쿠로무도 황당함을 금치 못하네요.

「얘, 나오토! 너 숨어 있는 거야? 당장 못 나와!」

마침내 주위를 향해 소리치는 여자아이.

동물인 리코와 쿠로무는 나오토가 목을 움츠리는 모습을 볼 수 있었습니다.

「이거 어떻게 할 거야!?」

「왜, 왜 들킨 걸까요오?」

고함을 치는 여자아이의 옆에서 두 마리가 속닥속닥.

「자, 잠시만요오. 나오토 군이 무서워 하니까아…… 하다못해 무슨 일인지 이야기해주세요오.」

「그래서 넌 결국 누구야?」

리코는 주뼛주뼛, 쿠로무는 냉정하게 묻습니다.

「도망쳤길래 찾으러 왔을 뿐이야! 그 바보는 정말…….」

여자아이가 투덜거리며 대답하네요.

「흐음. 뭐 도망칠 만한 짓이라도 했어?」

쿠로무가 히죽거리며 되물었습니다.

「내가 어떻게 알아. 바보 취급당해서 부끄러웠던 거 아냐?」

짜증 내며 쏘아붙이는 여자아이.

하지만 곧 크게 한숨을 쉬고…….

「이제 됐어. 나오토가 어디 숨었는지 알면 제시간에 집에 가라고 말해줘. 그리고 지금 듣고 있을지도 모르겠지만…… 유카는 화 안 났다고 전해줘.」

어깨가 축 처진 채 왔던 길을 터덜터덜 돌아가려고 합니다.

왠지 매우 슬퍼 보이네요.

「잠깐 기다리세요오.」

리코가 여자아이를 쫓아갑니다.

한편, 쿠로무는 슬그머니 숨어 있는 나오토 쪽으로 갔습니다.

「대체 무슨 일이 있었는데?」

「아, 아무것도 아니야!」

갑자기 나타난 여자아이 모습의 쿠로무.

나오토는 왠지 이 소녀가 아까의 검은 고양이라는 것을 알 수 있었습니다.

쿠로무의 새침한 얼굴을 보니 아까 그 검은 고양이의 얼굴이 떠올랐거든요.

검은 고양이 쿠로무가 나오토의 눈을 물끄러미 바라봅니다.

쿠로무는 고양이의 힘으로 나오토의 마음을 엿봤어요.

방금 그 질문에 대답하는 것처럼 나오토의 마음속에서 달려오기 전의 상황이 떠오릅니다.

키는 유카가 더 크지만, 나이는 같은 두 사람.

두 사람은 어렸을 적부터 쭉 사이가 좋은 소꿉친구랍니다.

오늘 학교를 마치고 집에 가던 도중의 일입니다.

평소처럼 손을 잡고 즐겁게 이야기하며 걸어갑니다.

그 모습을 본 동급생들이 두 사람을 놀렸네요.

껑다리 여자애랑 꼬맹이 남자애가 같이 걷고 있다고요.

빠른 걸음으로 그 자리를 떠나는 두 사람.

분위기가 어색해지고, 꼭 붙잡고 있던 손도 놓아버렸습니다.

즐거웠던 수다도 끊어지고 말았네요.

그래도 그때까지는 같이 걷고 있었는데…….

도중에 만난 이웃집 할머니가 「남매 같구나」라고 말씀하시지 뭐예요.

키가 작은 나오토, 키가 큰 유카.

키가 작은 것도, 더 어려 보이는 것도 부끄러웠던 나오토는……

그만, 도망치고 말았습니다.

「그게 뭐 도망씩이나 칠 일이라고……. 지금이라도 쫓아가서 사과하지 그래? 아까 걔, 가버릴 텐데?」

나오토의 눈앞에서 쿠로무가 불쑥 한 마디 내뱉었습니다.

「사과한다고…… 키가 크는 것도 아니고……. 유카가 나보다 더, 어른스럽고…….」

나오토의 우울한 기분은 당장 나아지진 않을 것 같네요.

그 무렵.

「기다려요오!」

「이거 좀 놓으라니까!」

리코를 질질 끌면서, 유카는 무작정 집에 돌아가고 있습니다.

「나오토 군이랑 같이 돌아가려는 거 아니었나요오? 나오토 군, 쓸쓸해보였다구요오?」

「그치만, 나오토가!」

「꺄악!」

퉁! 유카는 약간 난폭하게 리코를 밀었다가 그만 넘어뜨리고 말았습니다.

데굴데굴 구르면서 성대하게 넘어지는 바람에 리코의 무릎이 까졌습니다.

「앗! 미, 미안해!」

「후에에엥. 아, 아파요오.」

울보 리코는 울음을 터뜨리고 말았습니다.

「하아, 너도 참 못 말린다니까.」

어딘가에서 불쑥 나타난 쿠로무가 리코에게 달려옵니다.

「미안해. 난 맨날…….」

유카는 풀이 죽었네요.

「우우……. 그, 그래도 이렇게 걱정해주잖아요오? 유카는 상냥한 사람이에요오♪」

침울해하는 유카를 향해 눈물을 닦으며 빙그레 미소 짓는 리코.

쿠로무의 뒤를 따라온 나오토도 그늘진 곳에서 걱정스럽게 두 사람을 보고 있습니다.

「리코야 뭐, 맨날 얼빠진 사고만 쳐대니까 신경 쓸 필요 없어.」

리코의 이마를 가볍게 때리는 쿠로무.

「아우으으, 쿠로무 너무해요오.」

맞은 이마를 열심히 문지르는 리코는 무릎이 아픈 것도 잊어버린 모양입니다.

「미안. 정말 미안해.」

유카는 사과하면서 가방에서 꺼낸 반창고를 리코에게 붙여줬습니다.

그리고 여전히 우울한 얼굴로 그 자리를 떠나려고 합니다만…….

「아윽! 잠깐만요! 부탁이니까 나오토 군이랑 화해해주세요오.」

리코가 큰 소리로 불러 세웠습니다.

「진작 그렇게 말했으면 됐을 텐데.」

농담조로 말하면서도 쿠로무가 만족스러운 표정을 짓습니다.

「제가 다친 건 아무래도 좋아요! 그, 그보다 저는, 친구끼리 싸우는 게 훨씬 더 슬퍼요!」

리코는 무릎이 까졌을 때보다 더 슬픈 표정으로 말했습니다.

「그야…… 나도……」

화도 나고, 곤란하기도 하고, 슬프기도 하고…… 그 모든 것이 유카의 마음을 옥죕니다.

쿠로무가 한숨을 쉬면서 이리 오라고 나오토에게 손짓을 합니다.

머뭇거리면서 나오토가 나오는군요.

어떤 표정을 지어야 할지 몰라 난처한 기색의 유카.

당장이라도 달려가고 싶지만 여전히 발이 떨어지지 않는 나오토.

두 사람은 거리를 둔 채 가만히 서로의 얼굴을 봅니다.

이런 때야말로 둔갑 동물들이 나설 차례입니다.

응어리를 풀어주고, 마음을 이어주는…… 사소하지만 신비한 힘을 보여줄 때입니다.

「이, 이럴 때는 뭔가 좀 더, 계기를 만들어줘야 하지 않을까요오!?」

「으음……」

리코의 재촉을 받으면서 쿠로무가 천천히 몸을 뒤틀었습니다.

마치 고양이가 그러는 것처럼 말이에요.

그러자… 이게 어떻게 된 걸까요?

눈 깜빡할 사이에 쿠로무는 고양이의 모습으로 되돌아갔습니다.

서로 마주 보던 두 사람은 쿠로무의 변신을 알아차리지 못했습니다.

쿠로무는 나오토의 발목에 다가가 몸을 문질렀습니다.

둔갑 고양이가 몸을 문지르는 행위에는 사람을 속박하는 굴레를 녹여 없애는 힘이 있답니다.

「냐웅?」

귀엽게 울면서 쿠로무가 나오토를 올려다봅니다.

「와아……」

마음속에 응어리진 감정이 점점 풀어집니다.

고집스러운 기분이 사라집니다.

지금 정말로 하고 싶은 일이 무엇인지 깨달은 것이지요.

나오토는 발치의 쿠로무를 안아 올립니다.

고개는 여전히 숙이고 있지만, 그래도 유카 쪽으로 걸어갑니다.

그리고 주위가 완전히 어두워져 어떤 표정을 짓고 있는지조차 알 수 없는 유카를 향해 말했습니다.

「벌써 어두워졌고…… 그만 돌아갈까?」

나오토의 상냥한 목소리에 유카의 마음도 풀립니다.

「…… 응.」

유카가 솔직하게 고개를 끄덕였습니다.

「미안해……. 유카.」

나오토가 슬며시 유카의 손을 잡습니다.

유카도 말없이 그 손을 맞잡았습니다.

「냐웅.」

두 사람 사이에서 검은 고양이 쿠로무가 웃고 있네요.

「정말 잘 됐네요오. 나오토 군♪」

리코도 밝은 목소리로 말합니다.

「응. 고마워, 리코 누나.」

그렇게 말하며 나오토가 돌아보자…….

리코의 모습은 이미 보이지 않았습니다.

마치 꿈이라도 꾼 것처럼…….

그런데 그때, 그늘에서 웬 너구리 꼬리가 불쑥!

그것을 본 쿠로무는 놀라서 눈을 동그랗게 뜹니다.

귀는 움찔움찔. 몸은 꿈틀꿈틀.

「어? 조금 전의 걔는?」

유카가 어두워진 주위를 둘러봅니다.

「음… 글쎄? 고맙다는 말은 다음에 해야겠다.」

그렇게 말하며 나오토는 품에 안은 검은 고양이를 쓰다듬은 후, 바닥에 내려줬습니다.

쿠로무가 소리 없이 밤의 어둠으로 사라지고.

살짝 보이던 너구리 꼬리도 어둠으로 사라집니다.

나오토는 꼬리가 사라지는 모습을 지켜보고는, 유카의 손을 잡고 집으로 돌아갔습니다.

그리고 다음 날 낮.

신기한 체험을 했던 어제 그 공터에 나오토와 유카가 찾아왔습니다.

「안녕.」

아무도 없는 공터에서 둘이 함께 인사합니다.

아무도 없는 공터에서 가방을 뒤적뒤적.

「난 리코가 아니에요오.」

그렇게 말하면서 그 자리에 나타나는 너구리 한 마리.

너구리의 다리에는 반창고가 찰딱 붙어 있습니다.

기분 탓인지 기가 막힌다는 표정을 지은 것처럼 보이는 검은 고양이가 담장 위에 있네요.

「안녕, 리코 누나.」

나오토가 부르자, 너구리 리코는 어색한 듯이 같은 곳을 빙글빙글 돌다가…….

「아우우……. 드, 들켰으니 어쩔 수 없네요오.」

펑!

두 사람 앞에서 여자아이로 둔갑합니다.
귀도 꼬리도 깔끔하게 감춘 멋진 변신입니다.
유카가 리코의 얼굴 앞으로 가방을 내밀며 가방 안을 보여줬습니다.
주먹밥, 참치 통조림, 정어리 통조림, 물통에서 갓 따른 따스한 차.

「어제는 다치게 해서 미안해.」
머뭇거리면서 주먹밥을 내미는 유카.

「괜찮아요오♪ 리코는 너구리라서 사람보다 튼튼해요오.」
싱글벙글 웃으며 주먹밥을 받는 리코.
곧바로 입을 크게 벌리고 주먹밥을 먹기 시작합니다.
우물우물, 우물우물.
다른 곳을 쳐다보며 귀를 쫑긋 세우고 있는 쿠로무.
주먹밥을 먹는 소리만이 들려옵니다.

「쿠로무도…… 고마웠어.」
나오토가 참치 통조림과 정어리 통조림을 따서 줍니다.
여기에는 쿠로무도 관심을 가집니다.
여전히 고양이 모습으로 새침하게 고개를 돌리고 있었지만, 너무나도 좋아하는 참치 통조림을 보자 자기도 모르게 작은 입으로 우물우물.
그 사랑스러운 모습에 두 사람이 넋을 잃고 바라보는데…….
검은 고양이의 곁으로 너구리가 다가오더니, 정어리 통조림을 맛있게 먹습니다.
두 사람이 뒤를 돌아보자, 거기에는 이미 안경을 쓴 소녀의 모습은 없었습니다.

리코가 정어리를 먹다가 잔가시가 목에 걸리기도 하고.
뜨거운 것을 못 먹는 쿠로무가 따뜻한 차를 눈앞에 두고 쩔쩔매기도 하고.

두 사람과 두 마리는 함께 밥을 먹으며 더욱더 친해졌답니다.

이것은 어느 시골 마을에서 두 마리와 두 사람이 만났을 때의 이야기.

바라건대 내일은 더 사이가 좋아지기를.

## 저녁노을 어스름 참고 작품

여기에는 『저녁노을 어스름』의 세계관이나 분위기를 접할 수 있는 책과 영상을 소개합니다.

일본풍 판타지의 무대가 되는 시골 풍경. 아름다운 자연, 상냥한 사람들, 그리고 눈앞에 나타나는 조금 신기한 존재. 세세한 설정이나 모습보다도, 우선 그 따스한 분위기를 느껴보시기 바랍니다.

『저녁노을 어스름』에서 가장 중요한 것은 무대 전체에 감도는 "분위기"입니다.

여기에서 소개하는 작품은 『저녁노을 어스름』에 어울리는 분위기를 체험시켜 줍니다.

## 고양이 소녀 딴짓 일기
### (ねこむすめ道草日記)

**저자: IKE**
**출판: TOKUMA SYOTEN *국내 미출간**

이 책의 메인 일러스트레이터 이케 선생님의 대표작. 다양한 둔갑 동물이나 요괴가 등장하며, 그들의 입장에서 이야기를 진행합니다.

무대인 시부카키 시는 『저녁노을 어스름』에 참고할 수 있을 뿐만 아니라, 그 자체로도 매력적인 무대입니다. 현대를 살아가는 요괴들도 모델로 활용할 수 있습니다.

배경이나 계절감을 나타낼 때도 참고할 수 있는 부분이 많고, 시나리오의 제작, 묘사, 연출에도 여러모로 참고가 됩니다.

이야기꾼과 PL 모두 꼭 읽어보셔야 할 작품입니다.

## 욕실의 페펜 (バスルームのペペン)

**저자: NOBUHIRO KAWANISHI**
**출판: SYUEISYA *국내 미출간**

산에서 도시로 내려온 펭귄 비슷하게 생긴 갓파, 페펜의 이야기.

도시가 무대이긴 하지만 한없이 상냥한 페펜과 선량한 주위 사람들이 등장하는 치유물입니다. 타산 없는 선의. 관점에 따라 달라 보이는 것. 피로에 찌든 도시 사람이라면 누구나 원하는 훈훈한 이야기가 가득합니다.

인간에 대해 각자 다른 생각을 가진 다른 요괴도 등장합니다.

같은 작가의 『착한 백귀야행(いい百鬼夜行)』도 현대에서 다양한 요괴가 살아가는 모습을 상냥하게 그린 근사한 작품입니다.

## 다가시카시 (だがしかし)

**저자: KOTOYAMA**
**출판: SHOGAKUKAN (한국: 대원씨아이)**

시골 마을의 막과자집을 무대로 "막과자"를 주제 삼아 전개하는 청춘 이야기.

요괴나 둔갑 동물이 나오는 작품은 아니지만, 『저녁노을 어스름』을 해보고 싶다면 한 번쯤 봐둬야 할 중요한 참고 작품입니다.

이 작품은 인터넷, 휴대전화, 편의점 같은 "현대적 요소"를 도입하면서도 환상적인 시골의 분위기를 유지합니다. 이러한 요소를 『저녁노을 어스름』에서 활용할 때 매우 참고가 될 것입니다.

또, 히로인 호타루는 어떤 의미로는 충분히 둔갑 동물 같은 인물입니다.

## 물빛 러브 (みずいろ)

**저자: MASARU OISHI**
**출판: SHONEN-GAHOSHA (한국: 서울 문화사)**

신기한 사건은 거의 일어나지 않지만, 인정 넘치는 사람들, 아름다운 자연, 천진난만한 소녀……『저녁노을 어스름』에서 중요하게 다루는 요소가 가득한 작품입니다.

생기발랄한 주인공의 눈으로 바라보는 시골, 그리고 소녀와의 교류. 거창한 사건은 없어도 그 자체가 훌륭한 판타지를 이룹니다.

시골과 자연을 묘사하는 작품으로는 최고봉이라 해도 좋은 작품입니다.

어린아이나 젊은이의 관점을 떠올리는 소중한 계기가 되어줄 것입니다.

## 이웃집 토토로 (となりのトトロ)

**감독: HAYAO MIYAZAKI**
**배급: TOHO (한국: 대원 미디어)**

시골에 이사 온 자매와 신기한 생물 토토로의 교류를 그린 작품.

이 작품의 묘사와 연출은 『저녁노을 어스름』의 정경을 떠올릴 때도 여러모로 참고할 수 있습니다. 풍부한 자연의 정경, 사소한 순간의 인상적인 반응이나 묘사, 예상 밖의 약동적인 연출, 어린 시절 특유의 독특한 관점…… 아이의 눈으로 본 시골이나 토토로의 다양한 측면을 체험할 수 있습니다.

그 감각은 이야기꾼이 되어 묘사할 때, 둔갑 동물을 연기하며 연출할 때 활용할 수 있습니다. 인상적인 장면을 기억해두면 이야기 속에서 [꿈]을 받을 수 있을 겁니다.

## HOME 사랑의 자시키와라시
### (HOME 愛しの座敷わらし)

**감독: SEIJI IZUMI**
**배급: TOEI *국내 미출간**

도시에서 이사 온 가족이 시골에서 생활하며 겪는 당혹감. 가정 내의 다툼과 어긋남. 전원 풍경, 낡은 집, 자시키와라시. 극적인 행복이나 해결이 아닌, 여유롭고 다정한 행복감. 훈훈한 분위기에 둘러싸인 근사한 영화입니다.

시골 묘사, 요괴와 인간의 관계, 그리고 무엇보다도 신비한 존재가 사람들 사이에 녹아드는 과정.

『저녁노을 어스름』에서 지향하는 이상적인 전개의 하나라고 할 수 있습니다.

오기와라 히로시 씨의 원작 소설도 걸작입니다.

## 장갑을 사러 간 아기여우 (手袋を買いに)

**저자: NANKICHI NIIMI**
**출판: 각 출판사에서 (한국: 각 출판사에서)**

여러 출판사에서 그림책으로 낸 작품으로, 문자 그대로 세대를 뛰어넘은 걸작 동화입니다.

겨울의 아름다운 자연. 여우 모자. 인간이 보여주는 따뜻한 상냥함. 매우 짧은 이야기지만, 『저녁노을 어스름』에서 중요하게 다루는 요소가 듬뿍 담겨 있습니다.

아마 이 책을 읽는 분들도 읽어보신 적이 있을 겁니다.

『저녁노을 어스름』을 하기 전에 잠시 동화의 내용을 떠올려보면, 이야기의 분위기를 잡을 때 도움이 될 것입니다.

아직 읽지 않으셨다면 꼭 한 번 읽어보시기 바랍니다.

## 자동차 색깔은 하늘색
### (車のいろは空のいろ)

**저자: KIMIKO AMAN**
**출판: POPLAR PUBLISHING CO., LTD *국내 미출간**

어느 마을의 택시 운전사, 마츠이 씨를 주인공으로 하는 아동 문학 시리즈.

마츠이 씨는 신비한 손님을 받거나, 우연히 길에서 신기한 사건과 마주칩니다. 다양한 동물이 사람으로 둔갑해 사회에 녹아드는 모습도 그리고 있습니다. 또, 우연히 만난 사람이 상상도 못 할 정체를 숨기고 있을 때도 있습니다.

일상에 녹아드는 신기한 것들을 상냥하고 따스하게 그린 이야기를 잔뜩 볼 수 있습니다.

둔갑 동물의 설정이나 배경을 생각할 때, 혹은 사람과의 관계를 생각할 때 읽어보면 근사한 소재를 제공해줄 것입니다.

여름은 생명이 넘쳐나는 계절.
봄에 자란 싹이 잎을 피우는 계절.
꿈이 시작되는 계절.

여기에서는 『저녁노을 어스름』의 구체적인 규칙을 설명합니다.
당신만의 둔갑 동물을 어떻게 만드는지.
여러분이 어떻게 놀아야 하는지.
그것을 여기에서 이야기합니다.

실제로 이야기를 만들 때는 이 장을 자주 살펴보실 겁니다.

# 둔갑 동물을 만드는 법

우선 당신의 분신인 둔갑 동물 PC를 만들어봅시다.

## 0  어떤 둔갑 동물을 만들까?

여기부터 본문의 내용을 따라가며 둔갑 동물을 만들 수 있습니다. 하지만, 그 전에 「봄의 장」에 실린 『『저녁노을 어스름』이란?』을 읽거나, 이야기꾼의 설명을 들어보시기 바랍니다. 어떤 둔갑 동물이 되고 싶은지 미리 이미지만이라도 정해두면 더 수월하게 둔갑 동물을 만들 수 있습니다.

길을 헤매는 이를 만났을 때, 앞에서 이끌어주고 싶으신가요? 함께 길을 헤매며 곁을 지켜주고 싶으신가요? 아니면, 마음 내키는 대로 한 걸음 물러서서 지켜보고 싶으신가요?

이렇게 정말 대략적인 방향성만 정해둬도 둔갑 동물을 만들 때 큰 도움이 됩니다.

## 1  정체가 뭐야?

우선 일곱 종류의 동물 중에서 당신이 담당할 둔갑 동물의 정체를 선택합니다. 동물마다 다양한 능력이 있지만, 능력보다는 우선 당신이 가진 이미지를 바탕으로 동물을 고릅시다. 일단 기준을 말하자면, 각 동물은 아래와 같은 경향을 보입니다.

**여우:** 신에 가까운 권위를 가진 동물입니다. 마을 안에서도 다른 동물보다 더 격이 높은 동물로 통합니다.

**너구리:** 둔갑 솜씨만 놓고 본다면 제일 뛰어난 동물입니다. 인간 모습 외에도 다양한 모습으로 변신할 수 있습니다.

**고양이:** 변덕스럽고 제멋대로 구는 동물입니다. 다재다능하지만, 친구를 사귀는 것만큼은 조금 서툽니다.

**개:** 인간과 가장 친한 동물입니다. 주로 자신보다 남에게 도움이 되는 힘을 가지고 있습니다.

**토끼:** 외로움을 많이 타지만 신기한 힘을 지닌 동물입니다. 처음 만난 상대와도 바로 친해지는 것이 특기입니다.

**새:** 가장 신기하고, 인간과는 동떨어진 동물입니다. 하늘이나 바람에 관련된 다양한 일을 할 수 있습니다.

**쥐:** 작고 재빠른 동물입니다. 숨거나 몰래 숨어드는 게 특기입니다.

정체를 골랐다면 요괴 기록 용지의 『정체』칸에 선택한 동물의 이름을 적습니다. 그리고 여섯 가지【기본 특기】의 이름과【신비】수치를【기본 특기】칸에 적습니다. 이때,【특기】의 대략적인 내용을 옮겨 적으면 나중에 편합니다(혹은 정체로 선택한 동물의 소개 페이지를 그대로 복사해서 사용해도 됩니다).

## 2  【약점】이 뭐야?

동물은 각자【약점】이 있습니다. 어떤 동물이라도【약점】은 있는 법이며,【약점】이 없는 동물은 없습니다.【약점】을 가진 동물은 그 탓에 할 수 없는 일이 늘어나거나, 예상치 못한 실수를 범하곤 합니다.

【약점】은 PC 본인에게는 불리한 특징일 뿐이지만, PL이나 이야기꾼에게는 캐릭터의 매력을 표현할 수 있는 요소이기도 합니다. 가능하다면 당신이 RP하기 편한【약점】을 골라봅시다.

선택한 동물의【약점】중 최소 1개를 당신이 담당할 둔갑 동물의【약점】으로 정합니다. 그 대신【약점】에 대응하는【특기】를 하나 얻을 수 있습니다.

【약점】을 많이 가지고 싶다면, 최대 3개까지 가질 수 있습니다.【약점】중에는 이야기꾼의 허가를 얻어야 가질 수 있는 것도 있습니다. 내용을 잘 읽고 고릅시다.

이렇게 1개에서 3개의【약점】이 정해지면, 요괴 기록 용지의【약점】칸과【추가 특기】칸에 해당하는 내용을 옮겨 적습니다.【약점】을 1개만 정했더라도, 세

션을 여러 번 경험하다 보면 몰랐던 【약점】을 발견할지도 모릅니다. 남은 칸은 비워둡니다.

## 3 능력치는 몇이야?

네 종류의 능력치에 합계 8점을 배분합니다. 배분할 수 있는 점수는 능력치마다 최소 1점, 최대 4점입니다. 수치상으로는 각 능력치의 이름이 가리키는 존재로서 한 사람 몫을 하는 수준을 2로 봅니다. 1은 낮은 것이고, 3 이상이라면 높은 겁니다. 예컨대 【동물】이 3인 둔갑 동물은 같은 종류의 다른 동물과 겨루게 되어도 어지간하면 이깁니다. 하지만 【요괴】가 1이라면 다른 둔갑 동물에 비해 둔갑도 서툴고, 【특기】를 잘 써먹지 못하는 둔갑 동물이 됩니다.

점수를 배분할 때, 【어른】만큼은 0점을 배분할 수 있습니다. 이것은 모든 둔갑 동물이 냉정한 사고방식이나 문명에 관한 지식을 갖추고 있지는 않다는 것을 나타냅니다. 【어른】이 0인 둔갑 동물은 전자제품 종류를 거의 사용할 수 없습니다. 전화도 못 걸고, 가르쳐주지 않으면 전등 스위치도 못 켭니다. 【어른】에 0점을 배분할 때는 이 점을 잘 숙지해야 합니다.

**요괴:** 신비한 힘의 강약, 마을에 사는 다른 요괴나 신에 관한 지식을 나타냅니다. 둔갑 동물 사이에서 얼마나 격이 높은지도 나타냅니다.

**동물:** 근력, 체력, 운동신경, 오감 등등. 신체적인 강함 전반, 동물로서의 강함 전반을 나타냅니다.

**어른:** 감정을 숨기거나, 상대를 배려하거나, 기계를 다루는 지혜를 나타냅니다. 인간 어른은 이 수치가 높습니다.

**아이:** 감정을 드러내거나, 어리광을 부리거나, 보호받거나, 즐겁게 노는 어린아이다운 일면을 나타냅니다.

능력치를 모두 배분했다면, 기록 용지의 『능력치』 칸에 있는 각 능력치 이름 옆의 공백에 배분한 수치를 적습니다.

## 4 어떤 인간으로 둔갑하지?

인간으로 둔갑했을 때의 모습을 정합니다. 따로 【특기】를 사용하지 않는다면, 둔갑 동물은 인간으로 둔갑할 때 정해진 한 가지 모습으로만 둔갑할 수 있습니다. 여기에서는 그렇게 둔갑했을 때의 나이와 복장, 외견을 결정합니다.

성별은 인간으로 둔갑해도 변하지 않습니다. 하지만 나이는 그렇지 않습니다. 몇 살 먹지 않은 개도 고등학생이나 대학생 정도 나이의 모습으로 둔갑할 수

있고, 반대로 수백 살짜리 여우라도 작은 어린애의 모습으로 둔갑할 수 있습니다. 단, 인간 모습으로 남을 상대할 때를 고려해 여덟 살에서 열여덟 살 정도로 정하는 것을 추천합니다. 그 밖의 나이로 정하고 싶다면 이야기꾼의 허가를 받아야 합니다.

동물과 인간은 나이가 같아도 성장 정도에 차이가 있지만, 일일이 환산할 필요는 없습니다. 「이 PC는 인간으로 치면 ○살 정도」라고 정해두기만 하면 충분합니다.

복장의 경우, 【약점】 때문에 정해진 옷만 입어야 하는 둔갑 동물을 제외하면 요즘 시대에 맞는 옷을 입습니다. 적어도 거리를 돌아다닐 때 남들이 수상하게 여길 만한 복장으로는 둔갑하지 않습니다(인간으로 둔갑한 후에 그런 옷으로 갈아입을 수는 있습니다). 또, 이야기꾼이 허가한다면 옷과 신발 말고 다른 물건도 의상의 일부로 간주해서 둔갑할 수 있습니다. 모자나 액세서리, 간단한 소품 따위가 여기에 해당합니다.

겉모습에는 정해진 규정이 없습니다. 외국 품종의 개나 고양이라면 외국인 같은 모습을 하고 있을 수도 있습니다. 정체에 해당하는 동물의 모습을 보고 외견을 연상해봅시다. 적당한 모습이 떠오르지 않을 때는 정체로 선택한 동물의 삽화를 보고 외견을 참고해보는 것도 방법입니다.

결정한 모습을 요괴 기록 용지의 『인간 모습』칸에 적어 넣습니다. 너무 자세히 묘사하면 나중에 알아보기 어려울 수도 있으니, 이야기꾼이나 다른 참가자에게 반드시 전해야 하는 내용만 골라 적어둡시다.

## 5 마지막으로

당신의 이름과 성별, 나이를 정합니다.

인간 모습을 정한 시점에서 성별은 정했을 것이고, 나이도 곧 정할 수 있을 겁니다. 단, 이름에는 약간의 제한이 있습니다.

둔갑 동물들은 기본적으로 동물이므로, 나비나 검둥이 같은 단순한 이름만 쓸 수 있습니다. 사람이 기르는 개나 고양이, 자신의 신사를 가진 여우만이 성을 포함한 제대로 된 이름을 사용할 수 있습니다(물론 그런 입장이라도, 원한다면 단순한 이름을 사용할 수 있습니다).

위의 내용을 염두에 두고 이름과 성별, 나이를 정해서 요괴 기록 용지 가장 위의 이름칸에 적습니다.

이것으로 당신의 분신이 완성되었습니다.

이야기꾼의 지시에 따라 즐겁게 세션에 참여해보시기 바랍니다.

# 여우

여우는 토지신님에 가까운 권위를 가진 동물입니다. 마을 안에서도 다른 동물보다 더 격이 높은 동물로 통합니다.

그래서 여우는 사람이나 다른 둔갑 동물에게 영향력을 미치는 것이 특기이며, 반대로 자기가 휘둘리는 상황에는 약합니다. 직접 나서서 적극적으로 움직이고 싶어 하는 사람에게는 다소 맞지 않을 수도 있습니다. 잘난 척하는 태도, 괴상한 옷차림, 비밀주의 탓에 종종 남과 소원해지기도 합니다.

그래도 여우는 따로따로 흩어져 행동하기에 십상인 둔갑 동물들을 한데 묶는 리더가 될 수 있는 중요한 존재입니다. 매사를 냉정하게 판단하고, 때로는 어른스러운 의견을 제안하는 것이 여우의 역할이라고 할 수 있습니다.

## 《기본 【특기】》

### 소악마 (0)

이성을 현혹하는 신비한 매력의 소유자입니다. 여우는 자기와 성별이 다른 인간이나 둔갑 동물(다른 종류의 일반 동물은 제외)과 [만남]으로 【인연】을 맺을 때, 자신에 대한 상대의 【인연】을 1 높일 수 있습니다. 또, 상대가 가지는 【인연】의 내용을 여우가 결정할 수 있습니다.

### 계시 (6)

같은 [장면]에서 자고 있는 상대에게 꿈을 꾸게 해, 예지몽이라고 믿게 합니다. 여우의 【요괴】와 상대의 【어른】을 비교해서 여우의 【요괴】가 더 높다면 효과를 발휘합니다. 상대가 다음 날 아침에 하려고 했던 일을 단념하게 하거나, 참고 있는 일을 실천에 옮기게 할 수 있습니다. 단, 이 【특기】를 사용하려면 이야기꾼에게 꿈의 내용을 구체적으로 설명해야 합니다. 이때 설명한 내용에 심각한 문제나 모순이 있다면 이야기꾼은 꿈의 효과를 무시할 수 있습니다.

### 도깨비불 (6)

꼬리 끝을 타오르는 불길처럼 연출해서 마치 도깨비불처럼 보이게 합니다. 단, 이 【특기】는 저녁이나 밤에 꼬리를 드러내고 있을 때만 사용할 수 있습니다. [장면]이 끝날 때까지, 도깨비불을 본 사람은 무서워서 도망치거나 호기심을 느끼고 다가옵니다. 도깨비불을 본 상대가 【어른】으로 판정해서 여우의 【요괴】보다 높은 결과를 내면 정상적으로 그 사람 본인이 어떻게 행동할지 정합니다. 하지만 여우의 【요괴】가 더 높다면 그 사람이 도망칠지, 다가올지는 여우가 정합니다.

### 투명 도롱이 (8)

자신의 모습을 투명하게 합니다. 【동물】로 여우의 「【동물】+3」을 웃돌아야만 보이지 않는 여우의 존재를 알아차립니다. 이 효과는 스스로 해제하거나 [장면]이 바뀔 때까지 지속됩니다.

### 가짜 (10)

대상을 비슷한 크기의 다른 존재(생물, 무생물 모두 가능)로 변하게 합니다. 변화시킬 대상만 존재한다면 어떤 모습으로든 변화시킬 수 있습니다. 단, 바위를 인간으로 보이게 한다 한들 실제로 움직이지는 못할 것이고, 폐차를 새 차처럼 보이게 해도 실제로 달리지는 못합니다. 겉모습만 바뀔 뿐이지, 대상 본래의 움직임에는 아무런 변화가 없습니다. 변신한 대상은 여우가 효과를 풀거나 [장면]이 바뀌면 원래대로 돌아갑니다.

### 여우비 (12)

그 자리에 가랑비를 내릴 수 있습니다. 비는 구름 한 점 없이 해나 달이 떠 있을 때도 계속 내립니다. 비가 내리는 곳에 있는 둔갑 동물은 사람으로 둔갑할 때 코스트를 일절 지급하지 않아도 되며, 【신비】와 【마음】을 반대쪽의 용도로도 사용할 수 있습니다(즉, 【마음】으로 【특기】를 사용하거나, 【신비】로 능력치를 높일 수 있습니다). 이 효과는 [장면]이 바뀔 때까지 계속됩니다.

# 《【약점】과 추가 【특기】》 ※【약점】과 추가 【특기】는 좌우에 있는 것들이 서로 대응합니다.

| 【약　　점】 | 추가 【특기】 |
|---|---|

###  유부
유부를 매우 좋아하는 여우입니다. 유부를 보면 둔갑이 약간 풀립니다. 즉, 완전히 인간으로 둔갑했을 때는 꼬리가 드러나고, 꼬리만 드러냈을 때는 귀까지 드러나며, 귀와 꼬리를 모두 내놓았을 때라면 즉시 동물 모습으로 돌아갑니다.

###  거짓말쟁이 (8)
자기가 한 거짓말을 상대가 믿게 할 수 있습니다. 【특기】의 대상은 자신의 【어른】과 여우의 【요괴】를 비교해 판정해야 하며, 여기에 지면 속아 넘어갑니다. 명백한 증거가 눈앞에 없다면 고스란히 속아 넘어가 의심조차 못 합니다.

###  비밀
사람에게 정체를 들켜서는 안 된다는 규칙을 따르는 여우입니다. 완전한 여우 모습일 때 사람에게 모습을 보이면, 이후 세션을 종료할 때까지 모습을 보인 상대와 마을에 대한 【인연】이 1 낮아집니다.

###  오랜만이야 (6)
매우 오래 살아서 옛 지식에 해박하며, 오랜 지인이 있습니다. 처음 만난 둔갑 동물과 원래부터 아는 사이였다고 할 수 있고, 사람을 만났을 때는 상대가 어렸을 적에 만난 적이 있다고 할 수 있습니다. [만남]으로 상대와 맺는 【인연】을 1 높일 수 있습니다(토지신님이 상대일 때도 이 효과는 발휘됩니다). 이 【특기】는 처음 만난 상대에게만 사용할 수 있습니다. 또, 반드시 이야기꾼에게 상대와 알게 된 경위를 전해야 합니다.

###  거드름
무심코 다른 둔갑 동물이나 인간에게 고압적인 태도를 보이는 여우입니다. 누군가가 이 【약점】을 가진 여우에 대한 【인연】을 높일 때는 [꿈]을 2점 더 사용해야 합니다.

###  신사 (0)
인간이 모셔주는 신사를 가지고 있습니다. 이것을 가진 여우는 세션이 끝날 때까지 1만엔의 '진짜 돈'을 가질 수 있습니다. 또, 인간에게 여우 모습을 드러내도 보통 쫓겨나거나 괴롭힘을 당하지 않습니다(상대를 [깜짝] 놀래키는 합니다). 토지신님과도 대등하게 대화할 수 있습니다.

###  기묘
시대에 뒤떨어진 복장이나 언동, 혹은 지나치게 눈에 띄는 아름다운 외모의 소유자입니다. 지나치게 눈에 띄어서 숨을 수가 없고, 마을을 돌아다닐 때는 사람 모습일 때조차 모두의 주목을 받게 됩니다.

###  둥실둥실 (4)
공중에 떠서 천천히 하늘을 날 수 있습니다. 인간이 걷는 정도의 속도지만 하늘 높이 올라갈 수도 있습니다. 물건을 찾거나 할 때 능력치를 2 높일 수 있습니다. 효과는 [장면]이 바뀔 때까지 계속됩니다.

###  차가움
감정을 드러내는 것이 서툴러서 차가운 언동이 두드러지는 여우입니다. [만남]으로 상대가 얻는 【인연】이 항상 1 낮아집니다.

### 인연 맺기 (4)
상대를 꾸짖거나 차갑게 굴어서, 도리어 다른 [장면]의 등장인물과 인연을 맺도록 유도합니다. 상대의 【인연】에서 여우에 대한 【인연】을 1 낮추고, 그 대신 다른 누군가에 대한 【인연】을 1 높일 수 있습니다. 이것을 통해 【인연】의 강도를 0에서 1로 높일 수도 있습니다.

### 강한 척
자신의 실력으로는 해내기 어려운 일도 해낼 수 있다고 우기곤 하는 여우입니다. 판정에서 【마음】을 사용할 때는 2점을 더 사용해야 합니다

###  선물 (8)
인간에게 특별한 힘이 깃든 도구를 선물합니다. 자신과 동료가 사용할 수 있는 【특기】 중 하나를 선택하고, 인간에게 도구를 줍니다. 그 도구를 올바르게 사용하면 선물을 받은 인간도 해당하는 【특기】를 사용할 수 있습니다(【신비】나 【마음】 중 어느 쪽을 사용해도 무방합니다). 선물의 겉모습이나 사용법은 여우가 정할 수 있지만, 너무 크거나 다른 용도로 쓸 수 있는 물건은 안 됩니다.

# 너구리

너구리는 둔갑 솜씨만 놓고 본다면 둔갑 동물 중에서도 제일 뛰어난 동물입니다.

그들은 인간 모습 말고도 요물이나 아는 사람, 심지어 바위나 탈것으로도 둔갑할 수 있습니다. 낙엽을 돈으로 바꾸거나, 주위의 풍경을 전혀 다른 장소처럼 보이게 하는 등…… 여하튼 남을 홀리거나 모습을 바꾸는 것만 놓고 본다면, 너구리는 다른 둔갑 동물보다 더 다재다능합니다.

남을 속이거나 스스로 둔갑하며 다양한 상황을 타개하는 것이 너구리의 역할입니다. 게다가 마이페이스에 마음씨 좋은 너구리는 모두의 무드메이커 역할도 해줄 것입니다.

## 《기본 【특기】》

### 돈 (2)

나뭇잎이나 도토리를 돈으로 보이게 할 수 있습니다. 저녁이나 밤에만 사용할 수 있는데, 이 돈은 아침이 되면 원래의 나뭇잎이나 도토리로 돌아갑니다.

### 도깨비 (8)

무서운 요물로 둔갑해 인간을 놀랍니다. 이 모습을 본 인간이나 둔갑 동물은 [깜짝] 놀랍니다. 이 【특기】를 사용해 [깜짝] 놀랠 때, 너구리는 특별히 【요괴】를 1 높일 수 있습니다. 어떤 요물로 변하는지는 마음대로 정할 수 있습니다.

### 무엇으로든 변신 (8)

솥 등의 도구, 바위 등의 자연물로 둔갑합니다. 또, 갑자기 정체를 드러내면 상대를 [깜짝] 놀랠 가능성도 있습니다. 만약 2배(16점)의 코스트로 사용한다면 자동차나 작은 오두막처럼 인간이 여러 명 들어갈 수 있는 커다란 것으로도 변할 수 있습니다. 단, 이 【특기】로 액체나 기체, 불, 다른 동식물로 둔갑하지는 못합니다.

### 흉내쟁이 (10)

아는 인간이나 둔갑 동물의 모습으로 둔갑할 수 있습니다. 모르는 상대로는 둔갑하지 못합니다. 또, 둔갑한 너구리가 진짜와 【인연】을 맺은 상대를 만나 이야기를 나눌 경우, 너구리는 한 마디 말할 때마다 상대의 【어른】 또는 「진짜에 대한 【인연】 강도」에 대해 【요괴】 판정을 해야 합니다. 여기에 실패하면 가짜라는 사실이 들통납니다.

### 너구리 북소리 (12)

동료 너구리를 불러 모아, 다 함께 배를 북처럼 두드립니다. 저녁이나 밤에만 사용할 수 있고, 이 북소리가 들리는 [장면]에 등장한 사람은 모두 【어른】이 0이 되어 전자제품이나 문명의 산물을 사용할 수 없게 됩니다. 이 효과는 [장면]이 끝날 때까지 계속됩니다.

### 몽환 (16)

주위 전체를 환각으로 감싸 상대의 오감 전체를 속입니다. 대상 한 명을 환각으로 완전히 감싸 마치 다른 장소에 있는 것처럼 착각하게 합니다. 물론 남들에게는 현실의 광경이 보이지만, 홀린 대상은 【요괴】나 【어른】으로 너구리의 【요괴】를 웃돌아야만 환각을 간파할 수 있습니다. 환각은 너구리가 풀거나 [장면]이 끝날 때까지 계속됩니다.

## 《【약점】과 추가 【특기】》 ※【약점】과 추가 【특기】는 좌우에 있는 것들이 서로 대응합니다.

| 【약 점】 | 추가 【특기】 |
|---|---|

 **오들오들**

 **무럭무럭 (8)**

매우 기가 약하고 겁이 많은 너구리입니다. [깜짝] 놀라면 판정 결과와 관계없이 기절합니다. 기절해도 둔갑은 풀리지 않지만, 동료의 도움을 받지 않으면 아무런 행동도 할 수 없습니다.

몸을 거대화해서 보는 이를 [깜짝] 놀랩니다. 너구리의 이 【특기】를 미리 체험한 적이 없는 모두(둔갑 동물 포함)가 [깜짝] 놀랍니다. 이때의 [깜짝] 놀래는 판정에서는 특별히 너구리의 【요괴】가 2 높아집니다.

 **호인**

 **우당탕탕 (6)**

남을 속일 수는 있어도 자기가 속을 거라고는 상상도 못 하는 너구리입니다. 거짓말을 들어도 의심할 줄 모릅니다. 설령 당신이 보기에는 명백한 거짓말이라도, 당신의 분신인 너구리는 그것을 찰떡같이 믿습니다.

얼빠진 모습을 보여 주위의 분위기를 풀어줍니다. 너구리가 얼빠진 실수를 해서 [꿈]을 얻었을 때만 사용할 수 있습니다. 그 실수를 목격한 등장인물 전원(단, 이야기꾼은 NPC 세 명까지)에게 2점의 [꿈]을 줍니다.

 **먹보**

 **꼬르륵 소리 (8)**

매우 먹성 좋은 너구리입니다. 꼬박꼬박 밥을 먹지 않으면 제대로 행동할 수 없습니다. 게다가 눈앞에 먹을 것이 있으면, 달리 할 일이 있더라도 우선 배가 차거나 눈앞에서 음식이 없어질 때까지 먹기만 합니다.

배에서 꼬르륵 소리를 내서 그 자리의 분위기를 풀어줍니다. 아무것도 못 먹은 채로 [장면]이 끝났다면, 다음 [장면]에서 꼬르륵 소리를 내겠다고 선언하고 사용합니다. 너구리에 대해 「보호」, 「애정」, 「가족」을 【인연】으로 가진 상대가 있다면 너구리에 대한 그들 모두의 【인연】을 1 높일 수 있습니다. (단, 이 힘으로 【인연】을 5로 만들 수는 없습니다)

 **까불이**

 **너구리의 춤 (12)**

치켜세워주면 바로 까불어대는 너구리입니다. 실패하면 곤란한 판정을 할 때조차 뻔히 실패할 것을 알면서도 (설령 너구리가 판정에 참가할 필요가 없더라도!) 판정에 참가합니다.

보는 이를 즐겁게 하는 우스꽝스러운 춤을 춥니다. 이 춤을 본 이는 【어른】으로 4 이상의 결과를 내지 못하면 하던 일을 멈추고 폭소를 터트립니다. 웃음을 터트린 이는 전원 3점의 [꿈]을 손에 넣을 수 있습니다.

 **천하태평**

 **한숨 돌리기 (0)**

움직임이 참으로 굼뜬 너구리입니다. 【동물】을 1보다 높게 가질 수 없고, 【동물】 판정에 【마음】을 쓸 때는 1점 더 사용해야 합니다.

느긋하게 몸과 마음을 쉬게 하면서 둔갑하는 힘을 키웁니다. 너구리는 직접 등장하지 않은 [장면]이 끝날 때도 6점의 【신비】를 손에 넣을 수 있습니다.

 **장난꾸러기**

 **개구쟁이 (0)**

평소 행실이 나쁜 장난꾸러기 너구리입니다. 마을에서 벌어지는 기묘한 사건은 대부분 너구리 탓이 되어버립니다. 그래서 「마을」로부터의 【인연】은 강도 3 이상이 될 수 없습니다.

장난을 좋아하며, 장난을 쳐도 모두에게 사랑받습니다. 너구리가 누군가를 [깜짝] 놀랬을 때, 저지른 일에 대한 평가와는 별개로 당신 이외의 참가자 수(이야기꾼 포함)만큼 [꿈]을 손에 넣을 수 있습니다.

# 고양이

　고양이는 변덕스럽고 제멋대로 구는 동물입니다.
　고양이는 남의 말이나 위험을 개의치 않고, 적극적으로 나서서 행동합니다. 몰래 숨어들거나, 남의 마음을 읽거나, 갑자기 모습을 감추는가 싶더니 다시 나타나는 등 다양한 일을 할 수 있습니다.
　혼자 따로 행동해서 숨겨진 진실이나 남의 속내를 알아낼 수 있는 셈입니다.
　한편, 고양이는 친구를 만드는 것이 매우 서툽니다. 남과의 【인연】에 관한 【특기】는 전혀 없습니다. 남의 일은 알 바 아니라는 듯이 굴면서도 은근히 신경 쓰다가, 정말로 곤란할 때만 도와주는 역할을 맡곤 할 것입니다.

## 《기본 【특기】》

### 🐾 야옹이 (0)

　흔히 볼 수 있는 평범한 고양이입니다. 동물 상태를 인간에게 목격당해도 [깜짝] 놀래거나 수상하게 여겨지지 않습니다.

### 🐾 부비부비 (4)

　붙임성 좋게 달라붙어 어리광을 부리면서, 상대의 마음을 갖가지 속박에서 해방합니다. 고양이가 【장면】 안에서 어리광을 부리며 달라붙는 한, 대상의 【어른】은 0이 됩니다.

### 🐾 마음 엿보기 (6)

　상대의 마음속을 읽습니다. 단, 읽을 수 있는 것은 어디까지나 상대가 속으로 말하는 내용이며, 감정이나 진실이 아닙니다. 그래도 상대의 본심을 입이 아닌 마음으로 직접 들을 수 있습니다.

### 🐾 조용한 발걸음 (8)

　기척도, 소리도 내지 않고 상대에게 들키지 않도록 행동합니다. 【장면】 동안 누구도 고양이가 있다는 것을 깨닫지 못합니다(깨닫는 판정조차 시도할 수 없습니다). 사용자가 커다란 소음을 내거나 말을 하지 않는 한, 이 효과는 [장면]이 끝날 때까지 계속됩니다.

### 🐾 고양이의 길 (10)

　고양이에게만 보이는 길을 이용해 뜻밖의 장소에서 나타나거나, 사라집니다. 【장면】 도중일지라도 원하는 시간과 장소에 등장하거나 퇴장할 수 있습니다. 설령 같은 시간에 다른 【장면】에서 다른 일을 하고 있었더라도 상관없습니다. 이 【특기】는 상대가 저항하지 않는다면 여러 명의 상대에게 동시에 사용할 수도 있지만, 상대의 수만큼 【신비】를 지불해야 합니다.

### 🐾 친구 (14)

　마을의 다른 고양이들을 불러 힘을 합칩니다. 이 【특기】를 사용한 고양이의 【요괴】와 【동물】은 【장면】이 끝날 때까지 2배가 됩니다. 단, 고양이가 잔뜩 모이므로 《야옹이》는 사용할 수 없게 됩니다. 잘 숨어다니지 않으면 만난 인간을 [깜짝] 놀라게 합니다.

## 《【약점】과 추가 【특기】》 ※【약점】과 추가 【특기】는 좌우에 있는 것들이 서로 대응합니다.

| 【약 점】 | 추가 【특기】 |
|---|---|

### 근질근질

호기심이나 수렵 본능이 강한 고양이입니다. 자신보다 작고 움직이는 것, 잘 모르는 것을 보면 무심코 다가거나 쫓아갑니다. 그리고 혹시라도 그것이 의표를 찌르는 움직임이나 반응을 보이면 [깜짝] 놀랍니다(【아이】로 판정. 필요치는 이야기꾼이 판단해 결정합니다).

### 도둑고양이 (8)

상대가 가진 것을 몰래 훔칩니다. 시야 내에 있는 상대가 들고 있는 물품, 몸에 걸치고 있는 물품이라면 무엇이든 1개 훔칠 수 있습니다. 입고 있는 옷도 훔칠 수 있지만, 탈것처럼 고양이가 가지고 다닐 수 없는 물건은 훔치지 못합니다.

### 게으름뱅이

더위와 추위를 많이 타는 게으른 고양이입니다. 적극적으로 몸을 움직여서 판정을 하거나 【특기】를 사용할 때마다 【마음】을 1점 사용해야 합니다.

### 새근새근 (0)

아무것도 하지 않고 게으름을 피워도 마지막에는 활약할 수 있습니다. [장면]에 등장하고도 한 [장면] 내내 계속 졸거나, 멍하니 있거나, 하품만 했다면 자동으로 10점의 【꿈】을 얻을 수 있습니다. 단, 판정을 하거나, 【특기】를 사용하거나, 적극적으로 발언한 [장면]에서는 이 효과가 발동하지 않습니다. (기준은 이야기꾼이 판단합니다)

### 고양이혀

못 먹는 것이 많은 고양이입니다. 뜨거운 것, 감귤류, 오징어, 생양파를 못 먹습니다. 혹시 실수로라도 이것들을 먹으면 자동으로 필요치 7로 [깜짝] 놀랍니다.

### 내숭 (4)

자신의 본성을 감추고 교묘하게 연기합니다. 이 【특기】는 판정을 하기 전에 선언해서 사용합니다. 사용한 고양이는 이야기꾼이나 규칙이 지정한 능력치 대신 자신이 선택한 능력치로 판정합니다.

### 맥주병

헤엄을 못 치고, 물을 싫어하는 고양이입니다. 목욕탕이나 수영장처럼 물이 많은 곳에 들어가면 자동으로 필요치 7로 [깜짝] 놀랍니다.

### 곡예 (4)

거의 하늘을 나는 듯한 몸놀림으로 행동할 수 있습니다. 운동 능력에 관한 【동물】 판정을 할 때 사용하면 아무리 불가능할 것 같은 행동이라도 성공할 수 있습니다. (단, 수영은 무리!)

### 제멋대로

독립심이 왕성하고, 남의 말을 듣지 않는 기분파 고양이입니다. 【인연】 강도가 서로 5가 되어도 【굳건한 인연】이 되지 않으며, 특전을 얻을 수 없습니다. (P77)

### 그늘 (6)

어디에나 있으며, 모든 일을 지켜보고 있습니다. 이 【특기】를 사용하면 고양이는 직접 등장하지 않은 [장면]이나 세션 이전의 사건도 직접 봤다고 할 수 있습니다. 단, 고양이 자신이 태어나기 전의 일을 볼 수는 없습니다.

### 갈기갈기

장지문이나 맹장지, 포스터 따위를 보면 무심코 발톱으로 긁어 너덜너덜하게 만들어버리는 고양이입니다. 마을 안에서 그런 물건을 발견하면 하던 일도 잊고 발톱으로 찢어발깁니다.

### 위협 (8)

상대를 고양이 특유의 신비한 위엄으로 위협해서 쫓아낼 수 있습니다. 【요괴】로 판정해서 상대의 【어른】보다 높은 결과를 내면 상대를 그 [장면]에서 쫓아냅니다. 단, 동료 둔갑 동물에게는 사용할 수 없습니다.

# 개

개는 인간과 가장 친한 동물입니다. 둔갑 동물 중에서도 가장 인간과 가깝고, 생각하는 것도 인간 위주입니다.

둔갑 동물로서도 개는 여러모로 활약할 수 있습니다. 개의 【특기】는 소중한 이를 지키기 위해 존재합니다. 위험에 처한 이를 감싸거나, 안심시키거나, 수상한 상대를 향해 짖어대는 등 개의 【특기】는 모두 소중한 누군가를 돕기 위한 능력입니다. 개에게 가장 중요한 것은 그런 소중한 이를 발견하는 것이라 할 수 있습니다.

개의 역할은 다른 동물들과 사람 사이에 다리를 놓아주는 것입니다. 동물의 시점에서만 생각하기 일쑤인 동료들에게 인간의 입장에서 의견을 말해봅시다.

## 《기본 【특기】》

### 멍멍이 (0)

흔히 볼 수 있는 평범한 개입니다. 동물 상태를 인간에게 목격당해도 [깜짝] 놀래거나 수상하게 여겨지지 않습니다.

### 애교 (4)

상대를 따르며 재롱을 부려 마음의 안식을 제공합니다. [만남]으로 누군가와 【인연】을 가질 때 동시에 사용할 수도 있습니다. 같은 [장면]에 등장한 상대 한 명(애교를 부릴 상대)에 대한 【인연】 강도만큼 [장면] 속에서도 상대에게 【마음】을 줄 수 있습니다.

### 토닥토닥 (6)

누군가가 머리를 쓰다듬어주면 행복해집니다. 개는 같은 [장면]에 있는 상대 한 명(쓰다듬어주는 상대)으로부터의 【인연】 강도만큼 [장면] 안에서 【마음】을 얻을 수 있습니다. 단순히 「사용한다」고 선언하는 것에 그치지 말고, [장면] 안에서 상대가 쓰다듬어주는 광경을 연출해야 합니다.

### 괜찮아 (6)

얼굴을 핥아주는 등의 행동을 통해 상대를 안심시킵니다. 누군가가 [깜짝] 놀랐거나 싸움에 졌을 때, 어떤 상황에 처했더라도 기운을 차리게 하여 그 상태에서 해방시킬 수 있습니다.

### 대역 (8)

누군가가 위기에 처했을 때, 그 일을 대신 당합니다. 사용하면 자신이 등장하지 않은 [장면]일 때도 원하는 타이밍에 등장해서 대상 대신 화를 당해줍니다. 만약 위험한 상황이었다면 이야기꾼은 개에게 적당한 상처를 입히거나, 도움받은 이가 고마워하는 연출을 넣을 수 있습니다.

### 짖기 (10)

갑자기 짖어서 다른 둔갑 동물을 겁줍니다. 이 【특기】를 사용했을 때, 개의 【동물】이 상대의 【어른】보다 높다면 상대 둔갑 동물을 [깜짝] 놀랠 수 있습니다. 이 【특기】로 [깜짝] 놀란 둔갑 동물은 상황과 관계없이 정체에 해당하는 동물의 모습으로 돌아갑니다.

## 《【약점】과 추가 【특기】》 ※【약점】과 추가 【특기】는 좌우에 있는 것들이 서로 대응합니다.

| 【약　점】 | 추가 【특기】 |
|---|---|

### 🐾 목걸이

특정한 주인님이 있어서 그 사람을 거역하지 못하는 개입니다. 【인연】 강도와 관계없이 「주인님」을 거스를 수 없습니다.

### 🐾 집 (0)

세션이 시작할 때부터 「주인님」과 서로 강도 2의 【인연】을 가집니다. 이 【인연】은 주인님이 실제로 등장한 [장면]에서만 높일 수 있습니다. 주인님이 어떤 사람인지는 이야기꾼과 상의해서 결정합니다.

### 🐾 요령 빵점

요령이 없고, 처세술이 다소 떨어지는 개입니다. 【어른】 능력치는 무조건 0이어야 하며, 【어른】 판정에 【마음】을 사용할 때는 1점을 더 사용해야 합니다.

### 🐾 참을성 (4)

어떤 경우라도 꾹 참을 수 있는 강한 인내력의 소유자입니다. 사용하면 [깜짝] 놀랐을 때도 해당하는 효과를 무시하고 견딜 수 있습니다(억지로 참고 있다는 것은 태도나 말을 통해 확실하게 알아볼 수 있어야 합니다). 또, 【약점】을 참을 때도 이 【특기】로 참을 수 있습니다.

### 🐾 정적

거짓말을 못 하는 솔직한 개입니다. 세션 동안 거짓말을 일절 하지 못합니다. 상대를 배려하는 선의의 거짓말도 마찬가지입니다.

### 🐾 미안해 (8)

평소에 착하게 지낸 덕분에 어지간한 일은 사과하면 용서받을 수 있습니다. 이 【특기】를 사용할 경우, 반성하는 태도를 보이며 사과하면 치명적인 사고를 제외한 대부분의 다툼이나 실패를 용서받을 수 있습니다. 단, 반성하는 태도를 보이며 똑바로 사과의 말을 전해야 합니다.

### 🐾 낯가림

처음 만난 상대와는 쉽게 친해지지 못하는 내성적인 개입니다. [만남]으로 누군가에 대한 【인연】을 가질 때, 개 자신이 상대에 대해 가지는 【인연】이 1 낮아집니다. 단, 어디까지나 처음 만난 상대에게만 적용되는 효과이므로, 【실】을 가진 상대와는 정상적으로 【인연】을 맺습니다.

### 🐾 믿음 (6)

자신의 마음을 굽히지 않고, 소중한 이를 끝까지 믿습니다. [장면]이 끝날 때만 사용할 수 있습니다. 【인연】을 맺은 상대 전원에게 개로부터의 【인연】 강도만큼 【마음】을 줍니다.

### 🐾 순백

누구도 의심하지 않고, 미워하지 않는 새하얀 마음을 지닌 순진무구한 개입니다. 세션 동안 누군가를 의심하거나 미워할 수 없습니다(가벼운 말다툼 정도는 할 수 있지만, 진심으로 악감정을 품지는 않습니다).

### 🐾 모두가 좋아 (0)

이 세상 모든 것을 진심으로 좋아한다고 당당히 말할 수 있습니다. 일반적인 【인연】과 별개로, 세션이 시작할 때부터 「모두에 대한 애정」이라는 특별한 【인연】을 「강도3」으로 가지고 시작할 수 있습니다(「모두」로부터의 【인연】은 없습니다). 이 【인연】은 보통의 【인연】과 달리 마지막 [막간]일 때만 높일 수 있습니다. 또, 이야기꾼이 인정한다면 「모두」로부터의 【인연】이 처음부터 생길 수도 있습니다.

### 🐾 무서움

몸집이 크거나 자주 으르렁거리는 무서운 개입니다. [만남]으로 누군가가 【인연】을 가질 때, 상대가 개에 대해 가지는 【인연】이 1 낮아집니다. 단, 어디까지나 처음 만난 상대에게만 적용되는 효과이므로, 【실】을 가진 상대와는 정상적으로 【인연】을 맺습니다.

### 🐾 저리 가! (8)

겁을 주거나 짖어서 상대를 쫓아냅니다. 【동물】로 판정해서 상대의 【동물】을 웃돌면 상대를 그 [장면]에서 쫓아냅니다. 단, 동료 둔갑 동물에게는 사용할 수 없습니다.

# 토끼

토끼는 외로움을 많이 타고, 친구를 잘 사귀는 동물입니다. 【인연】을 높이거나, 【인연】을 맺은 이의 도움을 받거나, 혹은 자기 쪽에서 도와주는 능력을 잔뜩 가지고 있습니다. 그리고 처음 만난 이와도 금세 친해집니다.

바꿔 말하면, 곁에 아무도 없으면 토끼는 아무것도 못 합니다. 많은 이들과 다양한 【인연】을 만들면서 친해지고, 함께 즐기며 행복한 이야기를 만들어가는 것이 토끼의 역할입니다. 토끼에겐 친구의 행복이 곧 자신의 행복인 셈입니다.

## 《기본 【특기】》

### 귀여움 (0)

누구에게나 사랑받고, 귀엽다고 여겨지는 사랑스러운 동물입니다. 토끼와 【인연】을 맺은 이는 모두 본래 필요한 점수보다 1점 적은 [꿈]으로 토끼에 대한 【인연】을 높일 수 있습니다.

### 떡 찧기 (1~임의)

떡을 찧어서 상대에게 먹여줍니다. 이 떡을 먹은 상대는 토끼가 지불한 【신비】만큼 【마음】을 얻을 수 있습니다.

### 늘어진 귀 (3)

귀를 축 늘어뜨리고 낙담한 모습을 보입니다. 그 모습을 본 다른 이들이 토끼를 배려해줍니다. 판정에 실패했을 때만 사용할 수 있습니다. 사용한 토끼는 같은 [장면]에 있는 상대 한 명으로부터의 【인연】 강도만큼 【마음】을 손에 넣을 수 있습니다.

### 도와줘 (6)

아는 이가 우연히 그곳을 지나갑니다. 토끼와 【인연】을 맺은 캐릭터를 그 [장면]에 등장시킬 수 있습니다. 단, 불러낸 상대가 어떤 행동을 할지는 해당 PC나 이야기꾼이 결정합니다.

### 모르는 척 (8)

무언가를 숨기거나 거짓말을 해도 의심받지 않습니다. 사용하면, 지정한 상대 한 명은 토끼를 의심할 수 없습니다. 설령 결정적인 증거가 있더라도, 남들이 그것을 발견해 토끼의 자백을 받아내지 않는 한 토끼를 의심하지 못합니다. 효과는 [장면]이 끝날 때까지 계속됩니다.

### 달빛 (20)

달의 힘을 빌려 동물을 인간으로, 인간을 동물로 변신시킵니다. 달이 뜬 밤에 동의한 상대에게만 사용할 수 있습니다. 변신해도 성별은 바뀌지 않지만, 나이나 복장은 원하는 대로 바뀝니다. 인간이 된 둔갑 동물은 【기본 특기】를 잃고(【약점】과 거기에 대응하는 【특기】는 잃지 않습니다), 동물이 된 인간은 해당하는 동물의 【약점】과 거기에 대응하는 【특기】를 얻습니다. 토끼가 술법을 풀거나 세션을 종료하기 전까지는 원래 모습으로 돌아갈 수 없습니다.

## 《【약점】과 추가 【특기】》 ※【약점】과 추가 【특기】는 좌우에 있는 것들이 서로 대응합니다.

| 【약 점】 | 추가 【특기】 |
|---|---|

### 외로움

외로움을 많이 타고, 혼자 있기를 싫어하는 토끼입니다. 누군가와 헤어져 단독으로 행동할 수 없습니다. 항상 누군가와 함께 있어야만 합니다.

###  친한 사이 (0)

남과 쉽게 친해지고, 금세 누군가를 좋아하게 됩니다. [막간]에서 토끼가 남에 대해 가진 【인연】을 높일 때 필요한 [꿈]이 1점 감소합니다.

### 울보

금세 울어버리는 토끼입니다. 쉽게 [깜짝] 놀라며, [깜짝] 놀라는 판정을 할 때는 능력치가 2 낮아집니다. 그리고 실제로 [깜짝] 놀랐을 때는 기절하지 않는 한 큰 소리로 울어버립니다. 이것은 인간 모습일 때도 마찬가지입니다.

###  부탁 (6)

눈물 맺힌 눈으로 상대에게 부탁해서 어떻게든 그 부탁을 들어주게 만듭니다. 부탁받은 상대의 【어른】이 토끼의 【아이】보다 높다면 부탁을 거절할 수 있습니다. 단, 부탁이 지나치게 자멸적이라면 이야기꾼은 그 부탁을 무시할 수도 있습니다.

### 상사병

툭하면 남에게 반하는 토끼입니다. 세션 동안 이성(이야기꾼이 인정한다면 동성도 가능)과 [만남]으로 【인연】을 맺을 때, 「강도」와 관계없이 「사랑」을 【인연】으로 맺습니다. 이후, 그렇게 【인연】을 맺은 상대와 무조건 함께 행동해야 합니다. 단, 대상이 단호하게 따로 행동하자고 말했을 때, 혹은 더 강도가 높은 「사랑」을 맺은 상대가 있어서 그쪽과의 동행을 우선해야 할 때는 따로 행동할 수 있습니다.

###  너무 좋아! (14)

좋아하는 이에게 적극적으로 자신의 호의를 어필해서 더 강한 호의를 품게 합니다. 토끼에 대한 상대의 【인연】을 1 높입니다. 이 【특기】는 세션 동안 같은 상대에 대해 한 번씩만 사용할 수 있습니다.

### 안달복달

매우 성질이 급하고, 항상 서두르는 토끼입니다. 무작정 서두르기만 하다 보니 쓸데없는 일을 잔뜩 저지릅니다. 【특기】를 사용할 때는 항상 【신비】를 1점 더 사용해야 합니다.

###  달려! (8)

눈 깜빡할 사이에 도망칠 정도로 달리기가 빠릅니다. 모든 판정에 끼어들어 사용할 수 있으며, 그 [장면]을 떠나 안전한 장소로 퇴장합니다. 상대가 저항하지 않는다면 다른 캐릭터 한 명을 데리고 함께 퇴장할 수도 있습니다.

### 참견

무심코 남의 일에 끼어들곤 하는 토끼입니다. 남의 사정에 지나치게 감정이입을 한 나머지, 상대와 동일한 사고방식에 사로잡힙니다. 토끼가 가장 높은 【인연】을 품은 상대가 토끼 이외의 대상과 어떤 【인연】을 맺었다면, 토끼가 동일한 대상과 【인연】을 맺을 때는 반드시 그 캐릭터와 같은 내용의 【인연】을 맺어야 합니다. 가장 강한 【인연】을 맺은 상대가 여럿이라면 한 명만 선택합니다.

### 떠올려 봐 (6)

만난 상대와 과거에 함께했던 추억이 존재한다고 할 수 있습니다. [만남]으로 상대가 【인연】을 맺을 때, 상대가 토끼에 대해 가지는 【인연】이 본래보다 1 높아집니다.

### 응석받이

무슨 일이든 직접 하기보다는 남에게 응석부터 부려볼 생각만 하는 토끼입니다. 이 【약점】을 가진 PC는 다른 동료들이 모두 실패하기 전까지는 판정을 할 수 없습니다. 즉, 동료 중 누군가가 성공하면 자신은 나설 생각 자체를 안 하는 셈입니다.

###  놀자! (8)

누군가와 함께 놀면서 시간을 보냅니다. 자기가 등장하지 않은 [장면]에서, 마찬가지로 등장하지 않은 캐릭터(여러 명도 가능)와 놀면서 시간을 보낼 수 있습니다. 이 【특기】를 사용한 [장면]이 끝날 때, 토끼와 상대 캐릭터는 ([꿈]이 남아 있다면) [장면]에 등장하지 않았더라도 함께 논 상대와의 【인연】을 높이고, 【신비】와 【마음】을 얻을 수 있습니다.

# 새

하늘 위에서 지상을 내려다보는 새들은 가장 신기하고, 가장 사람과 동떨어진 동물입니다. 다른 둔갑 동물들과도 입장이 조금 달라서 독특한 관점에서 사물을 바라봅니다.

새는 자유롭게 하늘을 날며 바람을 조종할 수 있습니다. 또, 다른 이들에게 하늘을 나는 힘을 주거나, 바람에 말을 실어 소문을 퍼뜨리는 등 신기한 현상을 일으킵니다. 하지만 그만큼 남들보다 큰 약점을 안고 있습니다. 건망증이 심하다든지, 밤에 눈이 안 보인다든지, 걷는 것이 서툴다든지……. 그리고 무엇보다 남들과 서로 잘 이해하지 못합니다.

하늘을 나는 새는 본인이 의도하지 않았더라도 남들이 무언가를 깨달을 계기를 제공합니다. 그것이야말로 새들의 역할입니다.

## 《기본 【특기】》

### 작은 새 (0)

흔히 볼 수 있는 작은 새입니다. 동물 상태를 인간에게 들켜도 [깜짝] 놀래거나 수상하게 여겨지지 않습니다.

### 날개 (2)

하늘을 자유롭게 날 수 있는 날개가 있습니다. 자신보다 작은 것이라면 들고 날 수도 있습니다. 또, 도망치거나 물건을 찾거나 할 때는 능력치를 2 높입니다. 단, 이 【특기】는 완전한 인간으로 둔갑했을 때는 사용할 수 없습니다. 이 효과는 [장면]이 바뀔 때까지 계속됩니다.

### 바람의 노래 (4)

원하는 대로 바람이 불게 할 수 있습니다. 이 【특기】를 사용하면 바람의 흐름을 다소 부자연스럽게 바꿀 수 있고, 하늘에 흩날리는 종잇조각 따위를 새가 원하는 대로 움직일 수도 있습니다. 비교적 강한 돌풍도 일으킬 수 있지만, 물건을 부수는 태풍 정도의 강풍은 일으킬 수 없습니다.

### 날개를 줄게 (8)

인간이나 동료 둔갑 동물에게 하늘을 나는 능력을 줍니다. 새와 【인연】을 맺은 인간이나 둔갑 동물에게만 사용할 수 있습니다. 상대는 [장면]이 끝날 때까지 【신비】나 【마음】 2점으로 새의 기본 【특기】인 《날개》를 사용할 수 있습니다.

### 소문 (10)

마을 안에 소문을 퍼뜨립니다. 단, 남에게 직접 피해를 주는 소문이나 지나치게 사실과 동떨어진 소문은 퍼뜨릴 수 없습니다. 소문 자체에 수치적인 의미는 따로 없지만, 내용에 따라 남을 도울 수도 있을 것입니다(물론 남의 악평을 퍼트리면 안 됩니다!).

### 깃털 베개 (12)

부드러운 날개로 감싸 안아 상대와 마음을 터놓습니다. 사용자에 대한 상대의 【인연】을 1 높입니다. 단, 이 【특기】는 날개가 있을 때만 사용할 수 있고, 세션 동안 같은 상대에 대해 한 번씩만 사용할 수 있습니다.

## 《【약점】과 추가 【특기】》 ※【약점】과 추가 【특기】는 좌우에 있는 것들이 서로 대응합니다.

| 【약 점】 | 추가 【특기】 |
|---|---|

### 새눈

밤이 되거나 어두운 장소에 가면 눈이 거의 보이지 않습니다. 밤 동안 【동물】 판정을 일절 할 수 없습니다.

### 찾았다 (10)

매우 먼 곳까지 볼 수 있습니다. 사용하면 필요한 물품이나 인물, 찾는 물건 등을 이야기꾼이 인정하는 범위 내에서 찾아낼 수 있습니다(손에 넣을 수 있는지는 별개의 문제입니다).

### 눈알

눈알 무늬를 싫어하는 새입니다. 커다란 눈알 무늬(색이 다른 원 두 개가 겹친 큼직한 이중원 등)를 보면 자동으로 필요치 7로 [깜짝] 놀랍니다. 물론 그런 무늬가 그려진 것에 스스로 다가갈 수도 없습니다.

### 동료 (14)

다른 새들을 불러 도움을 받을 수 있습니다. 사용한 새의 【요괴】와 【동물】은 [장면]이 끝날 때까지 2배가 됩니다. 단, 새가 잔뜩 모여 있으므로 《작은 새》는 사용할 수 없습니다. 잘 숨어다니지 않으면 만난 인간을 [깜짝] 놀라게 합니다.

### 건망증

무슨 일이든 금세 까먹는 새입니다. 지식에 관한 【어른】 및 【요괴】 판정을 일절 할 수 없습니다. 당신 자신이 아는 것, 기억하는 것이라도 새는 잊어버립니다.

### 흘러가는 대로 (4)

행운을 믿고 행동해서, 기어코 성공합니다. 사용하면 3점의 【마음】을 얻을 수 있습니다.

### 약골

지상에서 행동하는 것이 매우 서툰 새입니다. 동물 모습일 때도, 인간 모습일 때도 날개로 하늘을 날지 않는 한 운동에 관련된 판정 (주로 【동물】)을 시도할 수 없습니다.

### 평온 (6)

끌어안아서 상대를 안심시킵니다. 누군가가 [깜짝] 놀랐거나 싸움에 졌을 때, 어떤 상황에 처했더라도 기운을 차리게 하여 그 상태에서 해방시킬 수 있습니다.

### 수다쟁이

알아낸 것을 곧바로 남에게 전해주는 새입니다. 세션의 마지막에 접어들면 이 새가 안 사실은 새와 【인연】을 맺은 상대 모두(마을 제외)에게 알려집니다.

### 내 말 좀 들어봐 (4)

생각난 것이나 본 것을 멀리 있는 동료에게 알려줍니다. 이 【특기】를 사용하면 [장면]에 등장하지 않았더라도 함께 행동한 것처럼 얻은 정보를 전달할 수 있습니다. 또, 다른 [장면]에 있는 이를 멀리서 격려할 수도 있습니다.

### 머나먼 그대

속세의 인간과는 동떨어진 사고방식을 가진 새입니다. 【인연】을 높일 때 필요한 [꿈]이 각각 1점씩 늘어납니다.

### 석양 (20)

시간을 갑자기 저녁으로 바꿉니다. 이 【특기】는 이야기꾼이 설정한 시간이 언제라도 효과를 발휘합니다. [장면]이 끝날 때까지 시간은 「저녁」이 되며, 둔갑 동물이 【특기】를 사용할 때는 절반의 코스트로 사용할 수 있습니다.

# 쥐

몸집이 작은 쥐는 언뜻 보기에는 무력한 동물처럼 보입니다. 하지만 잘 찾아보면 마을에도, 들에도, 밭에도 쥐들이 잔뜩 살고 있습니다. 설령 발견했더라도, 재빠르게 움직이는 쥐를 잡는 것은 매우 힘든 일입니다. 몸집이 작으면 어디든지 숨을 수 있고, 무언가를 조사하거나 몰래 이야기를 엿들을 때도 편리합니다. 쥐는 다른 둔갑 동물들이 알아차리지 못한 것을 가장 먼저 알아차릴 수 있는 동물입니다.

재빠른 몸놀림, 작은 몸, 많은 동료들이 전해주는 지혜. 조금 성질이 급한 면도 있지만, 그런 【특기】를 살릴 수 있는 것이 바로 쥐들입니다.

## 《기본 【특기】》

### 쥐구멍 (4)

좁은 틈새를 통해 여기저기 들어갈 수 있습니다. 폐쇄된 곳이나 막다른 길에 있을 때도 그 [장면]에서 없어질 수 있습니다. 또, 보통은 들어가지 못하는 장소에도 들어갈 수 있습니다. 자신 이외의 상대를 데리고 갈 수는 없습니다.

### 이거 좀 해줘 (6)

쥐가 할 일을 남이 대신해줍니다. 모든 판정에서 사용할 수 있습니다. 쥐 자신이 판정하지 않고, 같은 [장면]에 있는 다른 등장인물이 대신 판정합니다. 이때, 판정에는 쥐와 상대의 【마음】을 모두 사용할 수 있습니다.

### 찍찍 (8)

말주변이 좋은 쥐입니다. 자기가 한 거짓말을 상대가 믿게 할 수 있습니다. 【특기】의 대상은 자신의 【어른】과 쥐의 【어른】을 비교해 판정해야 하며, 여기에 지면 속아 넘어갑니다. 명백한 증거가 눈앞에 없다면 고스란히 속아 넘어가 의심조차 못 합니다.

### 살금살금 (8)

기척도, 소리도 내지 않고 상대에게 들키지 않도록 행동합니다. [장면] 동안 누구에게도 쥐가 있다는 것을 들키지 않고 행동할 수 있습니다(저항조차 시도할 수 없습니다). 사용자가 커다란 소음을 내거나 말을 하지 않는 한, 이 효과는 [장면]이 끝날 때까지 계속됩니다.

### 대가족 (8)

쥐 일족의 수많은 식구들이 지혜를 빌려줍니다. 사용한 쥐의 【어른】은 [장면]이 끝날 때까지 2배가 됩니다.

### 짓궂은 장난 (12)

머리 좋은 쥐는 사소한 장난으로도 큰일을 벌일 수 있습니다. 누군가(둔갑 동물이나 요괴)가 【특기】를 사용했을 때 끼어들어 사용합니다. 대상이 사용한 【특기】 하나를 취소해서 아무 일도 없었던 것으로 만들 수 있습니다.

## 《【약점】과 추가 【특기】》

※【약점】과 추가 【특기】는 좌우에 있는 것들이 서로 대응합니다.

| 【약　점】 | 추가 【특기】 |
|---|---|

### 도시 쥐

매우 촐랑거리고, 항상 마음이 급한 쥐입니다. 하도 촐랑거리다 보니 쓸데없는 일을 잔뜩 저지릅니다. 【특기】를 사용할 때는 【신비】를 1점 더 사용해야 합니다.

### 쪼르르 (8)

눈 깜빡할 사이에 도망칩니다. 모든 판정에 끼어들어 사용할 수 있습니다. 그 [장면]을 떠나 안전한 장소로 퇴장합니다. 상대가 저항하지 않는다면 인간이나 둔갑 동물 한 명을 데리고 함께 퇴장할 수도 있습니다.

### 땅속

어두운 굴 안에 사는 쥐입니다. 그래서 지상이나 마을에 관해 잘 모릅니다. 마을의 정보나 주변 지리, 기계 등에 관한 지식을 다루는 판정을 할 때는 자동으로 실패합니다.

### 보물 (6)

잊혀진 보물이 있는 곳을 아는 쥐입니다. 이 【특기】를 가진 쥐는 세션이 끝날 때까지 50만엔 상당의 보물(옛 금화나 골동품 등)을 가지고 있을 수 있습니다. 단, 이것은 현금이 아니므로 제값으로 활용하려면 머리를 써야 합니다.

### 작음

몸이 작아 힘이 약한 쥐입니다. 【동물】을 2 이상으로 높일 수 없고, 근력이 필요한 판정은 설령 【마음】을 사용하더라도 성공하지 못합니다.

### 생쥐 (0)

예쁜 흰쥐나 귀여운 햄스터입니다. 동물 상태를 인간에게 목격당해도[깜짝] 놀래거나 수상하게 여겨지지 않습니다.

### 먹보

매우 먹성 좋은 쥐입니다. 꼬박꼬박 밥을 먹지 않으면 제대로 행동할 수 없습니다. 게다가 눈앞에 먹을 것이 있으면, 달리 할 일이 있더라도 우선 배가 차거나 눈앞에서 음식이 없어질 때까지 먹기만 합니다.

### 훔쳐먹기 (4)

누구에게도 들키지 않고 먹을 것을 훔쳐먹습니다. 시야 내의 상대가 가지고 있는 음식, 혹은 곁에 두고 있는 음식 하나를 훔칩니다. 크기는 문제가 되지 않지만, 웨딩 케이크나 뜨거운 전골냄비처럼 쥐가 가지고 갈 수 없는 것은 훔치지 못합니다.

### 아이, 무서워

어쩔 도리 없이 거북한 동물이 있습니다. 둔갑 동물이든 아니든 【인연】을 맺지 않은 고양이나 뱀이 [장면]에 나타나면 즉시 [장면]에서 퇴장해야 합니다.

### 말똥말똥 (6)

상대가 둔갑 동물이나 요괴라면 정체나 【약점】을 알 수 있습니다. 단, 이 【특기】는 토지신님에게는 통하지 않습니다.

### 덥석덥석

상대가 자기보다 강해 보여도 무작정 물어뜯는가 하면, 자신의 실력으로는 해내기 어려운 일도 해낼 수 있다고 우기곤 하는 쥐입니다. 판정에서 【마음】을 사용할 때는 2점을 더 사용해야 합니다

### 몰라! (0)

호의를 품어도 어지간해서는 깨닫지 못하는 쥐입니다. [막간]에서 쥐가 필요한 [꿈]을 지불하면 자신에 대한 상대의 【인연】을 1 높일 수 있습니다(상대에 대한 쥐의 【인연】은 그대로 둬야 합니다). 이 효과는 상대가 이미 【인연】을 높였을 때도 사용할 수 있습니다. 또, 이 효과를 사용한 [막간] 다음의 [막간]에서 쥐는 그 상대에 대한 【인연】을 ([꿈]만 지불한다면) 몇 점이든 높일 수 있습니다.

# 이야기를 즐기는 법

## 세션에 앞서【인연】을

여러분의 분신은 이미 완성되었습니다.
이야기꾼이라면 세션 준비도 마쳤을 겁니다.
하지만 잠시 기다려보시기 바랍니다.

세션을 시작하기 전에. 먼저 여러분의 관계를 정해둡시다.

PC는 서로 모르는 사이가 아닙니다. 같은 마을에 사는 PC는 서로의 존재를 이미 알고 있고, 그 나름대로 사귀어 왔습니다. 무엇보다 함께 세션에 참가하는 PC들은 기본적으로 사이가 좋습니다.

일단 동료 PC와 서로 자기소개를 하고, 서로 어떤 PC인지 잘 알아둡시다. 이때, 자신을 어떻게 생각해주기 바라는지 미리 설명해두면 세션 동안 자신이 바라는 입장을 연기할 수 있습니다.

자기소개를 마쳤다면 PC는 마을과 동료 PC 전원에 대해【인연】을 맺고,【신비】와【마음】을 손에 넣습니다. 순서대로 설명하겠습니다.

## 인연

【인연】이란 다른 PC나 타인, 마을과 어떤 관계이며, 그 관계가 얼마나 깊은지를 나타냅니다. 상대를 어떻게 생각하며, 얼마나 소중하게 여기는지. 그리고 남들에게 어떻게 여겨지며, 얼마나 소중하게 여겨지는지. 여기에서는 바로 그런 가장 중요한 것을 결정합니다.

우선 뒤에 소개하는「인연 내용 표」를 참조해서 마을과 동료 전원에 대한【인연】의 내용을 정합니다. 내용은 기본적으로 마음대로 정할 수 있으며, 상대와 서로 다른 내용의【인연】을 가질 수도 있습니다. 단, 직접 정했을 때는 상대 PL과 이야기꾼에게 자신이 정한 내용을 보여주고, 동의를 구해야 합니다. 예를 들어 마을에 대해『대항』이라는【인연】을 설정하는 것은 조금 이상하므로, 변경할 필요가 있습니다. 제안한 내용이 타당한 이유를 이야기꾼이나 상대 PL에게 설명해서 서로 납득한 뒤에 결정합시다. 또,【약점】이나【특기】에 따라 동료나 마을 이외의 대상에 대한【인연】이 생기기도 합니다.

【인연】의 강도는 참가자 수에 따라 미리 정해집니다. 우선 마을에 대한【인연】은 모두 강도 2로 가지고 시작합니다(용지의 ○를 2개 칠합니다).
마을은 각 PC에 대해 강도 2의「수용」이라는【인연】을 맺습니다.
동료끼리 가지는【인연】은 참가자 수가 2명이라면 강도 2, 3~4명이라면 강도 1입니다.

서로에 대한【인연】의 내용과 강도가 정해졌다면, 기록 예시를 참조해서 요괴 기록 용지의【인연】칸에 적어 넣습니다.【인연】의 내용과 강도는 세션 내내 항상 변하므로, 바로 지우고 고쳐 쓸 수 있도록 연필로 씁니다.

이때, PC는 【신비】와 【마음】을 손에 넣습니다. 여기에서 PC가 손에 넣는 【신비】는 자기가 남에 대해 맺은 【인연】의 강도 합계와 같습니다. 【마음】은 남들이 PC에 대해 맺은 【인연】의 강도 합계와 같습니다. 【마음】과 【신비】에 관해서는 나중에 더 자세히 설명합니다.

**■ 인연 내용 표**

| 명칭 | 내용 |
|---|---|
| 호의 | 어쨌든 좋다.<br>※주의!<br>강도는 2까지밖에 높일 수 없습니다.<br>3 이상이 되면 다른 내용으로 바꿉니다. |
| 애정 | 좋아한다. 없으면 쓸쓸하다.<br>함께 있고 싶다. |
| 보호 | 지켜주고 싶다.<br>곁에 있어 줘야 한다. |
| 신뢰 | 믿는다. 곤란할 때 의지할 수 있다. |
| 가족 | 오랫동안 함께 살았다.<br>상대를 잘 이해하고 있다. |
| 동경 | 상대처럼 되고 싶다.<br>자신도 그렇게 되고 싶다. |
| 대항 | 지고 싶지 않은 상대. 라이벌로 인식.<br>경쟁 의식. |
| 존경 | 굉장하다고 생각한다. 훌륭하다고 생각한다. |
| 사랑 | 상대를 사랑한다. 너무나도 좋아한다.<br>상대를 떠올리기만 해도 가슴이 설렌다.<br>※주의!<br>강도 2 이상으로만 가질 수 있습니다.<br>강도가 1이라면 다른 내용을 골라야 합니다. |
| 수용 | 대상을 받아들여, 있을 곳이 되어준다.<br>※주의!<br>마을이나 신 전용입니다.<br>PC는 이야기꾼의 허가 없이는 가질 수 없습니다. |

위에 소개한 것보다 더 적절한 【인연】이 제시되었다면, 이야기꾼은 그것을 인정해도 좋습니다. 단, 【인연】은 긍정적인 인간관계에만 생겨난다는 점에 주의합시다.

## 세션과 [장면]

【신비】와 【마음】을 손에 넣었다면 세션을 시작합니다.

첫 번째 [장면]의 막이 오릅니다.

세션은 몇 개의 [장면]으로 구성되며, [장면]을 거치면서 시작되고, 진행되다가, 끝납니다. 하나의 세션에 준비된 [장면]의 수는 이야기꾼밖에 모릅니다. PL은 각 [장면]에서 당장 할 수 있는 일에 전념해봅시다.

시간이나 장소가 바뀌었을 때, 이야기꾼은 [장면]을 끊습니다. 이야기꾼만이 [장면]을 끊고, 다음 [장면]으로 넘어갈 수 있습니다. 다른 참가자는 [장면]을 끊을 수 없지만, 이야기꾼이 다음 [장면]으로 이행했을 때 「그 전에 이러이러한 [장면]을 만들어 주세요」라고 제안할 수 있습니다. 단, 제안받은 [장면]을 실제로 만들지는 이야기꾼이 결정합니다. 결정에 불만이 있더라도, PL은 세션이 끝나기 전까지 항의해서는 안 됩니다.

모두가 분담해서 무언가를 찾거나, 각자 다른 일을 한다면 당신이 등장하지 못하는 [장면]도 생기겠지만, 그렇다고 당신이 할 일이 없어지는 것은 아닙니다. 규칙을 잘 읽고, 다른 PL이나 이야기꾼과 이야기를 나눠봅시다. 뭘 해야 할지 감이 올 것입니다.

기본적으로 여러분은 세션에서 곤경에 처한 누군가를 돕게 됩니다(물론 이야기꾼에 따라서는 다른 형태의 세션도 있을 수 있습니다만……). 곤경에 처한 이를 만나, 문제나 고민이 무엇인지 듣고, 해결해줍시다.

각 PC는 세션의 문제를 해결하기 위해, 남에게 사랑받기 위해 각자의 힘을 사용해보기 바랍니다.

세션의 내용은 이어지는 [장면] 속에서 진행됩니다. [장면]과 [장면] 사이에도 할 일은 있습니다. 또, 세션이 끝난 뒤에도 할 일이 있습니다.

각각에 관해 항목을 나눠 설명하겠습니다.

## [장면]에서 할 수 있는 일

세션은 첫 번째 [장면]부터 시작합니다.

첫 번째 [장면]이 시작할 때, 이야기꾼이 그 [장면]의 시간과 장소, 그리고 등장할 수 있는 PC를 말해줍니다(보통 전원이 등장합니다).

그리고 각 [장면]에서는 대략 다음 여섯 가지를 할 수 있습니다.

### ① 회화와 행동

[장면] 내에서 할 수 있는 것 중 가장 중요한 일입니다.

PL은 한 마리의 동물이 되어 행동하고, 대화해야 합니다. 세션은 [장면] 속의 회화와 행동을 통해 진행됩니다. 문제나 고민거리에 관해 이야기를 나누고, 그 문제를 해결해서 상대를 위로하고 도와줍시다.

PC에게 요구되는 것은 싸움을 잘하는 것도, 멋진 모습을 보여주는 것도 아닙니다. 성실하게 상대를 배려해주는 애정과 상냥함, 그리고 서로 이해하기 위한 대화와 제안입니다. 이야기꾼을 포함한 참가자들이 훈훈하게 미소 지을 만큼 상냥하고 사랑스러운 언동을 보여줘야 한다는 점에 유의합시다. 설령 PC 자신을 위해 말하거나 행동할 때도, 그것을 통해 누군가가 구원받고, 위로받을 수 있도록 해야 한다는 것을 마음에 새겨두시기 바랍니다. 또, 혼자 행동하지 말고 NPC나 동료 PC와 적극적으로 이야기를 나눠봅시다.

그리고 PC는 【약점】을 가지고 있습니다. PL은 자기 PC의 【약점】에 따라 행동해야 한다는 것을 꼭 기억해둡시다. 【약점】의 내용을 읽어보면 규칙상 어떻게 처리해야 하는지 알 수 있습니다. 또, 꼭 규칙 관련의 처리가 아니더라도 평소의 대화나 행동을 통해 해당 【약점】을 어필할 기회는 잔뜩 있습니다.

### ② [꿈]을 준다

[장면]의 참가 여부와 관계없이 할 수 있는 일입니다.

참가자는 다른 참가자나 이야기꾼이 「PC 또는 NPC로서 대화하고 행동한 내용」에 대해 [꿈]을 줄 수 있습니다.

[꿈]은 PC나 NPC의 대화, 행동이 마음에 와닿았다는 것을 인정하는 증거입니다. [꿈]을 얻다 보면 PC와 NPC들은 【인연】을 높일 수 있습니다. PC는 서로에 대한 【인연】을 높여야만 더 많은 【신비】와 【마음】을 손에 넣을 수 있습니다. 그러지 못한다면 세션을 원만하게 끝내는 것도 어려워지고 맙니다.

[꿈]을 줄 자격을 가지는 것은 본인을 제외한 참가자 전원입니다.

다른 참가자의 언동을 눈여겨보다가, 마음에 드는 언동을 하는 사람이 있다면 그 사람에게 [꿈]을 줍시다.

[꿈]은 하나의 언동에 대해 1점씩만 줄 수 있습니다. 단, 한 사람당 1점씩이므로, 모두가 그 언동을 인정한다면 모두에게 1점씩 [꿈]을 받을 수 있습니다. 이것은 이야기꾼에 대해서도 마찬가지입니다.

이야기꾼이 등장시킨 NPC, 이야기꾼의 묘사가 마음에 들었다면 [꿈]을 줍시다.

그런데 「마음에 들면」이라는 설명이 너무 추상적이라고 생각하는 분도 계실 겁니다. 구체적으로, 참가자는 다음 두 가지 중 하나에 해당할 때 [꿈]을 줍시다.

● 상대의 언동이 사랑스럽다고 느꼈다
● 상대의 언동이 누군가를 구원하거나 위로했다고 판단했다

또, 각 언동을 어떻게 받아들일지는 각 참가자에게 달려 있습니다. 다른 모두가 [꿈]을 줬더라도, 당신 자신이 그 언동에 대해 [꿈]을 줄 정도는 아니라고 판단했다면 주지 않아도 됩니다. 반대로 아무도 [꿈]을 주지 않은 언동일지라도 당신이 줘야겠다고 생각했다면 [꿈]을 줍시다. 그냥 남들이 다 그러니까, 혹은 상대가 가진 [꿈]이 많으니까(적으니까)……. 그런 이유로 [꿈]을 줄지 말지 판단해서는 안 됩니다. 즉, 당신 자신이 느낀 대로 [꿈]을 주면 됩니다.

[꿈]을 줄 때, 수치만으로 관리하려면 계산에 손이 많이 갑니다. 또, 받았다는 사실을 잊어버릴 수도 있습니다.

처음에 준비 과정을 설명할 때 언급한 바와 같이, [꿈]의 수는 되도록 카드나 코인 같은 소품을 사용해서 관리하시기 바랍니다.

여기에 관해서는 나중에 「이야기꾼이 되려면」 항목에서 설명합니다.

### ③ 행동 판정

당연하다면 당연한 이야기지만, 아무리 PC가 이야기의 등장인물이라고 해도 「하겠다」고 말하기만 하면 뭐든지 해낼 수 있는 것은 아닙니다. 물론 누구나 할 수 있는 일, 그 동물이라면 당연히 해낼 수 있는 일이라면 그냥 「하겠다」고 말하기만 해도 됩니다. 하지만 세상에는 그렇지 않은 일도 잔뜩 있습니다.

예를 들어 먼 곳에서 사건이 일어났다면, 토끼의 귀나 개의 코로도 그것을 반드시 알아차린다는 보장은 없습니다. 예상치 못한 일에 냉정하게 대응해야 하는 상황 또한, 그냥 대응했다고 말하고 넘어갈 수는 없는 법입니다. 태풍 속에서 목적지까지 날아가는 것은 새에게도 힘든 일입니다. 상대가 당신과 정반대의 행동을 했다면, 그냥 「해냈다」고 말해서는 도대체 어느 쪽이 목적을 달성했는지 알 수 없습니다. 승패를 정해야만 할 때도 마찬가지입니다.

이럴 때를 위해 각 PC에게는 「능력치」가 설정되어 있습니다.

능력치를 바탕으로 그 일을 해낼 수 있는지 결정합니다. 이것을 「판정」이라고 합니다.

판정을 할 때는 먼저 이야기꾼이 사용할 능력치와 필요한 수치를 말합니다. 지정된 능력치가 필요치 이상이라면 성공입니다. 판정에 성공하면 PC는 하려던 일에서 원하는 결과를 얻습니다.

또, 타인과 경쟁할 때는 서로의 수치를 비교합니다. 같으면 무승부고, 어느 한쪽이 1이라도 더 높으면 그쪽이 승리합니다. 이런 경쟁 판정은 누가 더 많은 【마음】을 소비할 수 있는지 겨루는 형태가 될 수도 있습니다. 한쪽이 【마음】으로 능력치를 높였다면, 대항하는 상대는 거기에 대응할지 결정하고, 대응하기로 했다면 더 많은 【마음】을 쓸지 결정하고…… 이런 식으로 전개됩니다.

단, 보통은 성공할 수 없는 상황이라도 정말 중요한 순간일 때, 또는 곁에서 응원해주는 이가 있을 때는 상상 이상의 실력을 발휘할 수 있습니다. 이때 중요한 것이 바로 【마음】입니다. 당신을 지지해주는 많은 이들의 【마음】이 본래는 성공하지 못할 일을 성공하게 해줍니다.

판정을 할 때, 능력치가 필요치보다 낮다면 그 차이만큼 【마음】을 사용해 해당 판정 동안에만 능력치를 그만큼 높일 수 있습니다.

한 번의 판정에 쓸 수 있는 【마음】의 양에는 제한이 없지만, 어디까지나 그 시점에서 가지고 있는 【마음】만 사용할 수 있습니다. 부족한 몫을 나중에 얻을 분량에서 미리 빌려오거나, 동료에게 나누어 받는 것은 기본적으로 불가능합니다(【특기】를 사용한다면 가능할 수도 있습니다).

두 사람이 경쟁할 때 【마음】을 사용한다면, 둘 중 하나가 더는 【마음】을 사용할 수 없게 될 때까지, 혹은 사용하고 싶지 않다고 선언할 때까지 서로 능력치를 높여나갑니다. 물론 저저히 이길 수 없을 때는 일부러 【마음】을 사용하지 않고 질 수도 있습니다.

그리고 상대를 [깜짝] 놀래지 않기 위해, 혹은 일부러 얼빠진 짓을 하기 위해 둔갑 동물의 능력치를 본래보다 낮추는 용도로 【마음】을 사용할 수도 있습니다. 이때는 능력치를 낮추고 싶은 만큼 【마음】을 사용합니다.

때로는 PC가 지나치게 【어른】스러워서, 혹은 지나치게 【요괴】다워서 해내지 못하는 일도 있습니다. 그럴 때도 이런 식으로 【마음】을 사용해봅시다.

다시 한번 말하자면, 세션에서 정말로 필요한 것은 이기고 지는 것도, 스토리를 원하는 대로 진행하는 것도 아닙니다.

판정은 중요한 규칙이지만, 그 결과에 지나치게 얽매인 나머지 더 중요한 것을 잊지 않도록 조심하시기 바랍니다.

### ■ 판정 기준표

| 필요치 | 기준 |
|---|---|
| 필요치 2 이하 | 판정할 필요도 없네요! |
| 필요치 3~4 | 이 정도라면 어떻게 될 것 같은데? |
| 필요치 5~6 | 자신 있는 분야라면 어떻게든……. |
| 필요치 7~8 | 보통은 이런 거 무리! |
| 필요치 9~ | 할 수 있을 리 없잖아~ |

세션의 마지막 [장면]이나 그보다 하나 앞의 [장면]쯤 가면, PC는 아마 【신비】나 【마음】을 잔뜩 가지고 있을 겁니다. 그럴 때, 이야기꾼은 판정의 필요치를 「판정 기준 표」에 적혀 있는 수치의 2배로 설정할 수 있습니다. 물론 판정의 내용도 그에 걸맞은 어려운 행동으로 정해야 합니다. 이야기꾼은 이야기의 종반에 어울리는 어려운 판정을 준비해봅시다.

## ④ 【신비】를 사용한다

PC에게는 신기한 힘이 있습니다. PC는 그런 힘을 사용해 인간들은 하지 못하는 다양한 일을 할 수 있습니다.

그런 힘을 사용하려면 자신의 내면에 깃든, 많은 이들과의 【인연】으로부터 얻은 에너지가 필요합니다. 이 에너지를 【신비】라고 합니다.

처음에 PC를 만들면서 동물의 종류와 【약점】을 정했을 때를 떠올려보시기 바랍니다. 그때, 기본 【특기】나 【약점】에 대응하는 【특기】를 손에 넣었을 겁니다. 각 【특기】의 이름 옆에 적혀 있는 숫자만큼 【신비】를 사용하면 그 【특기】가 효과를 발휘합니다.

【특기】에 따라서는 판정을 해야 할 수도 있으므로, 【신비】를 사용할 때는 남아 있는 【마음】이나 【특기】의 내용에도 주의를 기울입시다.

한 번의 판정에 쓸 수 있는 【신비】의 양에는 제한이 없지만, 어디까지나 그 시점에서 가지고 있는 【신비】만 사용할 수 있습니다. 부족한 몫을 나중에 얻을 분량에서 미리 빌려오거나, 동료에게 나누어 받을 수는 없습니다(【특기】를 사용한다면 가능할 수도 있습니다).

## ⑤ 사람으로 둔갑한다

이것도 신기한 힘의 일종으로, 모든 PC가 가지고 있는 힘입니다.

본래 동물인 PC는 이 능력 덕분에 사람들 앞에 나설 수 있습니다. 둔갑은 한순간에 이루어지므로, 상대가 눈을 깜빡이는 틈을 이용하거나 잠깐 그늘 속에 숨기만 해도 충분히 둔갑할 수 있습니다. 필요하다면 눈치 볼 것 없이, 주저하지 말고 둔갑합시다.

사람으로 둔갑하려면 【신비】나 【마음】을 코스트로 지불해야 합니다. 두 가지를 섞어서 사용해도 되지만, 필요한 코스트의 양은 변신하는 시간대와 모습에 따라 다릅니다. 더욱이 도중에 [장면]이 바뀌었다면, 설령 시간대가 같더라도 [장면]마다 코스트를 따로 지불해야 합니다. [장면]의 시간이나 상황을 고려해서 둔갑합시다.

또, 따로 모습에 관한 제한이 언급된 【특기】를 제외하면, 어떤 모습으로 둔갑했든 모든 【특기】를 사용할 수 있습니다. 이것은 【약점】도 마찬가지이니 주의하시기 바랍니다.

아래가 둔갑할 때 필요한 점수입니다.

### ■ 둔갑 코스트 표

| 시간대 | 모습 (새 이외) | 모습 (새) |
|---|---|---|
| 아침/낮 | 완전한 인간 +4점 | 완전한 인간 +4점 |
| 저녁 | 꼬리 +2점 | 작은 날개 +2점 |
| 밤 | 귀와 꼬리 ±0점 | 하늘을 날 만큼 큰 날개 ±0점 |

둔갑에 필요한 점수는 시간대와 모습의 코스트를 모두 더해서 결정합니다.

완전한 인간 모습으로 둔갑하려면 상당히 많은 코스트를 소비해야 합니다. 하지만 본모습의 꼬리, 혹은 꼬리와 귀를 드러내면 모습에 관련된 코스트 소비가 감소합니다(저녁이라면 둔갑 코스트가 0점입니다!). 어떤 모습을 선택할지는 장소나 상대도 고려

해야 합니다. 예를 들어 대낮의 큰길에서 여우가 꼬리를 드러낸 인간 모습(코스트 6점)으로 돌아다니면 상당히 눈에 띌 겁니다. 반대로 저녁이나 밤에 친한 인간과 만날 때는 귀나 꼬리를 달고 있어도 별문제 없습니다.

단, 새 PC만은 귀와 꼬리 대신 날개를 드러낸다는 점에 주의합시다. 예외라고는 해도 상당히 눈에 띈다는 점에는 다를 것이 없습니다.

같은 [장면] 내에서 모습을 부분적으로 바꿀 때는 차이에 해당하는 코스트를 추가로 지불해야 합니다. 예를 들어 꼬리만 내놓은 모습에서 완전한 인간으로 둔갑할 때는 2점을 더 지불해야 둔갑할 수 있습니다.

마지막으로, 둔갑한 모습에서 동물 모습으로 돌아가는 것도 한순간에 이루어집니다. 이때는 【신비】나 【마음】을 사용할 필요도 없습니다. 사람 모습으로는 해결할 수 없는 일과 맞닥뜨렸을 때, 혹은 친한 사람과 만날 때는 본모습으로 돌아가도 무방합니다. 물론 그 후에 다시 사람으로 둔갑하려면 또 【신비】와 【마음】을 사용해야 합니다만……

### ⑥ [만남]으로 【인연】을 만든다

처음 만난 상대에게 어떤 감정을 품을지는 상대의 행동거지에 어느 정도 영향을 받곤 합니다.

당신이 아직 【인연】을 맺지 않은 누군가와 만났다면, 상대의 언동을 보고 「아아, ○○한 사람이구나」라고 생각할 겁니다. 물론 그것이 반드시 그 사람의 진정한 모습이라고 단정할 수는 없지만, 서로의 관계란 어느 정도는 첫인상으로 정해진다고 해도 과언이 아닙니다.

PC는 [장면] 속에서 처음으로 만난 상대와 이야기했을 때, 그 상대와의 【인연】을 새로 만들 수 있습니다. 대상은 대체로 이야기꾼이 등장시킨 NPC입니다. 이렇게 처음 만난 사람이나 생물과 【인연】을 만드는 것을 [만남]이라고 부릅니다.

[만남]으로 상대에 대한 【인연】을 가지고 싶을 때, 이야기꾼이 허가한다면 PC는 즉시 상대에 대해 「강도 1」의 【인연】을 얻습니다. 내용은 그때 나눈 대화를 바탕으로 상상해서 정합니다.

그 [만남]으로 PC와 이야기를 나눈 NPC도 마찬가지로 PC에 대해 강도 1의 【인연】을 가집니다. 내용은 이야기꾼이 결정합니다. 서로에게 어떤 【인연】을 가질지는 이야기를 나눈 PC와 이야기꾼이 의논해서 정합시다.

## [막간]에서 할 수 있는 일

[장면]과 [장면]의 사이를 [막간]이라고 부릅니다. [막간]에서는 참가자가 할 수 있는 일이 세 가지 있습니다. 첫 번째는 [장면]에 등장한 참가자 전원의 【인연】을 높이는 것. 두 번째는 【인연】의 내용을 생각하는 것. 세 번째는 【신비】와 【마음】을 손에 넣는 것입니다.

이 세 가지는 [장면]에 등장했던 상대에게만 할 수 있다는 점에 주의합시다.

### ① 【인연】을 높인다

PC는 [장면] 동안 얻은 [꿈]을 사용해서 원하는 상대에 대한 자신의 【인연】을 높일 수 있습니다. 단, 이 시점에서 높일 수 있는 【인연】은 [장면]에 등장한 상대에 대한 것뿐입니다. 그 [장면]에 등장하지 않은 상대에 대한 【인연】은 높일 수 없습니다.

게다가, 상대로부터의 【인연】은 상대 쪽에서 높이지 않는 한 높아지지 않습니다. PC가 높일 수 있는 것은 자신이 상대에 대해 가지는 【인연】뿐입니다.

또, [꿈]은 남아도 다음 [장면]으로 가지고 넘어갈 수 있습니다. 억지로 다 쓸 필요는 없으므로, 더 깊은 【인연】을 맺기 위해서라도 남은 [꿈]은 다음 [장면]으로 가지고 갑시다.

위의 절차를 밟은 결과, 상대가 자신에 대한 【인연】을 높였다면 잊지 말고 요괴 기록 용지에 적어둬야 합니다.

【인연】은 혼자 만드는 것이 아닙니다. 상대 또한 당신을 진지하게 생각해줘야 의미가 있습니다.

■ 【인연】을 높일 때 필요한 [꿈]표

| 강도1 | 5점 (처음 만났을 때는 0점) |
|---|---|
| 강도2 | 5점 (처음 만났을 때는 0점) |
| 강도3 | 5점 |
| 강도4 | 8점 |
| 강도5 | 12점 |

### ② 【인연】 내용 변경

[막간]에서 할 수 있는 또 한 가지 중요한 일은 【인연】의 내용을 변경하는 것입니다.

「호의」가 계속 단순한 호의에 그치라는 법은 없고, 「동경」하던 상대와 「사랑」에 빠질 수도 있습니다. 참가자는 자신의 PC가 가진 【인연】의 내용을 확인하고, 방금 끝낸 [장면] 속에서 내용이 바뀌었을 것 같은 【인연】이 있다면 이야기꾼에서 내용 변경을 제안해봅시다. 이야기꾼이 허가하면 【인연】의 내용을 변경할 수 있습니다.

위의 절차를 마쳤다면 다음 [장면]으로 넘어갑니다.

[장면]이 바뀔 때마다 이런 작업을 하는 것이 부담스럽게 느껴질 수도 있겠지만, 익숙해지면 금세 처리할 수 있습니다. 처음에는 조금 시간이 걸리겠지만, 착실하게 절차에 따라 진행합시다.

### ③ 【신비】와 【마음】을 손에 넣는다

[막간] 마지막에 PC는 자신의 【인연】 강도에 비례해 【신비】와 【마음】을 손에 넣습니다. 【신비】란 누군가를 향한 PC의 【인연】이 힘이 된 것으로, PC가 마을이나 누군가를 위해 발휘하는 신기한 힘의 근원입니다.

PC가 손에 넣는 【신비】는 PC가 남들에 대해 가지고 있는 【인연】 강도의 합계와 같습니다.

【마음】이란 PC를 향한 누군가의 【인연】으로부터 받는 것으로, 가슴 속에 끌어안은 너무나도 소중한 보물입니다.

PC가 손에 넣을 수 있는 【마음】은 다른 이들이 PC에 대해 맺은 【인연】 강도의 합계와 같습니다.

PC는 【신비】와 【마음】을 [막간]마다 획득합니다. 이 두 가지는 [장면] 속에서 사용하는데, [장면]이 끝나도 남아 있으면 다음 [장면]으로 가지고 갈 수 있습니다. [장면]이 바뀔 때마다 쓰고 남은 몫에 새로 획득한 【신비】와 【마음】을 더합니다.

예를 들어 【마음】이 6점 남은 상태로 [막간]을 맞이해서 8점의 【마음】을 손에 넣었다면, 사용할 수 있는 【마음】은 합계 14점이 됩니다. 다음 [장면]에서도 【마음】을 모두 사용하지 않았다면, 당연히 【마음】은 더욱 늘어납니다. 이것은 【신비】도 마찬가지입니다.

단, 세션 마지막 [장면]이 끝날 경우, 남은 【신비】와 【마음】을 다른 세션으로 가지고 갈 수는 없습니다. 그러니 참가자는 마지막 [장면]이 되면 모든 【신비】와 【마음】을 아낌없이 써버립시다.

### 세션 마지막에 할 일

몇 개의 [장면]을 마치고, 드디어 세션이 끝났습니다.

그런데 잠시 기다려봅시다. 여러분이 그 아이들을 PC로 사용하는 것은 정말로 이것이 마지막입니까? 어쩌면 또 PC로 사용할 기회가 올지도 모릅니다. 다음 세션을 위해서라도, 그날의 세션을 잊지 않도록 PC들의 기록을 남겨둡시다. 이것이 마지막 [막간]입니다.

PC는 마지막 [장면]에서도 [꿈]을 얻을 수 있지만, 세션 마지막에 남은 [꿈]은 다음 세션으로 가지고 갈 수 없습니다. 그러므로 이 시점에서 최대한 사용해서 【인연】을 높여둡시다.

또, 이야기꾼이 마지막 [장면]을 선언하는 타이밍은 직전의 [장면]이 끝났을 때가 가장 적절합니다. PL에게도 마지막으로 얻은 [꿈]을 사용해서 어떻게 【인연】을 성장시킬지 생각할 시간이 필요하기 때문입니다.

PC는 마지막 [장면]을 마친 후, 세션 동안 【인연】을 맺은 상대의 수만큼 【추억】을 얻습니다. 상대로부터의 【인연】은 여기에 더하지 않습니다. 이때, 【굳건한 인연】이 있다면 【추억】을 1점 더 얻을 수 있습니다.

【추억】을 사용하는 방법은 「기타」 항목을 참조합시다.

【추억】을 모두 기록했다면, 마을에 관한 것을 제외한 모든 【인연】을 【실】로 고쳐 씁니다.

【실】에는 「당신으로부터의 실」과 「당신에 대한 실」이 있습니다. 요괴 기록 용지의 각 칸에 「당신으로부터의 인연」과 「당신에 대한 인연」을 옮겨 적습니다. 【실】에도 【인연】과 마찬가지로 내용을 적는 칸이 있습니다. 잊지 않도록 내용을 적어 【실】을 소중히 남겨둡시다.

【실】을 사용하는 법은 「기타」 항목을 참조하시기 바랍니다.

【추억】을 얻으면 세션은 끝납니다.

【인연】의 경우, 이 시점에서는 적혀 있는 그대로 놔둡니다.

### 기타

규칙을 보충하는 부분입니다. 처음으로 세션을 할 때는 그렇게까지 신경 쓰지 않아도 됩니다. 하지만 각 PC의 【특기】와도 관계가 있는 사항이 있으므로 한 번 읽어보시기 바랍니다.

#### ● 문명의 산물

설령 사람으로 둔갑했더라도, PC가 기계를 조종하려면 항상 판정을 해야 합니다. PC는 그런 기술을 모르기 때문입니다.

휴대전화나 돈도 가지고 있지 않고, 차를 운전하지도 못합니다. 전화 한 통 걸 때도 판정을 해야 합니다.

그런 행동은 PC에게 어울리지 않는 행동임을 숙지한 후에 행동합시다.

## ● 깜짝

PC가 인간으로 둔갑하거나, 동물로 돌아가거나, 신기한 힘을 사용하는 장면을 평범한 사람이 본다면 다들 [깜짝] 놀랍니다. 어쩌면 PC끼리도 [깜짝] 놀랄 일이 있을지도 모릅니다. 그래서 PC를 잘 모르는 사람, PC가 둔갑 동물이라는 것을 모르는 사람 앞에서 그런 행동을 하면 상대를 [깜짝] 놀랩니다.

PC가 무심코 부자연스러운 행동을 하면, 이야기꾼은 주위에 있는 사람들을 [깜짝] 놀라게 해서 PC에게 그것이 부자연스러운 행동임을 알려줍시다. 또, 지나치게 치명적인 행동이라면 정말로 그 행동을 할 생각인지 미리 물어봅시다.

[깜짝] 놀란 사람은 비명을 지르거나 도망쳐 버립니다. 나쁜 사람이나 골치 아픈 사람을 일부러 [깜짝] 놀랠 수도 있습니다. 하지만 친한 상대를 함부로 [깜짝] 놀라게 하는 건 곤란합니다.

PC가 상대를 의도적으로 [깜짝] 놀랠 때는 판정을 해야 합니다. PC의 【요괴】와 상대의 가장 높은 능력치를 비교해서 PC의 【요괴】 쪽이 더 높다면 상대를 [깜짝] 놀랠 수 있습니다.

그리고 상대보다 PC의 【요괴】가 얼마나 높은지에 따라 상대가 [깜짝] 놀랐을 때의 결과가 달라집니다.

### ■ 깜짝 표

| 차이 | 결과 |
|------|------|
| 1~2 | 그 자리에서 비명을 지른다 |
| 3 | 그곳에서 쏜살같이 달아난다. |
| 4 | 기겁해서 꼼짝도 못 한다. |
| 5 이상 | 기절해서 쓰러진다. |

## ● 싸움

싸움은 옳지 못한 일입니다. 정말로 하면 안 되는 일입니다. 그럼에도 불구하고 때로는 싸움이 벌어지기도 합니다. 그럴 때는 【동물】이나 【어른】으로 판정합니다. 【동물】이라면 상대를 물고 할퀴며, 【어른】이라면 때리거나 무기를 휘두릅니다.

수치가 높은 쪽이 이기고, 진 쪽은 도망치거나 그 자리에 쓰러집니다. 다시 한번 강조합니다만, 싸움으로 일을 해결하는 것은 되도록 피해야 합니다.

사이좋은 친구끼리 장난으로 싸우는 것이라면 괜찮지만, 마음에 안 든다는 이유로 모르는 상대에게 싸움을 걸어서는 안 됩니다. 싸움에 이겨도 득 될 것은 아무것도 없습니다.

만약 마을로부터의 【인연】 강도가 3 이상인 캐릭터가 싸움을 했다면, 해당 【인연】이 2로 낮아집니다.

## ● 약점

PC에게는 각 동물의 천성에 따른, 결코 극복할 수 없는 【약점】이 있습니다. 【약점】의 수는 PC에 따라 다르며, 【약점】이 많을수록 더 많은 【특기】를 사용할 수 있습니다. 하지만 바로 그 【약점】 탓에 손도 발도 못 쓰는 상황에 처할 수도 있습니다.

이때, PC가 【신비】나 【마음】을 합계 6점 사용하면 【약점】을 일시적으로 극복할 수 있습니다. 단, 극복하는 것은 1회의 행동을 처리하는 동안에 그칩니다. 같은 [장면]에서 자신의 【약점】을 여러 번 극복해야 할 때는 매번 6점씩 사용해야 합니다.

예를 들어 《맥주병》인 고양이가 강 너머의 물가까지 헤엄쳐서 무언가를 챙기고 다시 돌아온다면, 갈 때 6점, 돌아올 때 6점으로 합계 12점을 사용해야 합니다.

PC가 자신의 【약점】을 도저히 극복할 수 없고, 6점의 점수를 사용할 수도 없다면 참가자는 자기 PC의 【약점】을 지워달라고 이야기꾼에게 부탁할 수 있습니다. 부탁을 받아들일지는 이야기꾼이 마음대로 결정합니다. 단, PC의 【약점】을 지워버리면 해당 【약점】에 대응하는 【특기】도 사라집니다. 또, 【약점】이 하나도 남지 않은 PC는 다른 【약점】을 최소한 개 선택해야 합니다.

【약점】을 지우는 것은 한 세션당 1회만 할 수 있습니다.

## ● 굳건한 인연

서로에 대한 【인연】 강도가 양쪽 모두 5가 된 상태를 【굳건한 인연】이라고 부릅니다.

요괴 기록 용지에서 서로에 대한 【인연】이 하나의 선을 이루었다면, 해당 캐릭터 두 명은 그 [막간]에서 특전으로 【신비】와 【마음】을 10점씩 더 손에 넣습니다.

또, 세션을 마칠 때 【굳건한 인연】이 있으면 【추억】을 1점 더 얻을 수 있습니다.

## ● 등장하기

자기 PC가 등장하지 않은 [장면]일 때라도, 등장할 수 있을 것 같거나 등장하고 싶다면 적극적으로 이야기꾼에게 등장해도 될지 물어봅시다. PC의 등장 여부를 결정하는 것은 이야기꾼의 역할이지만, 모처럼이니 물어보는 정도는 괜찮습니다.

물론 같은 시각, 같은 장소에서 펼쳐지는 다른 [장면]에 등장할 수도 있겠지만, 되도록 함께 행동하며 이야기를 즐겨봅시다.

## ● 추억

여러 가지 【추억】이 있으면 PC는 더 강해질 수 있습니다.

【추억】은 같은 점수의 【신비】 또는 【마음】으로 간주해서 세션 동안 필요한 만큼 바로바로 사용할 수 있습니다. 단, 사용하면 없어지며, [장면]이 바뀌어도 다시 돌아오지 않습니다.

세션이 끝난 시점에 남아 있는 【추억】은 다음 세션으로 가지고 갈 수 있습니다. 또, 사용하고 남은 몫은 새로 획득한 【추억】에 더해집니다.

예를 들어 10점의 【추억】을 가지고 세션에 참가했는데, 2점밖에 쓰지 않아 8점이 남았다고 가정하겠습니다. 해당 세션에서 새로 6점의 【추억】을 얻었다면, 다음 세션에서는 합계 14점의 【추억】을 사용할 수 있습니다.

## ● 실

세션이 끝나면 그 동안 키운 【인연】은 마을에 관한 것을 제외하고 모두 【실】이 됩니다. 【실】은 그 상대와 만나 【인연】을 키워나간 경험을 나타내는 기록입니다. 잊혀지지 않는 【인연】, 상대가 등장하지 않은 다른 세션에서도 계속 이어지는 【인연】입니다. 몇 가닥의 【실】을 가지고 있든 【실】은 세션에 직접 영향을 미치지 않습니다. 하지만 과거에 만나 【실】이었던 상대와 다른 세션에서 재회했을 때, 혹은 예전에 함께했던 동료와 같이 행동할 때는 【실】을 같은 내용의 새로운 강도 1점짜리 【인연】으로 바꿔 요괴 기록 용지에 적어 넣을 수 있습니다.

이렇게 【인연】이 된 【실】은 없어집니다. 하지만 해당 세션이 끝나면 그 【인연】은 다시 새로운 【실】이 됩니다. 【실】은 매우 가느다란 【인연】이지만, 세션을 길게 이어나갈 때는 매우 소중한 존재입니다.

## ● NPC를 [도와주기]

PC는 자신의 【마음】을 써서 NPC의 판정을 도울 수 있습니다. 이것을 [도와주기]라고 부릅니다.

NPC가 어떤 판정에 도전할 때, PC는 자신의 【마음】을 소비해서 NPC의 능력치를 높이거나 낮출 수 있습니다.

단, 이때 PC는 높이거나 낮춘 능력치의 2배만큼 【마음】을 소비해야 합니다. 예를 들어 NPC의 능력치가 필요치보다 3점 부족할 때, [도와주기]를 한 PC는 【마음】을 6점 소비해야 하는 셈입니다.

또, NPC가 【특기】를 사용하고 싶은데 【신비】가 부족할 때, PC는 자신의 【신비】를 사용해 NPC의 【특기】 사용에 대한 [도와주기]를 할 수 있습니다. 이때도 필요한 수치의 2배만큼 【신비】를 소비합니다.

[도와주기]를 할 때, PC는 상대 NPC를 어떻게 도와줄지 구체적으로 묘사해야 합니다. 또, [도와주기]의 효과를 받을 NPC가 동의해야 합니다.

PL이 원하고, 이야기꾼이 허가한다면 PC는 다른 PC에게 [도와주기]를 해줄 수도 있습니다.

## 후일담

「세션 마지막에 할 일」을 마친 뒤, 이야기꾼은 PC의 동의를 얻어 [후일담]이라는 [장면]을 덧붙일 수 있습니다. [후일담]은 【꿈】을 주고받지도 않고, [판정]이 발생하지도 않는 간단한 [장면]입니다. 못다한 이야기가 조금 남아 있을 때, PC나 NPC들이 그 후에 어떻게 되었는지 이야기하고 싶을 때 덧붙여보시기 바랍니다.

## 신비한 기적

【신비】나 【마음】을 잔뜩 사용해서 PC들이 무언가 커다란 기적을 일으키거나 전설을 남길 수 있는 규칙입니다. 기본적으로 세션의 클라이맥스(마지막 [장면]), 또는 맨 마지막에 실행합니다. 이때, 여러 명의 PC가 각자의 【신비】나 【마음】을 제공합니다. 여기에는 이야기꾼도 가세할 수 있습니다.

어떤 [신비한 기적]을 일으킬지는 【신비】나 【마음】을 제공하는 참가자 전원이 함께 생각해봅시다.

### 이 규칙의 목적

게임의 전개나 참가자의 성향에 따라서는 세션 마지막에 대량의 【신비】나 【마음】이 남을 때가 있습니다. 이 규칙은 그렇게 점수가 남았을 때, 「모처럼 모은 점수이니 쓰고 싶어 하는」 참가자를 위한 규칙입니다. 즉, [신비한 기적]은 「이야기를 해결하기 위한 수단」이 아닙니다. 이야기에 등장한 문제는 어디까지나 PC 자신의 행동이나 능력으로 해결해야 합니다. 그보다는 세션의 후일담으로 「그 뒤에 이렇게 되었습니다」라고 덧붙이는 정도로 신기한 사건이나 기적을 일으켜봅시다.

또, [신비한 기적]으로는 「수명이 다 된 인간의 죽음을 막는 것」이나 「인간의 마음을 바꾸는 것」은 불가능합니다(「마음을 바꾸도록 어떠한 방식으로 호소하는 것」은 가능합니다).

## [신비한 기적]의 예

### ○ 전설을 남긴다
PC나 NPC가 한 일이 그 뒤에 전설이 되어 남습니다. 전설 한 가지마다 아래의 점수가 필요합니다.

30점 = 한동안 소문이 되어 떠돈다.
50점 = 그 근방의 소문으로 남는다.
100점 = 마을 전체의 「도시전설」이 된다.
200점 = 마을 전체의 「전승」이 되어 후세까지 남거나, 다른 마을에 전해진다.

### ○ 원래대로 되돌린다/새로 뭔가가 생긴다
건물, 장소, 자연 지형 등의 부활 또는 탄생. 해당 세션 동안 망가지거나 사라진 것, 세션 동안 발견한 「옛날에 사라졌던 것」을 원래대로 되돌리거나 수복할 수 있습니다. 혹은 참가자들이 생각한 「새로운 무언가」를 마을 안에 만들어냅니다.

즉, 「마을의 지도에 무언가를 덧쓰거나, 고쳐쓰는 행동」이라고도 표현할 수 있습니다.

문자 그대로 신기한 힘을 통해 이루어질 때도 있고, 마을 사람들에게 호소해서 「인간의 손으로 수복하거나 만들게 하는 경우」도 포함됩니다.

대상 하나마다 필요한 점수는 아래의 기준을 참조하시기 바랍니다.

50점 = 통나무다리, 작은 나무, 꽃이나 풀로 이루어진 수풀, 작은 연못, 작은 비석이나 도조신(길을 수호하는 신)의 석상, 사당.
100점 = 출렁다리, 커다란 나무, 단독 주택 한 채 넓이의 연못이나 늪, 수풀, 단독 주택 또는 그와 비슷한 크기의 건물.
200점 = 철근으로 만든 커다란 다리, 작은 폭포나 시내, 마을 회관이나 연립 주택 정도의 건물, 혹은 그 정도 넓이의 자연 지형.
100점 = 특정한 캐릭터를 신으로 모시는 작은 사당이나 동상.
50~100점 = 명명권. 마을 안에 있는 지형 또는 건물을 지정한다. 대상의 이름이나 별명을 특정 캐릭터(또는 그 캐릭터의 행동)와 관련된 것으로 바꿀 수 있다.
100~200점 = 축제, 행사. 특정 캐릭터(또는 그 캐릭터의 행동)와 관련된 기념일이나 축제, 또는 행사가 마을에 생긴다.

# 세션의 흐름

## 세션 준비

참가자를 모으고, 게임을 할 장소를 준비합시다. 이야기꾼에게만 맡기지 말고 다 함께 분담해서 준비합시다.

## 세션

### 세션 개시

★ 서로 인사를 나눈 후 자기소개를 하고, PC를 만듭시다. (P52~)

### 마을과 다른 PC 전원에 대해 【인연】을 맺는다 (P68)

### 시작할 때의 【신비】와 【마음】을 입수한다 (P68)

### 첫 번째 [장면]

이야기를 시작합니다. 이야기꾼의 묘사, PL의 행동 선언, 판정 등을 반복하며 세션을 진행합니다.
★ 다른 PC나 이야기꾼의 행동을 보고 귀엽다는 생각이 들면 그때마다 [꿈]을 줍니다.
★ 새로운 등장인물과의 [만남]을 통해 【인연】을 만듭니다. (P74)

### [장면] 종료

★ [장면]마다 설정된 종료 조건을 만족하면 해당 [장면]을 종료합니다.
★ 시나리오에 설정된 종료 조건과 맞지 않더라도, 이야기꾼의 판단에 따라 [장면]을 종료할 수도 있습니다.

### [막 간]

★ [꿈]을 사용해서 원하는 상대에 대한 【인연】을 높입니다.
★ 【신비】와 【마음】을 손에 넣습니다. (P74)

### 다음 [장면]

이후, 마찬가지로 [장면] 개시~[막간]의 처리를 반복하며 세션을 진행합니다.

### 마지막 [장면]

★ 【인연】을 맺은 상대의 수만큼 【추억】을 손에 넣습니다.
★ 마을에 관한 것을 제외한 나머지 【인연】을 【실】로 바꿉니다. (P75)

## 세션 종료

참가자 모두 힘을 합쳐 모임 장소를 정리합시다.
ORPG라면 잊지 말고 방을 삭제해야 합니다.
그 뒤에 시간이 남으면 서로 감상을 교환해봅시다.

# 저녁놀 점 시트

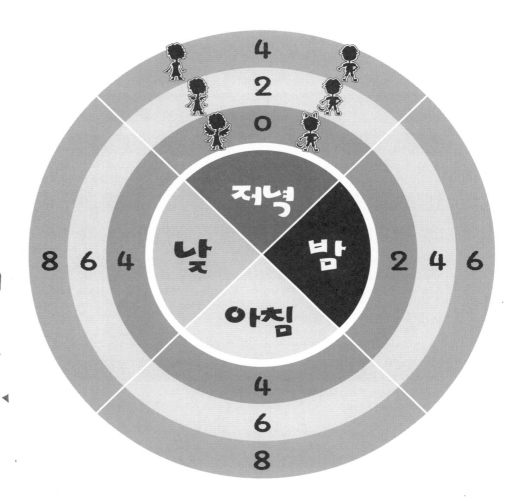

이것은 둔갑 동물의 상태를 표시하거나 점을 칠 수 있는 시트입니다.

저녁, 밤, 아침, 낮의 네 가지 시간대로 나뉜 시트에, 중앙부터 귀와 꼬리/하늘을 날 정도로 큰 날개, 꼬리/작은 날개, 완전한 인간 모습으로 둔갑할 때 필요한 【신비】와 【마음】의 합계가 적혀 있습니다.

### ▼둔갑 동물의 상태 표시

각 PC를 나타내는 소품을 준비합니다. 그것을 놓아두는 위치가 현재 [장면]의 시간과 PC의 상태를 나타냅니다.

[장면]을 시작하면, 등장한 PC를 나타내는 소품을 해당 [장면]의 「시간대」에 올려둡니다.

PC가 【신비】나 【마음】을 사용해 둔갑했을 때는 그 상태에 해당하는 칸으로 해당 PC의 소품을 옮깁니다.

[장면]에 없는 PC의 소품은 원 밖에 놓아둡니다. 이러면 누가 어떤 상태이고, 누가 그 자리에 없는지 바로 알 수 있습니다.

### ▼저녁놀 점

무언가를 결정해야 할 때, 중앙에 연필을 세웠다가 쓰러뜨려 정할 수 있습니다.

두 개 또는 네 개의 선택지 중에서 선택을 해야 할 때, 「장면」의 시간대를 정할 때 사용해봅시다.

저녁, 밤, 아침, 낮의 네 가지 시간대 중 무엇을 가리켰는지는 다 함께 판단합니다.

가을은 결실의 계절.
꽃이 열매를 맺는 은혜로운 계절.
꿈을 전하는 계절.

여기에서는 『저녁노을 어스름』의 다양한 정보를 전합니다.
무대가 될 마을. 마을에 사는 주민. 마을에 사는 동물.
그리고, 그 무엇보다도 신기한 토지신님들.
그 모든 것이 여기에 적혀 있습니다.
당신만의 이야기를 만들 때 활용해보시기 바랍니다.

# 동물들

마을에는 둔갑 동물은 아니어도 우리가 잘 아는 동물들이 잔뜩 살고 있습니다.

인간은 그들과 이야기를 나눌 수 없고, 둔갑 동물들조차 마음껏 대화를 나누지는 못합니다. 게다가 동물들은 대체로 하루하루를 살아가는 데 바빠 다른 것을 생각할 겨를이 없습니다.

둔갑 동물들은 자신과 같은 종류의 동물과 대화할 수 있습니다. 다들 자기 일로 정신이 없어서 도움이 될 만한 이야기를 듣기는 어렵겠지만, 만날 때마다 잠깐씩 인사 정도는 나눠봅시다.

특히 다친 동물, 길을 잃은 동물과의 만남은 하나의 이야기가 시작되는 계기가 될지도 모릅니다.

## ■ 여우

요괴 1　동물 2
어른 1　아이 0

여우는 숲이나 산속 깊은 곳에 살며, 사람 앞에는 거의 나타나지 않습니다. 단, 민가의 나무에 감이라도 매달려 있다면 그것을 먹으러 올 때가 있습니다. 여우는 다른 동물이나 사람을 두려워하지만, 친구와 함께 있을 때는 즐겁게 놉니다.

여우들의 자세한 생태가 알고 싶다면 동물로서의 여우 항목을 참조하시기 바랍니다.

## ■ 너구리

요괴 1　동물 2
어른 0　아이 1

너구리는 여유로운 성격에, 항상 마이페이스로 행동합니다. 숲이나 산에 살지만, 마을이나 밭에도 자주 나타납니다. 겁은 많아도 호기심이 강해서 다른 동물 출신의 둔갑 동물에게 접근할 때도 있습니다.

너구리들의 자세한 생태가 알고 싶다면 동물로서의 너구리 항목을 참조하시기 바랍니다.

## ■ 개

요괴 0　동물 0~2
어른 1　아이 0~2

개는 종류가 다양합니다. 작고 귀여운 강아지와 사람에게 훈련받은 커다란 개는 전혀 다른 생물처럼 보일 수도 있습니다. 게다가 덩치는 커도 상냥하고 사람을 잘 따르는 개도 있습니다. 개는 모두 참을성이 강하며, 주인이나 리더의 말을 잘 따릅니다.

개들의 자세한 생태가 알고 싶다면 동물로서의 개 항목을 참조하시기 바랍니다.

## ■ 고양이

요괴 1　동물 2
어른 0　아이 1

고양이는 모두 제멋대로 살고 있습니다. 변덕을 부려 사람을 따르기도 하는가 하면 어디론가 훌쩍 떠나버리기도 합니다. 때로는 마을 밖으로 나가버릴 정도입니다. 고양이는 온 마을의 뒷길과 샛길을 훤히 꿰고 있고, 둔갑 동물들에게도 적극적으로 다가옵니다.

고양이들의 자세한 생태가 알고 싶다면 동물로서의 고양이 항목을 참조하시기 바랍니다.

## ■ 새

요괴 0　동물 4
어른 0　아이 0

마을에는 여러 종류의 새가 삽니다. 숲이나 산에 가면 더 많은 새가 있을 겁니다. 일정한 계절에만 찾아오는 철새도 있습니다. 여기에서 소개한 능력치는 하늘을 나는 새의 능력치입니다. 날개를 다쳐 날지 못하는 새는 모든 능력치가 0이 됩니다. 그런 새는 누가 도와주지 않으면 살아갈 수 없습니다.

새들의 자세한 생태가 알고 싶다면 동물로서의 새 항목을 참조하시기 바랍니다.

## ■ 토끼

요괴 0　동물 3
어른 0　아이 0

마을에는 집토끼뿐만 아니라 산토끼도 많이 살고 있습니다. 토끼들은 겁이 많지만 호기심이 왕성해서 마을에도 종종 찾아옵니다. 평범한 인간이 뛰어서 도망치는 토끼를 쫓긴 쉬운 일이 아닙니다. 둔갑 동물에게도 매우 어려운 일입니다.

토끼들의 자세한 생태가 알고 싶다면 동물로서의 토끼 항목을 참조하시기 바랍니다.

## ■ 곰

요괴 0　동물 6
어른 0　아이 0

곰은 마을 근처의 동물 중에서 가장 크고 강한 동물입니다. 일어서면 사람보다 더 크고(2m가 넘습니다), 발톱도 날카롭고, 힘도 셉니다. 힘으로 곰을 이길 동물은 없습니다.

곰은 보통 산에 살며, 마을에 내려오는 일은 거의 없습니다. 그러나 새끼를 키울 때나 배가 고파 먹을 것을 찾을 때의 곰에게 함부로 접근하면 둔갑 동물조차 쫓기거나 다칠 수 있습니다.

곰은 나무도 잘타고, 수영도 잘하며, 커다란 몸집에 어울리지 않게 놀라울 정도로 조용히 걷습니다. 곰은 산속에서 평화롭게 살고 싶어합니다. 둔갑 동물이든 인간이든 함부로 곰에게 다가가서는 안 됩니다.

겨울이 되면 곰은 굴에 틀어박혀 겨울잠을 잡니다. 겨울잠에서 깬 곰이나 겨울잠을 자는 도중에 깬 곰은 매우 배가 고플 것입니다. 게다가 곰 중에는 산의 토지신님이 된 곰도 많습니다. 곰은 성미가 까다롭고 낮을 가려, 조금만 놀라도 무심코 강력한 힘을 휘두르곤 합니다. 본래는 온화하고 느긋한 동물이지만, 너무 힘이 세서 힘조절이 서툽니다.

지역에 따라서는 곰이 없는 곳도 있습니다. 곰이 등장할 만한 무대가 아니라면 이야기꾼은 그 지역에 곰이 없다고 정할 수도 있습니다.

## ■ 멧돼지

요괴 0　동물 5
어른 0　아이 0

멧돼지는 마을까지 내려오는 동물 중에서는 가장 다부진 동물입니다. 어금니가 매우 날카롭고, 살짝 얼빠져 보이는 외모와 달리 매우 강합니다. 멧돼지는 놀라면 돌진하거나 어금니를 드러내며 화를 내지만, 눈앞의 상대를 쫓아낼 때 말고는 이유 없이 날뛰지 않습니다. 어쩌다가 근처에 있었다는 이유만으로 사람이나 둔갑 동물을 쫓아오지도 않습니다. 새끼를 데리고 있을 때는 다가오지 말라고 경고를 하기도 하지만, 조심해서 대응하면 괜찮습니다. 단, 산에 먹을 것이 없어지면 마을까지 내려오기도 하는데, 이럴 때는 인간과 예기치 못한 충돌을 일으키기도 합니다.

멧돼지의 새끼는 얼룩무늬가 돋보이는 귀여운 동물입니다. 토끼나 너구리를 비롯하여 산에 사는 다른 동물과도 자주 어울려 놉니다. 어미 멧돼지도 다른 동물과는 사이좋게 지냅니다. 산에 사는 동물들은 나무 그늘에서 자는 멧돼지의 모습을 자주 볼 수 있습니다. 산의 토지신님이 되는 멧돼지도 많은 편인데, 느긋한 성격의 마이페이스 수호신님이 됩니다.

또, 멧돼지는 기본적으로 따뜻한 지역에 사는 동물이라 북쪽 지방에는 살지 않습니다. 멧돼지가 등장할 만한 무대가 아니라면, 이야기꾼은 그 지역에 멧돼지가 없다고 정할 수도 있습니다.

## ■ 사슴

요괴 0　동물 4
어른 0　아이 0

사슴은 산이나 숲에 사는 얌전한 동물입니다. 수컷에게는 커다란 뿔이 있습니다. 여름에는 몸에 하얀 반점무늬가 생기며, 나무 사이로 활기차게 뛰어다닙니다. 평소에는 얌전한 동물이지만, 새끼를 기를 때는 사람이나 다른 동물의 접근을 용납하지 않습니다. 사슴은 매우 빨리 달릴 수 있고, 점프력도 굉장합니다. 어지간한 담장은 간단히 뛰어넘을 정도입니다.

사슴은 대규모의 가족이나 무리를 이루고 살아서 한 마리만 만날 일은 거의 없습니다. 보통은 몇 마리의 사슴을 동시에 만나게 됩니다.

사슴도 나이를 먹으면 토지신님이 되기도 합니다. 사슴 토지신님은 성격이 온화하지만, 남몰래 조용히 사는 것을 선호하며 사람을 피합니다. 직접 나서는 것도 꺼려서, 문제가 생기면 둔갑 동물들에게 해결해달라고 부탁합니다. 사슴은 둔갑 동물 중에서도 토끼나 너구리, 새와 대체로 사이가 좋습니다.

사슴은 거의 모든 지역에 삽니다. 단, 장소에 따라서는 숲이나 산속에만 살며, 마을에는 나타나지 않습니다. 주식이 풀이나 나무열매라서 마을까지 내려갈 필요가 없기 때문입니다. 그 때문에 지역에 따라서는 마을 근처에서 사슴을 전혀 볼 수 없는 곳도 있습니다.

## ■ 소

**요괴 0　동물 4**
**어른 0　아이 0**

소는 목장이나 외양간에서 기르는 동물입니다. 멧돼지보다 더 크고 힘도 세지만, 움직임은 둔한 편입니다. 또, 성격도 온화합니다. 흥분하면 기세를 몰아 달리기도 하지만, 평소에는 천천히 걸어다니기만 합니다.

일단 머리에 뿔이 있긴 하지만, 극히 일부의 노동용 소를 제외하면 위험하지 않습니다. 소들은 보통 사람의 보호를 받는 데다가 몸집까지 커서 일부러 소와 싸우려는 동물은 거의 없습니다.

소들은 항상 느긋하게 생각하고, 느긋하게 행동합니다. 그들은 풀을 먹고 자식을 키우는 것밖에 흥미가 없습니다. 소는 기본적으로 토지신님도, 둔갑 동물도 되지 않습니다. 소가 마을에 있는지는 키우는 집의 유무에 따라 정해집니다. 목장이나 외양간은 산에 있으므로, 소가 산의 동물과 아는 사이여도 딱히 이상한 일은 아닙니다.

## ■ 원숭이

**요괴 0　동물 2**
**어른 0　아이 1**

머리가 매우 좋고, 손재주도 좋으며, 힘도 그럭저럭 센 원숭이는 산이나 숲에서는 매우 강한 동물입니다. 항상 무리를 지어 움직이며 나무 위를 내키는 대로 뛰어다니므로 때로는 곰조차 쫓아낼 수 있습니다. 원숭이는 똑똑한 반면, 매우 짓궂습니다. 사람이나 둔갑 동물이 조금 재미있어 보이는 것을 가지고 있으면 금세 그것을 빼돌리려고 합니다. 게다가 무리 사이의 유대감도 매우 강해서 팀 플레이가 특기입니다. 그래서 한 마리의 원숭이가 알아낸 사실은 금세 무리 전체에 퍼집니다. 먹을 것에 관한 정보나 동료의 위기를 전해들은 원숭이들은 곧바로 모여들 것입니다.

원숭이들은 종종 산이나 숲을 나와 떼를 지어 마을에 찾아갑니다. 장난꾸러기 원숭이 무리는 마을 사람들에게도, 다른 동물들에게도 지독한 골칫거리입니다. 이럴 때 무리의 우두머리를 설득하거나 지혜를 발휘해 산으로 돌려보내려면 둔갑 동물이나 토지신님의 힘이 필요합니다. 참고로 원숭이는 무리의 우두머리가 될 수는 있어도 토지신님이 되지는 않습니다.

원숭이들은 여러 지역에 살지만, 그들이 살지 않는 지역도 있습니다. 원숭이가 등장할 만한 무대가 아니라면, 이야기꾼은 그 지역에 원숭이가 없다고 정할 수도 있습니다.

## ■ 뱀

**요괴 1　동물 2**
**어른 0　아이 0**

뱀은 공터나 논밭, 물가, 숲, 집의 처마 아래 등 다양한 장소에 삽니다. 종류는 많지만 커다란 뱀이라도 1m 정도고, 흔히 볼 수 있는 뱀은 더 작습니다(어쩌면 훨씬 더 큰 뱀도 있을지 모릅니다만). 뱀은 딱히 나쁜 동물은 아니지만, 마을 사람들에겐 미움 받는 경향이 있습니다. 겉보기와 달리 무턱대고 물지도 않는데 말입니다.

단, 뱀 중에는 살모사나 반시뱀처럼 독이 있는 뱀도 있습니다. 이런 뱀은 놀라면 상대를 물어버립니다. 독사는 곰 못지 않게 위험하니 다들 조심합시다.

또, 나이 먹은 뱀이 둔갑해 토지신님이나 둔갑 동물이 되는 일도 자주 있습니다. 예부터 한 지역을 지켜온 뱀들도 많습니다. 그런 뱀들은 대개 둔갑 여우와도 잘 아는 사이입니다. 둔갑할 정도의 힘을 지닌 뱀은 대체로 몸집도 커서, 길이가 5m 이상 되는 무시무시한 이무기가 되기도 합니다.

뱀은 추위를 싫어해서 추운 곳에는 살지 않습니다. 그리고 겨울 동안에는 겨울잠을 자기 때문에 겨울에 뱀과 만날 일은 없을 것입니다.

## ■ 닭

**요괴 0　동물 1**
**어른 0　아이 0**

마을의 학교에서도 키우는, 날지 못하는 새입니다. 닭은 날지 못하는 대신 다른 새보다 훨씬 잘 뛰어다닙니다. 게다가 야외 생활에 익숙한 닭은 파닥파닥 날갯짓을 하며 높이 점프하거나, 나무에서 나무로 뛰어 다니기도 합니다. 다들 한 번쯤은 들어보셨을 커다란 울음소리도 닭의 특징입니다. 좁은 마을이라면 닭의 울음소리가 마을 구석구석까지 울릴 겁니다.

닭을 많이 키우는 마을에서는 도망친 닭을 잡느라 한바탕 소동이 벌어질 때도 있습니다. 딱히 닭들이 장난꾸러기인 것은 아니지만, 평소에는 주로 좁은 닭장에 갇혀 있다보니 어쩌다 밖에 나가면 신이 난 나머지 소란을 떨기도 합니다.

닭은 사람이 사육하는 새로, 매일 활기차게 떠들거나 울어대긴 하지만 둔갑 동물이 되는 일은 거의 없습니다. 아주 가끔 둔갑할 수 있는 닭이 나타나더라도, 인간을 보는 눈이 그리 곱진 않습니다. 하다못해 알을 낳아주는 닭들에게는 평소에 고맙다고 말해둡시다.

닭은 키우는 집만 있다면 어디서든 볼 수 있습니다. 대부분 닭장이나 우리 안에 갇혀 있지만, 산속에서는 풀어놓고 키우기도 합니다.

## ■ 족제비

요괴 1　동물 3
어른 0　아이 0

몸이 길고 다리가 짧으며 재빠르게 돌아다니는 족제비는 크기가 고작 30cm 정도밖에 안 되지만, 마을 안에서는 고양이와 어깨를 나란히 하는 빈틈없는 동물로 통합니다. 점프력도 굉장해서 자기 몸길이보다 더 멀리, 자기 머리보다 더 높이 뛰어다닙니다. 나무타기나 수영, 굴파기도 특기라 예상조차 못한 곳에서 보게 될 수도 있습니다. 북쪽 지방에서는 눈에 구멍을 파서 신출귀몰하게 마을을 돌아다닙니다. 게다가 쫓길 때나 놀랐을 때는 엉덩이를 상대 쪽으로 향하고 지독하게 구린 방귀를 뀝니다.

둔갑 동물이 되는 족제비도 많습니다. 단, 고양이보다 더 제멋대로 구는 데다가 어지간해서는 인간에게 접근하지 않습니다. 둔갑 동물끼리는 그 나름대로 친해질 수 있겠지만, 금세 어딘가로 어슬렁어슬렁 떠나버리기 때문에 토지신님이 되지는 못 합니다.

족제비는 사는 장소를 가리지 않습니다. 산속에 사는 담비나 물가에 사는 수달도 족제비의 친척뻘되는 동물입니다. 족제비와 그 친척들은 북쪽에서 남쪽, 해안에서 산속에 이르기까지 온갖 장소에 있습니다.

## ■ 쥐

요괴 0　동물 2
어른 0　아이 0

마을에는 곰쥐나 시궁쥐가, 야산에는 들쥐가, 집안에는 애완용 햄스터가 살고 있습니다. 비록 강한 동물은 아니지만, 쥐는 작고 재빠르며 수가 많을 뿐만 아니라 마을 안에 삽니다. 약간의 틈새만 있으면 어디서든 살 수 있는 쥐들은 상상도 못한 곳에 집을 마련합니다.

신기한 힘을 지닌 둔갑 쥐도 있습니다. 작지만 머리가 좋은 동물로, 자신과 가족을 최우선으로 생각합니다.

쥐들은 재미있어 보이는 것이나 예쁜 것을 보면 집으로 가져가는 습성이 있습니다. 또, 날카로운 이빨로 집이나 나무를 갉아 엉망으로 만들어버리는 것으로도 유명합니다.

쥐가 토지신님이 되는 일은 거의 없습니다. 신비한 힘을 지닌 쥐들은 장난꾸러기로, 언제나 마을의 골칫거리입니다. 쥐들은 고양이나 여우와는 그다지 사이가 좋지 못합니다. 단, 외로움을 많이 타는 토끼와는 친하게 잘 지내는 모양입니다.

쥐들은 어디에나 살고 있습니다. 사람이 사는 마을에는 반드시 쥐가 있으며, 산속이나 물가에서도 쥐를 만날 수 있습니다. 쥐들의 자세한 생태가 알고 싶다면 동물로서의 쥐 항목을 참조하시기 바랍니다.

## ■ 물고기

요괴 0　동물 0 (물속에서는 3)
어른 0　아이 0

연못이나 강, 그리고 바다의 주역은 물고기들입니다. 송사리, 미꾸라지, 붕어, 잉어, 메기…… 여러 종류의 물고기가 마을 곳곳의 물속에 삽니다. 물고기가 사는 물의 세계는 뭍의 세계와 거의 인연이 없습니다. 육지에서야 아무 힘도 못 쓰는 물고기들이지만, 물속에서 그들을 당해낼 생물은 없습니다. 하늘을 나는 새를 손으로 잡을 수 없는 것처럼 물속의 물고기도 손으로 잡을 수 없는 법입니다.

물속 세상의 주역답게 물고기가 연못이나 강의 토지신님이 되는 것도 자주 볼 수 있습니다. 뭍에는 거의 오지 않지만, 둔갑 동물이 되는 물고기도 많습니다. 그들은 물속 세상에서 사는 것을 선호합니다. 둔갑 물고기가 땅 위에 올라오는 것은 낚시꾼이 이상한 물건을 물에 떨어뜨렸거나, 물고기를 너무 많이 잡았을 때 정도입니다. 그럴 때도 그들은 어떻게든 온건하게 일을 해결하고자 합니다. 다른 둔갑 동물들에게 해결을 부탁하는 일도 자주 있습니다. 둔갑 물고기나 물고기 토지신님은 대체로 특정 지역의 물가를 오랫동안 수호합니다. 그래서 여우와는 면식이 있는 것이 보통입니다.

물고기는 어디에나 삽니다. 물이 없는 마을은 없으며, 조금이라도 물이 있다면 그곳에 물고기가 살고 있습니다. 바닷가에 있는 마을이라면 물고기는 더더욱 마을과 떼려야 뗄 수 없는 존재일 것입니다.

## ■ 벌 떼

요괴 0　동물 3~4
어른 0　아이 0

사실 마을에서 가장 위험하고 무서운 동물은 이 조그마한 벌들의 무리입니다. 상상도 못한 곳에 집을 지으며, 별것 아닌 일로 벌집에 사는 벌로부터 일제 공격을 받을 수도 있습니다. 벌들은 수풀이나 처마 밑, 그늘진 곳에 집을 만드는데, 누가 너무 가까이 다가가거나 무심코 건드리면 작은 독침으로 일제히 찌릅니다. 벌들은 재빠르게 하늘을 날 수 있을 뿐만 아니라, 일단 화가 나면 어지간해서는 상대를 용서해주지 않습니다. 집에 들어가 숨거나 물에 뛰어들어서 벌의 분노가 가라앉을 때까지 기다릴 수밖에 없습니다.

벌침에 쏘이면 매우 아프고, 나중에 쏘인 곳이 부어오르거나 열이 나 앓아누울 수도 있습니다. 한 마리 한 마리는 약하지만, 무리를 이룬 벌은 엄청난 힘을 발휘합니다.

벌이 둔갑 동물이나 토지신님이 되는 일은 없습니다. 벌집에는 둔갑 동물이나 토지신님도 함부로 접

근하지 않을 정도입니다. 일단 벌침에 쏘여 보면 벌들에게 참견해서는 안 된다는 사실을 바로 깨달을 수 있습니다.

장소에 따라 종류에 차이는 있지만, 벌은 어디에든 있습니다. 화가 나면 독사보다 위험한 생물입니다. 부디 주의하시기 바랍니다.

### ■ 다른 동물들

저녁이 되면 날아다니는 박쥐. 밤에 활동하는 날다람쥐와 하늘다람쥐. 숲에 사는 다람쥐와 겨울잠쥐. 흙 속에 사는 두더지. 비 오기 전에 울어대는 개구리. 연못을 헤엄치는 거북. 외국에서 찾아와 물가에서 사는 라쿤.

마을에는 그 밖에도 다양한 동물이 삽니다. 지역에 따라서는 더 다양한 동물이 있습니다.

이런 동물들은 사람이나 둔갑 동물과 얽히는 일이 드물어서 여기에서는 소개하지 않겠습니다만, 어쩌면 생각도 못한 곳에서 만날지도 모릅니다. 그런 동물에서 탄생한 토지신님과 만날 수도 있습니다. 그런 동물을 만들 때는 비슷한 동물의 능력을 참조하거나, 이야기꾼 자신이 그 동물에 대해 가지고 있는 인상을 토대로 능력치를 설정합니다.

### ●동물의 능력

마을에 사는 동물 중에는 둔갑 동물이 아니면서도 특별한 힘을 지닌 동물이 있습니다. 이것은 신비한 힘이라고는 할 수 없지만, 특별한 힘입니다.

물고기가 물에서 헤엄치는 능력, 뱀이나 벌의 독, 족제비의 방귀……. 이런 특별한 힘을 다룰 때는 이야기꾼이 직접 판단해서 처리합니다.

마찬가지로, 규칙에서는 따로 소개하지 않았지만 둔갑 동물로서 활동할 수 있는 동물(족제비 등)은 「말을 할 줄 아는 동물」로 간주합니다. 만약 다른 동물의 【특기】 중에서 그들이 사용할 수 있을 만한 것이 있다면, 그대로 사용하게 해도 됩니다. 예를 들어 둔갑 박쥐라면 둔갑 새의 【특기】인 《날개》를 사용할 수 있습니다.

### ●세션에 등장하는 동물

이야기꾼이 세션에 등장시키는 동물은 이야기에 참가한 둔갑 동물들에게 무언가를 부탁하거나 전해주는 역할을 맡습니다. 혹은 깊은 산속에 들어갔을 때의 묘사에 사용할 수도 있습니다.

동물들과 만나면서 시작하는 이야기는 각 동물이 어떤 곳에 사는지를 잘 생각하면서 만들어야 합니다.

또, 둔갑 동물들은 자신과 같은 종류의 동물하고만 대화를 할 수 있다는 점을 기억해둡시다. 마을에 내려온 곰을 산으로 돌려보낼 때, 둔갑 동물들은 말로 곰을 설득할 수 없습니다.

각 동물이 어떤 이야기를 만들 수 있는지는 각 동물의 설명을 읽고 생각해봅시다.

### ●동물이 되어 이야기에 참가한다

『저녁노을 어스름』을 여러 번 해보고, 세션 참가에 익숙해지면 이야기꾼의 허가를 받아 동물로 세션에 참가해볼 수도 있습니다.

단, 동물들은 사람과도, 둔갑 동물과도 대화를 할 수 없습니다.

몸짓이나 울음소리로 모든 것을 표현해야만 하는 셈입니다.

예를 들어 원숭이로 참가한다면, 소매를 잡아끌거나 울어서 경고하는 정도로밖에 자신의 의사를 전달할 수 없습니다. 참가자의 풍부한 표현력과 상상력을 요구하므로 난이도가 높습니다. 충분히 게임에 익숙해져서 조금 특이한 방식에 도전하고 싶을 때 시도해봅시다.

그리고 처음으로 세션에 참가할 때, 혹은 처음으로 함께 게임을 하는 사람이 있을 때는 동물로 세션에 참가하는 것은 삼갑시다. 이것은 어디까지나 매번 함께 게임을 하는 멤버로 세션을 할 때, 가벼운 자극을 가미하기 위한 예외적인 규칙입니다.

동물도 둔갑 동물과 똑같이 만듭니다. 단, 동물은 사람으로 둔갑할 수도 없고, 【특기】를 사용할 수도 없습니다. 사용할 동물의 능력치를 보고, 반드시 그만큼의 수치를 채워야 합니다. 예를 들어 곰으로 참가한다면 【동물】은 6이 됩니다(능력치는 4 이하여야 한다는 원칙은 적용하지 않습니다). 물론 이야기꾼이 인정한다면 새끼 곰이나 늙은 곰으로 설정해서 수치를 바꿀 수도 있습니다.

동물에 따라서는 이야기꾼의 지시로 불편한 【약점】을 가질 수도 있고, 물고기나 벌 떼처럼 애초부터 참가용으로는 전혀 어울리지 않는 동물도 있습니다. 동물로 참가하고 싶다면 이야기꾼과 잘 의논한 뒤에 결정합시다.

# 🐾 둔갑 동물과 현실의 동물 🐾

『저녁노을 어스름』에는 동물, 또는 특정 동물에 바탕을 둔 둔갑 동물 등이 등장합니다. 그런 캐릭터를 연기할 때는 동물 도감을 읽어보면 여러모로 참고가 될 것입니다. TV로 동물에 관한 방송을 보거나, 동물원에 견학을 가보는 것도 RP에 도움이 됩니다.

단, 참가자는 현실의 동물에 지나치게 얽매이지 않아도 됩니다. 둔갑 동물은 현실의 동물 그 자체가 아니며, 이야기에 등장하는 동물들도 어디까지나 가공의 캐릭터입니다.

만약 당신이 동물에 해박하더라도, 현실의 지식을 근거로 다른 PL이나 이야기꾼의 연출을 틀렸다고 지적하는 것은 바람직하지 못합니다. 또, 『저녁노을 어스름』 세계에 어울리지 않는 잔혹한 연출을 해서는 안 됩니다.

그런 지식은 어디까지나 자신의 RP를 더욱 생생하게 살리는 목적으로만 활용합시다. 물론 다른 참가자가 물어봤을 때 당신이 아는 것을 가르쳐주는 것은 좋은 일입니다. 다 함께 즐기면서 이야기를 만들어가는 것이야말로 세션의 목적입니다. 이 사실을 꼭 기억하시기 바랍니다.

동물과 인간은 나이가 같아도 성장 정도가 다르지만, 그것을 일일이 환산하는 것은 부담스러운 일입니다. 세션에서는 「이 캐릭터는 인간으로 치면 ○살 정도입니다」라고 설명하면 충분합니다.

둔갑 동물은 실제 동물처럼 다른 동물, 특히 동료 둔갑 동물을 잡아먹지 않습니다. 둔갑 고양이와 둔갑 쥐가 친구가 되는 일도 드물지 않습니다.

PC는 【약점】을 취득하지 않는 한 원래의 동물이 꺼리는 상황에 맞닥뜨려도 규칙상으로 불이익을 받지 않습니다(PL이 그렇게 연출하는 것은 자유입니다).

음식 또한 마찬가지입니다. 『저녁노을 어스름』에 등장하는 둔갑 동물이나 토지신님은 인간과 같은 것을 먹고 마실 수 있습니다. 물론 현실의 동물에게는 인간이 먹는 음식이나 과자를 주면 안 됩니다!

# 사람들

마을에는 많은 사람이 삽니다.

그들은 모두 열심히 하루하루를 살아가고 있습니다.

다들 자기만의 고민이 있고, 그 나름의 행복을 누립니다.

둔갑 동물들은 사람들과 만나 이것저것 이야기를 나누거나, 여러 가지 도움을 주거나, 혹은 도움을 받거나 하면서 하루하루를 보냅니다.

사람은 이야기의 또 다른 주역입니다. 사람과의 만남은 그 모두가 하나의 이야기입니다.

처음으로 만난 사람과 이야기를 나누고, 서로에 대해 알아가는 것이야말로 이야기인 셈입니다.

그럼 이제 마을에 어떤 사람들이 있는지 살펴봅시다. 그리고 그들이 어떤 고민을 품고 있는지 지켜봅시다.

### ▶ ■ 외로움쟁이

**요괴 0  동물 1**

**어른 2  아이 2**

내성적이지만 혼자 있기는 싫어서 열심히 다른 이들의 관심을 끌려고 노력하는…… 그런 아이는 어디에나 있습니다.

딱히 누구의 잘못도 아닌 일로 혼자 끙끙 앓고, 누구에게도 폐를 끼치지 않으려고 자기 혼자 고민하는 사람.

사실은 더 많은 일을 할 수 있고, 더 많은 이에게 사랑받을 수 있는데도 그게 잘 안 되는 사람.

그런 사람이야말로 둔갑 동물들이 친하게 지내줘야 할 사람입니다. 외로움쟁이는 자신이 쓸쓸해한다는 자각 자체가 없을 수도 있습니다. 남들이 친근하게 대해줘도 사양하곤 하는데, 그러면서도 왜 자신이 솔직하게 굴지 못하고 그런 행동을 하는지 이해하지 못합니다.

천천히…… 상냥하게 포용해줍시다.

◀ 그들을 외로움에서 구해줄 수 있는 것은 친구들뿐입니다.

### 이야기의 소재

학교나 가정에서 있는 그대로 자신을 드러내지 못해 고민합니다. 미움 받기 싫어서 하고 싶은 말을 하지 못합니다. 홀로 방에서 책을 읽으며 한숨만 쉽니다. 여러분과의 신비한 체험을 아무도 믿어주지 않아 울고 있습니다. 내성적이라 친구를 잘 사귀지 못해 홀로 외롭게 집에 돌아갑니다. 집에 돌아가도 부모님이 직장에서 돌아오지 않아 외톨이로 지냅니다.

### ■ 골목대장

**요괴 0  동물 2**

**어른 1  아이 2**

아이들의 리더격인 존재로, 항상 앞장서서 말썽을 부립니다.

주로 씩씩하고 덩치 큰 아이가 맡지만, 위세와 배짱만으로 골목대장이 되는 아이도 있습니다.

지금까지 기가 약했던 아이가 마음을 굳게 먹거나, 난폭한 아이가 모두의 인망을 잃거나…… 그런 사소한 계기로 골목대장 자리가 다른 아이에게 넘어가기도 합니다. 무슨 일이든 솔선해서 나서야 하므로 그렇게 편한 입장은 아닙니다.

둔갑 동물들이 아이들과 만났을 때 가장 먼저 말을 거는 것은 분명 이런 아이일 겁니다.

### 이야기의 소재

자기가 먼저 장난을 치자고 이야기를 꺼내는 바람에 이제 와서 그만하자고 말할 수 없어 고민합니다. 본의 아니게 친구나 가족과 싸우고, 어쩔 줄 몰라 고민합니다. 누군가를 좋아하게 되었는데 어떻게 해야 할지 몰라 쩔쩔맵니다. 가벼운 장난이 큰 사건으로 번져 마음고생을 합니다. 놀러 나가고 싶었는데 비가 와서 우울해합니다. 감기에 걸렸는데 아무도 문병을 와주지 않아 외로워합니다.

### ■ 범생

요괴 0  동물 1
어른 3  아이 1

매우 성실한 우등생입니다.

다른 이들을 배려하느라 항상 손해만 보지만, 그래도 매일 열심히 노력합니다. 자신의 가치나 입장을 스스로 정해버리는 바람에 항상 고민하고, 괴로워합니다.

어깨의 힘을 좀 뺄 수 있게 도와줍시다.

마음을 편히 먹게 해줍시다.

겉보기에는 여전히 고지식하게 구는 것처럼 보일 수 있습니다. 하지만 여러분이 다른 관점을 가르쳐주면 분명 지금까지와는 다른 무언가를 손에 넣을 겁니다.

성실한 것, 잔소리를 다소 자주 하는 것은 결코 결점이 아닙니다. 그저 조금 서툰 것일 뿐입니다.

#### 이야기의 소재

실수로 물건을 잃어버리거나 집에 두고 와서 곤경에 처합니다. 사소한 실수로 굉장히 낙담합니다. 모르는 걸 아는 척했다가 궁지에 몰립니다. 울거나 불만을 토로하고 싶은데 차마 그러지 못합니다. 좋아하는 사람이 생겼는데 그 사실을 인정하지 못합니다. 혼자 고지식하게 굴다가 모두에게 따돌림을 당합니다.

### ■ 귀한 아가씨

요괴 0  동물 1
어른 3  아이 3

자연에 둘러싸인 마을에도 부잣집이나 뼈대 있는 가문은 있는 법입니다. 그런 집에서 태어난 아가씨는 다른 아이들과는 조금 다른 존재입니다. 부모님께 많은 것을 받았지만, 동시에 눈에 보이지 않는 많은 것들을 빼앗깁니다.

아가씨의 눈에 바깥 세상은 눈부실 정도로 아름다워 보이며, 둔갑 동물들과의 만남이나 짧은 대화조차 빛나는 추억으로 남을 것입니다.

아가씨의 인생은 곧은 길과도 같습니다. 그 길은 다른 누구의 길보다도 안전하고, 넘어질 염려도 없는 길입니다. 하지만 아가씨는 길을 잃어보거나, 딴짓을 해보고 싶어합니다. 길가에서 갑자기 둔갑 동물이 튀어나온다면, 아가씨는 틀림없이 말을 걸며 친구가 되어달라고 할 것입니다.

#### 이야기의 소재

집의 엄격한 관습 탓에 내심 지쳤습니다. 좋아하는 사람이 생겼는데 부모님께 말하지 못하고 있습니다. 야산이나 들에서 어린애처럼 놀고 싶어합니다. 지쳐 잠든 둔갑 동물과 엉뚱한 곳에서 마주칩니다. 갑자기 내린 비에 흠뻑 젖어, 비를 피하면서 불안한 마음에 웁니다. 둔갑 동물들과 함께 화초를 키웁니다. 누군가가 자신을 짝사랑한다는 사실을 전혀 알아차리지 못합니다.

### ■ 전도다난 커플

요괴 0  동물 1
어른 2  아이 2

무엇 하나 마음이 맞는 구석이 없는 연인들.

자기들이 정말로 사귀는 사이이긴 한지 자신이 없는 아이들. 아직 서로를 사랑한다는 자각조차 없는 어린 연인들. 짝사랑 중인 아이. 솔직하지 못한 고집불통들의 연애. 자신이 상대와 어울린다는 자신감이 없는 사람. 그들의 사랑은 위태로우면서도 훈훈하고, 동시에 애가 탑니다. 곁에서 보고 있으면 무심코 참견하고 싶어질 정도로 말입니다.

아주 사소한 계기만 있으면 진짜 연인이 될 수 있을 텐데, 아직까지는 서로 엇갈리기만 합니다.

그런 두 사람을 보고 있으면 꼭 둔갑 동물들이 아니라도 참견을 안 할 수가 없습니다.

참견이 참견을, 오해가 오해를 부르고…… 그러다 보면 어느새 하나의 이야기가 만들어져 있을 겁니다.

#### 이야기의 소재

사소한 일로 다투고, 서로 용서하고 싶은데 그러지 못합니다. 묘한 데서 고집을 부려 자기 마음을 솔직하게 표현하지 못합니다. 주위 사람들이 놀려대는 바람에 본심과 반대되는 말을 해버립니다. 단순히 상대의 반응을 신경 쓰느라 마음을 털어놓지 못합니다. 둔갑 동물을 짝사랑하는 사람, 혹은 둔갑 동물이 짝사랑하는 사람이 나타납니다.

### ■ 형제자매

요괴 0  동물 1
어른 1  아이 2

태어났을 때부터 줄곧 깊은 인연으로 연결되어 있는 이들입니다. 피로 이어진 그들은 떼려야 뗄 수 없고, 잊으려야 잊을 수 없는 관계입니다. 사소한 말다툼 정도는 아무렇지도 않게 극복할 수 있는 굳건한 인연으로 맺어진 사이입니다.

하지만 계속 함께할 수는 없는 관계이기도 합니다.
그래서 둔갑 동물들은 때때로 그들 사이에 끼어들어야 합니다. 화해를 시켜야 할 때도 있습니다.

그들만의 공간에 끼어들어 봅시다. 혼자서는 알 수 없는 것, 할 수 없는 것을 배울 수 있을 겁니다. 혹은 무언가를 가르쳐줄 수 있을 겁니다.

어디서나 볼 수 있는, 누구나 가지게 될 가능성이 있는 인연인 만큼 함께 어울리는 것에는 큰 의미가 있습니다. 어쩌면 어느 날, 둔갑 동물들에게도 형제나 자매가 나타날지도 모릅니다!

### 이야기의 소재

연상이 연하에게 억지를 부립니다. 연하가 연상에게 버릇없이 굽니다. 심하게 다투다 연하 쪽이 울어버립니다. 쌍둥이가 서로가 서로인 척 장난을 칩니다. 연상이 자기가 양보해야 할 상황에서 고집을 부립니다. 사이가 좋은 나머지, 연하가 연상에게 응석을 부립니다. 둔갑 동물들에게도 실은 형제자매가 있었습니다.

### ■ 농부

요괴 0　동물 2
어른 2　아이 1

밭이나 논에서 채소나 과일, 쌀을 재배하며 사는 사람입니다.

바닷가라면 어부도 마찬가지로 취급합니다.

농부는 수확한 작물을 파는데, 작물 중에는 맛에 문제가 없어도 겉모양이 이상해서 팔지 못하는 것도 있습니다. 농부들은 그런 작물을 동네의 이웃들에게 나눠줍니다. 갓 수확한 작물은 모두 맛있습니다. 물론 사이가 좋다면 둔갑 동물들에게도 나눠줍니다!

마을에는 농가가 잔뜩 있고, 산의 계단식 밭이나 논, 용수로, 저수지, 심지어 각 가정의 정원에서도 다양한 작물을 키웁니다. 마을에서는 대부분의 먹을거리를 자급자족으로 조달하는 셈입니다.

### 이야기의 소재

둔갑 동물들에게도 과일이나 작물을 나눠줍니다. 둔갑 동물들이 농삿일을 도와주고 뭔가 답례를 받습니다. 논밭 사이로 난 길을 지나가던 자동차나 자전거가 논에 빠집니다. 밭을 어지럽히는 멧돼지나 원숭이를 어떻게 해달라고 부탁합니다. 놀고 있던 아이가 논이나 용수로에 빠집니다. 밭에서 무언가 오래된 물건이 발굴됩니다. 그렇게 발굴한 것이 여우나 토지신님과 관계가 있는 물건입니다.

### ■ 도시 사람

요괴 0　동물 1
어른 4　아이 0

도시에서 온 전학생, 시골로 부임한 교사, 출장을 온 어른. 이 마을보다 더 개발된 도시에서 온 사람들입니다.

도시는 워낙 바빠서 신비한 경험에 눈을 돌릴 여유조차 없습니다. 그래서 그들은 처음으로 둔갑 동물이나 신비한 사건을 접하면 쉽게 믿지 못합니다.

도시 사람은 [깜짝] 놀랄 때 능력치가 2 감소합니다. 그만큼 심하게 놀라는 셈입니다.

하늘 가득히 떠 있는 별, 강 위를 날아다니는 반딧불이, 비 오기 전에 들려오는 까마귀 울음소리, 시끄러울 정도로 크게 들려오는 매미 소리. 도시에서는 볼 수 없었던 것들을 접하다 보면 처음에는 받아들이지 못했던 신비한 일들도 점차 받아들이게 됩니다.

그리고 언젠가 둔갑 동물들과도 친해질 것입니다.

### 이야기의 소재

익숙하지 않은 시골 마을에서 길을 잃습니다. 도시의 상식에 사로잡혀 둔갑 동물들을 받아들이지 못합니다. 모처럼 만났는데 집에 틀어박혀 함께 놀아주지 않습니다. 새로운 생활에 적응하지 못해서 병에 걸립니다. 자연에 익숙하지 못한 탓에 다칩니다. 친구를 사귀지 못해 외로워합니다. 낯선 동물을 보고 당황합니다.

### ■ 아기

요괴 0　동물 0
어른 0　아이 3

작고 귀여운 아기는 마을의 모두가 애지중지하는 존재입니다.

울고, 웃고…… 둔갑 동물들도 아기와 함께 놀 기회가 여러 번 있을 것입니다.

아기는 주위 사람들에게 여러모로 수고를 끼치지만, 그 웃는 얼굴을 보면 어떤 노고도 싹 씻겨나갑니다. 아기를 돌보는 것은 보통 아빠나 엄마의 역할이지만, 어떤 사정으로 둔갑 동물들이나 마을 주민들이 대신 돌볼 때도 있습니다.

특히 엄마가 몸이 안 좋다면 아기가 태어난 후에도 자주 병원에 가야 합니다. 그럴 때 아기를 돌보는 것은 다른 가족들이나 주민들, 그리고 둔갑 동물들의 역할입니다.

### 이야기의 소재

엄마나 아빠가 잠시 눈을 뗀 사이에 어디론가 가 버립니다. 한창 집을 보고 있을 때 아기가 뭔가 사고를 칩니다. 엄마나 아빠가 일이 생겨서 둔갑 동물들에게 대신 아기를 돌봐달라고 부탁합니다. 엄마가 집을 비운 사이에 아빠가 아기를 돌보느라 고생합니다.

### ■ 호랑이 아저씨

**요괴 0  동물 1**
**어른 2  아이 0**

아이들이 장난을 치면 큰소리로 화를 내며 설교하는 아저씨입니다.

자주 학생을 꾸짖는 학교 선생님도 마찬가지로 취급합니다.

까탈스럽고 성질이 급해서 금세 화를 내곤 하지만, 딱히 아이를 싫어하는 것은 아니고, 천성이 난폭한 사람도 아닙니다. 아이들을 걱정해서 화를 낼 때도 있고, 사실은 아이들의 호감을 사고 싶으면서도 솔직하지 못해서 화를 낼 때도 있습니다.

어른들 사이에서 아저씨는 결코 나쁜 사람이 아닙니다. 둔갑 동물들에 관해 잘 모른다면 다른 아이들에게 그러는 것처럼 야단을 치기도 합니다. 【어른】으로 충분한 수치를 제시한 둔갑 동물이라면 아저씨의 속마음을 잘 이해할 수 있을 것입니다.

### 이야기의 소재

지나치게 화를 냈다가 아이를 울려버린 아저씨가 어쩔 줄 몰라 쩔쩔맵니다. 술에 취한 아저씨가 울면서 둔갑 동물들에게 옛날 일을 이야기합니다. 둔갑 동물들의 정체를 알고도 변함없이 야단을 칩니다. 야단 맞은 아이가 자기 대신 아저씨를 찾아가 달라고 둔갑 동물에게 부탁합니다. 똑바로 사과했더니 아저씨가 간식을 줍니다.

### ■ 선생님

**요괴 0  동물 1**
**어른 3  아이 3**

소설가, 도예가, 화가, 의사, 학자, 교장 선생님……. 모두가 약간의 존경심을 품고 대하는 사람입니다.

마을 사람들에게 선생님이라 불리면서 때로는 바쁘게, 때로는 지루한 얼굴로 하루하루를 살아가는 이들은 아이들과도 사이가 좋습니다. 실제로 만난다면 둔갑 동물들과도 금세 친해질 사람입니다.

선생님은 어른이지만, 동시에 매우 어린애 같은 구석도 있습니다.

그래서 다들 선생님을 좋아하고 존경합니다. 선생님은 아는 것이 많고, 아이들이나 동물들과도 잘 놀아줍니다. 생각나는 대로 여러 가지 새로운 놀이를 가르쳐주기도 합니다.

그리고 선생님 또한 아이들이나 둔갑 동물, 동물들에게 다양한 것들을 배웁니다.

### 이야기의 소재

놀아주지 못할 정도로 바쁠 때 자기도 모르게 화를 냈다가 나중에 사과하러 옵니다. 도시에서 온 사람들이 선생님 댁을 자주 방문하는데, 그 와중에 누군가와 만납니다. 선생님과 함께 밖에서 놀다가 예상 외의 무언가를 발견합니다. 선생님 댁에 사는 개나 고양이를 만납니다.

### ■ 슈퍼 아줌마

**요괴 0  동물 1**
**어른 1  아이 2**

마을에서 막과자집을 겸한 작은 슈퍼를 관리하는 아줌마(할머니?)입니다.

아이들을 좋아하며, 항상 둔갑 동물들에게 과자를 줍니다. 보통은 새전을 받고 사는 여우가 돈을 내지만, 그 대신 일을 도와줄 때도 있습니다. 고양이나 새는 그냥 주는 대로 받기만 하는 모양입니다만…….

슈퍼 아줌마는 세월이 흘러도 여전히 어린애의 모습으로 찾아오는 둔갑 동물들의 정체를 어렴풋이 알아차렸지만, 그래도 차별하지 않고 대해줍니다.

가게에는 옛날부터 팔고 있는 종류의 과자와 장난감, 그리고 생활용품이 있습니다. 평범한 음식이나 약, 책이나 신문을 파는 가게도 있습니다. 이런 가게는 마을에 몇 군데 있는데, 본래는 서점이나 막과자집이었다가 지금의 가게로 바뀐 곳도 있습니다.

둔갑 동물들, 그리고 어린이를 비롯한 마을 사람들에게는 없어서는 안 되는 장소입니다.

### 이야기의 소재

아줌마가 감기로 앓아눕거나 일이 생겨 자리를 비울 때 둔갑 동물들에게 가게를 봐 달라고 부탁합니다. 둔갑한 지 오래된 둔갑 동물이 젊은 시절의 그녀와 친구였습니다. 집안에서 간단한 일을 도와줬더니 과자를 줍니다. 가게 앞에서 과자를 먹다가 잠든 둔갑 동물을 이부자리에 눕힙니다. 팔다 남은 상품을 나눠 줍니다.

### ■ 스님

**요괴1　동물1**
**어른2~　아이1**

마을에 있는 절의 스님입니다.

여기에서는 스님으로 소개하지만, 신사의 신주님이나 (만약 있다면) 성당의 신부님도 마찬가지로 취급합니다. 신비한 존재가 잔뜩 사는 이 마을에서도 가장 자주 이상한 체험을 하곤 하는 사람입니다.

그래서 스님은 어지간한 일로는 놀라지 않습니다. 둔갑 동물들이나 토지신님에 대해서도 알고 있습니다. 스님은 [깜짝] 놀라는 판정을 할 때, 【마음】을 쓰지 않고도 항상 능력치가 4 높아집니다.

스님은 항상 자기가 머무는 절(또는 신사나 성당)에 있습니다. 둔갑 동물들이 놀러가도 따뜻하게 맞이해줍니다. 사람에 관한 일로 고민이 생겼을 때는 스님에게 상담해봅시다. 인간만이 떠올릴 수 있는 지혜를 빌려줄지도 모릅니다.

#### 이야기의 소재

스님이 묘지에서 노는 아이들이나 둔갑 동물들을 야단칩니다. 누군가가 절에서 장난을 쳤을 때, 둔갑 동물들이 오해받습니다. 스님이 둔갑 동물들에게 불사(佛事)나 제사를 거들어달라고 부탁합니다. 비를 피해 절에 들어갔더니 스님이 안으로 들어오라고 권합니다.

### ■ 무녀님

**요괴1　동물1**
**어른1~　아이2**

마을 신사의 따님으로, 무녀 일을 하는 여자아이입니다.

신사에 가면 하얀 무녀복과 빨간 하카마(*역주: 통이 매우 넓은 붉은색 하의.)를 입은 검은 장발의 무녀님이 경내를 청소하는 모습을 자주 볼 수 있습니다.

근처에 신사를 둔 여우가 있다면 어린 시절부터 친하게 지냈을 겁니다. 무녀님은 둔갑 동물들이 존재한다는 것도, 토지신님에 관해서도 알고 있습니다. 그래서 [깜짝] 놀라는 판정을 할 때, 【마음】을 쓰지 않고도 항상 능력치가 2 높아집니다.

무녀님은 매일 청소를 하거나 공양을 올리며 느긋하게 한결같은 하루하루를 보냅니다. 둔갑 동물들이나 신사에 놀라온 아이들의 좋은 상담 상대가 되어 줄 것입니다.

#### 이야기의 소재

평범한 여자애를 동경합니다. 집이 엄격해서 마음껏 놀지 못합니다. 토지신님이나 둔갑 동물과 어렸을 적에 어떤 약속을 나눴습니다. 운동을 못하는 무녀님이 친구로 지내는 여우에게 운동회 날 비를 내려달라고 부탁합니다. 자기 실수를 무심코 여우 탓으로 돌렸다가 나중에 사과하러 옵니다. 사소한 일로 여우와 다툽니다. 가을이나 겨울에 쓸어모은 낙엽으로 모닥불을 피웁니다.

### ■ 떠나는 사람

**요괴0　동물1**
**어른1~　아이1~**

이제 곧 이 마을을 떠날 사람.

먼 곳으로 가버립니다. 가정 사정? 자신의 꿈을 위해서? 어쩌면 그보다 더 피하기 어려운 이유가 있을지도 모릅니다.

그 사람은 다른 마을로 가 버립니다. 어쩌면…… 이 세계 자체를 떠나 머나먼 어딘가로 가버릴지도 모릅니다.

여하튼 이 사람은 이제 곧 사라집니다.

등장하는 것은 이 이야기로 끝. 다음에 등장하는 것은 몇 년 뒤일 수도 있고, 어쩌면 더는 등장하지 않을 수도 있습니다.

떠나는 사람이 등장하는 이야기의 마지막 [장면]은 이별 장면입니다. 다 함께 배웅해줍시다. 하고 싶은 말을 미처 하지 못한 채 떠나지 않도록.

#### 이야기의 소재

좋아하는 사람, 소중한 사람, 친구, 선생님, 혹은 그들 모두에게 하고 싶은 말이 있습니다. 이사 간다는 사실을 친구들에게 미처 전하지 못했습니다. 이루지 못한 약속이 있습니다. 사과해야만 하는 일이 있습니다. 좋아하는 사람에게 좋아한다고 말하고 싶습니다. 그리고 그 상대는 어쩌면 사람이 아니라 둔갑 동물 중 누군가일지도 모릅니다.

### ● 이야기 속의 사람

사람에게는 신비한 힘이 전혀 없습니다. 사용할 수 있는 것은 【마음】뿐입니다.

그래서 사람은 혼자서는 아무것도 하지 못합니다. 누군가가 「마음을 전해주지 않으면」 사람은 강해질 수 없습니다. 따라서 설명에 특수한 수정치가 언급된 사람을 제외하면, 다들 특별한 【특기】는 가지고 있지 않습니다.

이야기에서 만나는 사람들은 모두 작은 고민이나 자그마한 이야기의 계기를 품고 있습니다. 둔갑 동물들이 거기에 개입해서 함께 고민하고, 문제를 해결하면 이야기는 무르익습니다.

다만, 기억해두시기 바랍니다.

이 게임의 이야기에 필요한 것은 사건이 아닙니다. 만남과 교류입니다.

### ● 사람으로 참가한다

『저녁노을 어스름』을 여러 번 해보고, 세션 참가에 익숙해지면 이야기꾼의 허가를 얻어 사람으로 세션에 참가해볼 수도 있습니다.

단, 사람은 둔갑 동물이나 동물만큼 자유롭지 못합니다.

어린아이라면 밖에서 하룻밤을 지새는 것은 무리일 것이고, 학교를 땡땡이치고 쉴 수도 없습니다. 그 탓에 이야기에 따라서는 참가 자체에 문제가 생겨, 종종 해당 PC가 등장하지 못하는 [장면]이 생길 때도 있습니다. 충분히 게임에 익숙해져서 조금 특이한 방식에 도전하고 싶을 때 시도해봅시다.

그리고 처음으로 세션에 참가할 때, 혹은 처음으로 함께 게임을 하는 사람이 있을 때는 사람으로 세션에 참가하는 것은 삼갑시다. 이것은 어디까지나 매번 함께 게임을 하는 멤버로 세션을 할 때, 가벼운 자극을 가미하기 위한 예외적인 규칙입니다.

사람 PC도 둔갑 동물과 똑같이 만들지만, 그들은 둔갑하거나 【특기】를 사용할 수 없습니다. 【약점】도 없습니다. 비슷한 유형에 해당하는 사람의 능력치를 참조해서, 반드시 그만큼의 수치를 채워야 합니다. 예를 들어 「귀한 아가씨」로 참가할 때는 「동물1/어른3/아이3」이 됩니다. 또, 사람은 【요괴】와 【동물】을 2 이하로만 가질 수 있습니다. 그 대신 【어른】은 최대 5까지 가질 수 있습니다.

여하튼 사람 PC로 세션에 참가할 때는 이야기꾼과 잘 상의해서 결정해야 합니다.

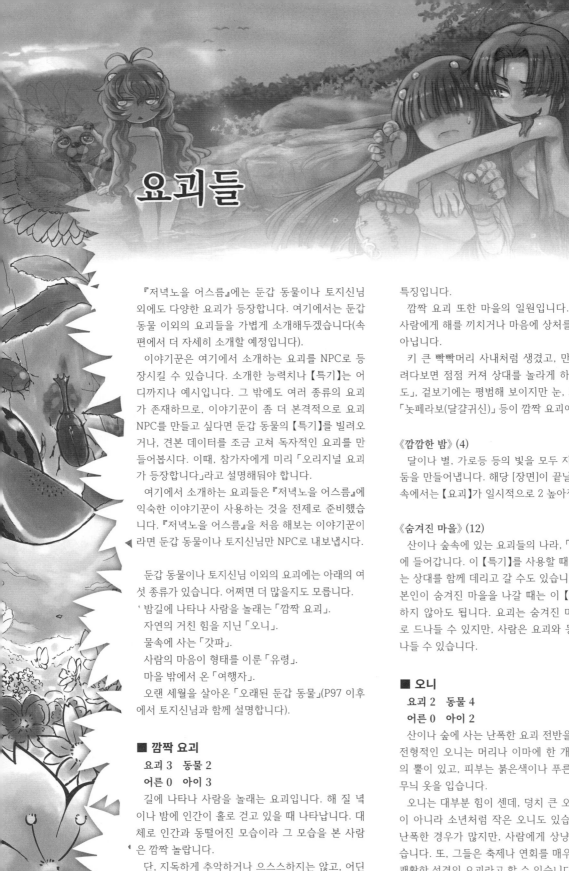

# 요괴들

『저녁노을 어스름』에는 둔갑 동물이나 토지신님 외에도 다양한 요괴가 등장합니다. 여기에서는 둔갑 동물 이외의 요괴들을 가볍게 소개해두겠습니다(속 편에서 더 자세히 소개할 예정입니다).

이야기꾼은 여기에서 소개하는 요괴를 NPC로 등 장시킬 수 있습니다. 소개한 능력치나 【특기】는 어 디까지나 예시입니다. 그 밖에도 여러 종류의 요괴 가 존재하므로, 이야기꾼이 좀 더 본격적으로 요괴 NPC를 만들고 싶다면 둔갑 동물의 【특기】를 빌려오 거나, 견본 데이터를 조금 고쳐 독자적인 요괴를 만 들어봅시다. 이때, 참가자에게 미리 「오리지널 요괴 가 등장합니다」라고 설명해줘야 합니다.

여기에서 소개하는 요괴들은 『저녁노을 어스름』에 익숙한 이야기꾼이 사용하는 것을 전제로 준비했습 니다. 『저녁노을 어스름』을 처음 해보는 이야기꾼이 라면 둔갑 동물이나 토지신님만 NPC로 내보냅시다.

둔갑 동물이나 토지신님 이외의 요괴에는 아래의 여 섯 종류가 있습니다. 어쩌면 더 많을지도 모릅니다.
· 밤길에 나타나 사람을 놀래는 「깜짝 요괴」.
　자연의 거친 힘을 지닌 「오니」.
　물속에 사는 「갓파」.
　사람의 마음이 형태를 이룬 「유령」.
　마을 밖에서 온 「여행자」.
　오랜 세월을 살아온 「오래된 둔갑 동물」(P97 이후 에서 토지신님과 함께 설명합니다).

## ■ 깜짝 요괴

요괴 3　동물 2
어른 0　아이 3

길에 나타나 사람을 놀래는 요괴입니다. 해 질 녘 이나 밤에 인간이 홀로 걷고 있을 때 나타납니다. 대 체로 인간과 동떨어진 모습이라 그 모습을 본 사람 은 깜짝 놀랍니다.

단, 지독하게 추악하거나 으스스하지는 않고, 어딘 가 애교가 있는 모습을 하고 있는 것이 깜짝 요괴의 특징입니다.

깜짝 요괴 또한 마을의 일원입니다. 그들은 결코 사람에게 해를 끼치거나 마음에 상처를 주는 괴물이 아닙니다.

키 큰 빡빡머리 사내처럼 생겼고, 만난 사람이 올 려다보면 점점 커져 상대를 놀라게 하는 「미아게뉴 도」, 겉보기에는 평범해 보이지만 눈, 코, 입이 없는 「놋페라보(달걀귀신)」 등이 깜짝 요괴에 속합니다.

### 《깜깜한 밤》(4)

달이나 별, 가로등 등의 빛을 모두 지워 깜깜한 어 둠을 만들어냅니다. 해당 [장면]이 끝날 때까지 어둠 속에서는 【요괴】가 일시적으로 2 높아집니다.

### 《숨겨진 마을》(12)

산이나 숲속에 있는 요괴들의 나라, 「숨겨진 마을」 에 들어갑니다. 이 【특기】를 사용할 때, 【인연】이 있 는 상대를 함께 데리고 갈 수도 있습니다. 깜짝 요괴 본인이 숨겨진 마을을 나갈 때는 이 【특기】를 사용 하지 않아도 됩니다. 요괴는 숨겨진 마을을 마음대 로 드나들 수 있지만, 사람은 요괴와 동행해야만 드 나들 수 있습니다.

## ■ 오니

요괴 2　동물 4
어른 0　아이 2

산이나 숲에 사는 난폭한 요괴 전반을 가리킵니다. 전형적인 오니는 머리나 이마에 한 개에서 여러 개 의 뿔이 있고, 피부는 붉은색이나 푸른색이며, 호피 무늬 옷을 입습니다.

오니는 대부분 힘이 센데, 덩치 큰 오니만 있는 것 이 아니라 소년처럼 작은 오니도 있습니다. 성격이 난폭한 경우가 많지만, 사람에게 상냥한 오니도 있 습니다. 또, 그들은 축제나 연회를 매우 좋아합니다. 쾌활한 성격의 요괴라고 할 수 있습니다.

그래서 사람들은 오니를 두려워하는 동시에 친숙하게 여기기도 합니다. 오니가 사는 마을의 주민이라면 많은 이들이 오니의 존재를 알고 있을 것입니다. 물론 오니가 마을 안을 돌아다닌다면 다들 [깜짝] 놀라겠지만 말입니다.

「오니」라는 단어는 요괴 전체를 가리키는 말로 사용하기도 하지만, 『저녁노을 어스름』에서는 여기에서 소개한 의미로 한정해서 사용합니다.

전형적인 오니 외에도 산에 사는 노파 모습의 「야만바」, 외눈 외다리의 「잇폰다타라」, 사람으로 둔갑하게 된 「곰」이나 「멧돼지」 등도 오니에 속합니다.

### 《천하장사》(0)

매우 힘이 센 오니입니다. 팔씨름처럼 얼마나 힘이 센지를 판정할 때는 【동물】이 2배가 됩니다. 단, 【마음】으로 높인 수치는 2배가 되지 않습니다.

### 《백귀야행》(30)

온 마을의 요괴들을 불러 대행진을 합니다. 행렬은 [장면]이 끝날 때까지 이어지며, 참가한 모든 요괴는 모든 【특기】를 절반의 【신비】로 사용할 수 있습니다. 단, 이 【특기】는 시간대가 밤인 장면에서만 사용할 수 있습니다.

## ■ 갓파

**요괴 2　동물 2**
**어른 1　아이 3**

물에 사는 요괴들입니다.

전형적인 갓파는 피부가 개구리처럼 녹색을 띠며, 등에는 등딱지, 손발에는 물갈퀴가 있고, 정수리에는 접시가 있습니다. 수영을 잘하며, 연못이나 강에 삽니다. 장난을 좋아하는 까불이가 대부분인데, 좋아하는 음식인 오이나 물고기를 먹으며 태평하게 삽니다.

갓파의 집은 물속에 있지만, 호기심 강한 젊은 갓파들은 종종 사람으로 둔갑해 마을에 찾아옵니다. 물에 사는 동물이 둔갑 동물이 되면 대체로 갓파의 동료가 됩니다. 여우나 너구리 같은 뭍의 둔갑 동물들과도 사이가 좋습니다.

마을에 사는 많은 이들이 물가에 갓파가 사는 것을 아는데, 무서워하면서도 친근하게 여기는 모양입니다. 물에 빠질 뻔한 아이를 구해줄 때도 있습니다.

상반신이 여성이고 하반신이 물고기인 「인어」, 사람으로 둔갑하는 힘을 얻은 커다란 「거북」이나 「개구리」, 바다에서 온 「고래」나 「대왕문어」 등도 갓파에 속합니다.

《붙잡기》(4)

길게 늘어나는 손이나 혀로 멀리 있는 상대나 물건을 붙잡습니다. 이 능력이 도움이 될 만한 상황(이를테면 누군가가 높은 곳에서 떨어질 위기에 처했을 때)일 때, 이 【특기】를 사용하면 손이나 혀가 본래의 2배 길이까지 늘어나서 대상을 붙잡을 수 있습니다. 이 【특기】로 갑자기 붙잡히면 요괴조차 [깜짝] 놀랍니다.

《물의 길》(16)

물에서 물로 이동합니다. 마을 안에서 갓파가 잠수할 만한 물이 있는 장소라면 어디로든 한순간에 이동할 수 있습니다. 이동할 때, 같은 [장면]에 등장했다면 【인연】이 있는 상대를 원하는 만큼 데리고 갈 수 있습니다(본인이 싫어하지 않는다면 말입니다!).

■ 유령

요괴 2　동물 1
어른 1　아이 4

사람의 마음이 형태를 이룬 요괴입니다.

유령의 모습이나 종류는 근간이 된 기분이나 감정에 따라 제각각이지만, 그 정체가 사람의 마음 그 자체라는 것은 모두 똑같습니다. 음식을 먹거나 잠을 자지는 않습니다.

대부분의 유령은 무언가 전하고 싶은 것이 있어서 마을에 돌아왔습니다. 원래는 마을에 살던 사람이었으므로 둔갑 동물들보다 사람에 가까운 존재라고 할 수 있습니다.

그저 하고 싶은 말을 전하고자 노력할 뿐인데, 그 탓에 오해를 사거나 방해를 받는다면 유령이 너무나도 가엾습니다. 단, 그저 외로워서 친구를 사귀고 싶을 뿐인 유령도 있는 것 같습니다.

하얀 천을 푹 뒤집어쓰고 아이를 놀래는 「낡은 시트 도깨비」, 무언가를 전하고 싶어 머나먼 곳에서 돌아온 「귀환자」, 낡은 집에 사는 수호신 「자시키와라시」 등도 유령에 속합니다.

《달그락달그락》(4)

손을 대지 않고 여러 가지 물건을 움직이거나 공중에 띄웁니다. 눈에 보이고, 유령의 【동물】 수치로 움직일 수 있는 것이라면 몇 개라도 공중에 띄워 움직일 수 있습니다. 처음으로 이 광경을 본 상대는 능력치4로 [깜짝] 놀랍니다. 단, 이 【특기】로 움직일 수 있는 것은 사람의 손으로 만든 물건뿐입니다(나뭇잎이나 사람은 움직일 수 없습니다).

《벽 투과》(4)

틈새가 전혀 없는 장소에도 드나들 수 있습니다. 폐쇄된 곳이나 막다른 길에 있을 때도 그 [장면]에서 없어질 수 있습니다. 또, 보통은 들어가지 못하는 장소에도 들어갈 수 있습니다.

■ 여행자

요괴 3　동물 1
어른 2　아이 2

마을 밖에서 찾아왔다가 때가 되면 다시 떠나는 신기한 요괴들입니다. 그래서 「전형적인 여행자」라는 개념은 존재하지 않습니다.

가장 알기 쉬운 사례는 하늘을 나는 원반을 타고 찾아오는 「작은 우주인」입니다. 작고 하얀 몸에 눈이 커다랗고, 손발은 가늘고, 우주선을 타고 찾아옵니다.

비록 우리와는 모습이 다르지만, 대부분의 여행자는 자기 나라에서는 엄연한 사람입니다. 따라서 밥도 먹고, 잠도 잡니다.

여행자와 만난 둔갑 동물들은 이 세상을 살아가는 것이 자신들만이 아니라는 것을 깨달을 것입니다. 세상은 한없이 넓고, 다양한 사람과 동물과 요괴가 있습니다. 조금 대하기 어렵긴 하지만, 여행자는 그런 사실을 알려주는 존재이기도 합니다.

우주인 말고도 눈이 쌓이는 겨울에만 마을에 찾아오는 「설녀」, 어떤 이유로 과거나 미래에서 이 마을을 찾은 「시간 여행자」, 설날에 춤추는 「사자」, 크리스마스의 「산타클로스」 등도 여행자에 속합니다.

《하늘길》(8)

공중을 걸을 수 있습니다. 속도는 발로 이동할 때와 같지만, 장소를 가리지 않고 공중에 떠서 이동합니다. 특히 무언가로부터 도망칠 때는 능력치를 3 높여줍니다. 이 효과는 여행자와 손을 잡은 상대(최대 2명)에게도 작용합니다.

《안녕히 계세요》(24)

온 마을에서 여행자가 머물렀던 기억을 지우고, 처음부터 마을에 오지 않았던 것으로 해버립니다. 마을 주민 중에서 【아이】와 【인연】의 강도를 더한 수치가 여행자의 【요괴】보다 낮은 전원이 여행자에 관한 기억을 잃습니다. 토지신님도 이 효과에서 벗어날 수 없습니다. 이 능력을 사용하면 마을 주민 전원과 여행자가 10점의 [꿈]을 받습니다. 세션 마지막 [장면]에서만 사용할 수 있습니다.

# 토지신님

## 토지신님이란?

둔갑 동물들은 인간 세상에 관여하며 살아갑니다. 하지만 마을의 자연에는 인간과 거의 교류하지 않는 존재도 있습니다. 평범한 생물이 아닌, 온갖 신비한 힘을 지니고 인간과는 거리를 두는 존재. 그것이 바로 토지신님, 혹은 터주라 불리는 이들입니다.

토지신님은 각자 자신이 담당하는 토지를 수호합니다. 바꿔 말하면, 토지신님이 소중하게 여기는 것은 자신이 수호하는 지역과 거기에 사는 생물들(둔갑 동물 포함)뿐입니다. 그 이외의 것에는 좋은 의미로든 나쁜 의미로든 관심이 없습니다.

토지신님은 둔갑 동물로서 매우 강력한 힘을 지니고 있으며, 더 다양한 힘을 행사할 수 있습니다. 단, 그것은 모두 토지신님 자신의 토지에 있을 때의 이야기입니다. 자기 토지를 떠난 토지신님은 기껏해야 사람으로 둔갑하는 것이 고작입니다.

토지신님은 마을의 토지 곳곳에 있습니다. 토지신님이 머무는 장소는 사람이 만든 장소가 아닌, 예부터 존재한 자연의 토지여야 합니다.

토지신님의 능력은 관리하는 토지의 크기에 좌우됩니다. 예를 들어 산 하나를 수호하는 토지신님은 작은 연못의 토지신님보다 더 강력한 힘을 가집니다. 서로의 토지가 밀접한 관계를 가지지 않는 한 토지신님끼리 교류하는 일은 거의 없습니다. 무언가 용건이 생겨도 둔갑 동물이나 동물에게 전언을 부탁합니다.

## 토지신님의 【특기】

토지신님은 아래와 같은 다양한 【특기】를 가집니다. 이 【특기】들은 어느 토지의 토지신님이라도 사용할 수 있습니다.

### 《동물과의 대화》(0)

자기 토지에 사는 동물이 상대라면 마음껏 대화할 수 있습니다. 토지신님이 먼저 해를 끼치지 않는 한, 토지의 동물들이 토지신님을 해치는 일은 없습니다. 단, 가끔 밖에서 찾아오는 동물에게는 이 힘이 미치지 않습니다.

### 《지켜보기》(0)

자기 토지에서 일어난 일, 일어나고 있는 일이라면 모두 알 수 있습니다. 자신의 토지 안에 있다면 일부러 찾지 않아도 물밑에 떨어진 작은 단추조차 어디에 있는지 바로 압니다. 아무리 오래전의 일이라도 자신의 토지에서 일어난 일이기만 하면 알고 있습니다.

### 《둔갑하기》(?)

토지신님의 본모습은 동물입니다. 하지만 거대 거미나 거대 지네 같은 토지신님은 어지간해서는 본모습으로 인간 앞에 나타나지 않습니다. 단, 둔갑 동물들과 마찬가지로 시간대나 모습에 맞는 【신비】와 【마음】을 사용하면 사람으로 둔갑할 수도 있습니다.

### 《사라지기》(3)

언제라도 그 토지 자체에 녹아들 수 있습니다. 이 【특기】를 사용한 토지신님은 기척뿐인 존재가 되어 누구도 그 모습을 볼 수 없습니다. 하지만 사라진 토지신님 본인도 상대에게 몰래 의사를 전하는 것 말고는 아무것도 할 수 없습니다. 다시 모습을 드러내고 싶을 때는 바라기만 하면 언제든지 원래대로 돌아옵니다.

이 효과는 [장면]이 바뀔 때까지 계속됩니다.

### 《밖으로 옮기기》(5)

자신의 토지에 있는 것, 토지에 들어온 것을 토지 바로 바깥까지 옮깁니다. 옮긴 것은 정확하게 그 토지와 다른 토지의 경계에 놓입니다. 이 【특기】는 아무리 크고 무거운 것이라도 옮길 수 있지만, 토지에서 나가기 싫어하는 상대를 억지로 쫓아내거나 토지 자체를 옮길 수는 없습니다.

# 각 토지의 토지신님

## ■ 연못의 토지신님
요괴 4　동물 2
어른 3　아이 1

동물: 거북, 물고기, 뱀, 조개, 개구리

연못의 토지신님은 산속의 연못이나 옛날에 만든 저수지를 지킵니다. 연못은 조용하고 안정된 장소로, 그만큼 토지신님도 침착한 성격인 경우가 많습니다. 사람들과도 가까운 존재이므로, 마을 사람들이나 둔갑 동물들과도 그럭저럭 친합니다.

연못의 토지신님은 물고기를 너무 많이 잡아가거나 연못에 쓰레기를 버리지 않는 한 화를 내지 않습니다. 실수로 연못에 물건을 떨어뜨리거나 물에 빠졌을 때도 흔쾌히 도와줍니다.

두려움을 사는 일도 거의 없고, 연못 가장자리에 작은 사당이 세워져 있는 경우도 있습니다.

아마 마을에 살다 보면 가장 자주 만나는 토지신님일 겁니다.

### 《소금쟁이》(5)
아무리 무거운 것이나 물에 젖는 것이라도 물 위로 띄웁니다. 대상이 사람이나 동물이라면 수면을 걸을 수도 있습니다. 이 효과는 [장면]이 바뀔 때까지 계속됩니다.

### 이야기의 소재
연못에 빠뜨린 것을 되찾기 위해 연못의 토지신님에게 도움을 청합니다. 연못에 빠진 이를 구해달라고 토지신님을 부릅니다. 오랫동안 비가 내리지 않자 토지신님이 여우에게 비를 내려 달라고 부탁합니다. 아이들이 도가 지나친 장난을 칠 때, 토지신님이 둔갑 동물들에게 아이들을 말려달라고 부탁합니다.

## ■ 강의 토지신님
요괴 6　동물 3
어른 1　아이 3

동물: 물고기, 뱀, 거대 지네, 수달

강의 토지신님은 산에서 흘러나오는 실개천이나 커다란 강의 일부 유역을 지킵니다.

물을 흐르게 할 뿐만 아니라, 때로는 물의 양을 늘려 강가에 있는 것들을 떠내려 보내는 강의 토지신님은 변덕이 심합니다. 그러면서도 한 번 정한 일에는 완고한 태도를 고수해서, 조금 제멋대로 구는 것처럼 보일 수도 있습니다.

마을에서 지저분한 물을 자주 흘려보내는 탓인지 사람을 그다지 좋아하지 않습니다. 둔갑 동물들의 이야기는 꼬박꼬박 들어주지만, 사람들이 강에 나쁜 짓을 하면 화를 냅니다. 강에 오줌을 누거나, 물고기를 너무 많이 잡거나, 쓰레기를 버리는 것은 토지신님의 화를 돋우는 짓입니다. 강의 토지신님이 정말로 화를 내면 홍수가 일어나기도 합니다. 여러분도 강에서는 주의합시다.

《흠뻑》(8)

원하는 장소에 양동이 하나 분량의 물을 끼얹었습니다. 남의 머리 위에 끼얹으면 당연히 흠뻑 젖습니다. 이 물을 피하려면 토지신님의 【요괴】를 【동물】로 웃돌아야 합니다. 이 물에 특별한 힘은 없지만, 갑자기 물을 뒤집어쓴 사람이나 둔갑 동물은 토지신님의 【요괴】+3으로 [깜짝] 놀랍니다. 게다가 계절에 따라서는 감기에 걸릴 수도 있습니다.

### 이야기의 소재

마을 아이가 사소한 장난 탓에 토지신님의 분노를 삽니다. 강에 빠뜨린 물건을 쓰레기로 오해한 토지신님이 화를 냅니다. 《흠뻑》으로 물을 뒤집어쓴 아이가 지독한 감기에 걸리는 바람에 토지신님이 난처해합니다. 기분파인 토지신님이 인간을 상대로 사랑에 빠집니다.

### ■ 숲의 토지신님

**요괴 5  동물 1**
**어른 1  아이 4**

동물: 여우, 사슴, 새, 너구리, 거대 거미, 거목

예부터 특정한 숲을 지켜온 토지신님입니다. 어지간한 숲에는 대체로 토지신님이 있습니다. 수해(樹海)라고 불릴 정도로 넓은 숲이라면 구획마다 여러 명의 토지신님이 있을 수도 있습니다.

숲의 토지신님은 온화하면서도 마이페이스로, 다소 느긋한 구석이 있습니다. 사람이나 둔갑 동물에게도 상냥하여, 숲속까지 들어온 사람이나 둔갑 동물을 기꺼이 상대해줍니다. 하지만 조금 곤란한 점도 있습니다.

숲의 토지신님은 외로움을 많이 타고, 자신의 척도로 시간을 헤아리기 때문에 마음에 든 상대를 쉽게 돌려보내주지 않습니다.

단호하게 거절하면 억지를 부리지는 않지만, 상냥하고 외로움을 많이 타는 토지신님을 상대로 그렇게 딱 잘라 거절하는 것은 쉬운 일이 아닙니다.

《복잡한 길》(6)

숲속에서 길을 잃게 해서 밖으로 나가지 못하게 합니다. 이 【특기】는 여러 명의 상대에게 동시에 사용할 수 있지만, 그때는 대상의 수만큼 여러 번 사용해야 합니다. 길을 헤매는 동안에는 아무리 똑바로 가려고 해도 결코 숲에서 나갈 수 없습니다. 이 상태는 토지신님이 이 【특기】의 효과를 풀거나, [장면]이 바뀔 때까지 계속됩니다.

《어두컴컴》(12)

갑자기 숲속이 밤처럼 어두워집니다. 이 상태는 밤 시간대로 간주합니다. 또, 어둠 속에 있는 동안 【아이】가 3 이상인 사람(둔갑 동물이라면 문제없음)은 【아이】 이외의 능력치가 0이 됩니다. 이 상태는 [장면]이 바뀔 때까지 계속됩니다.

### 이야기의 소재

토지신님이 숲에 놀러간 아이를 돌려보내지 않습니다. 숲을 나간 채로 돌아오지 않는 너구리나 여우, 토끼를 걱정한 토지신님이 그들을 찾고 싶어합니다. 누군가를 데려와주기 바라는 토지신님을 오히려 마을에 데리고 옵니다. 사람이나 둔갑 동물을 사랑하게 된 토지신님이 무슨 짓을 해서라도 상대를 숲에 남겨두고 싶어합니다.

### ■ 산의 토지신님

**요괴 4  동물 7**
**어른 3  아이 3**

동물: 곰, 멧돼지, 뱀, 여우, 거대 거미, 거대 지네

하나의 산을 수호하는, 매우 훌륭한 토지신님입니다. 산에는 강의 수원이나 숲도 포함되므로, 산의 토지신님은 대개 다른 토지신님을 이끄는 리더가 됩니다. 또, 여러모로 책임이 크다 보니 자연스럽게 착실한 성격이 됩니다.

산의 토지신님은 각자 자기 산의 방침을 정하고, 산의 동물이나 다른 토지신님에게도 그 방침을 따르도록 부탁합니다. 그러므로 사람에 대한 태도는 산의 토지신님마다 제각각입니다.

오래 전부터 곳곳이 그 자리를 지켜온 산은 그 존재만으로도 다양한 감정과 기분을 전해줍니다. 여러분도 산에 들어갈 때는 그곳의 토지신님에 관해 잘 알아보고 들어갑시다.

《안개 속》(16)

자신의 산을 짙은 안개로 완전히 감쌉니다. 이 안개는 본인의 손조차 보이지 않을 정도로 짙고, 어지간한 둔갑 동물이나 동물이 아닌 바에야 안개 속에서 자유롭게 움직일 수 없습니다. 토지신님은 이 안개 속에 있는 상대를 원하는 방향으로 유도할 수 있습니다. 토지신님을 거스르고 자기가 가고 싶은 방향으로 가려면 토지신님의 【요괴】를 웃돌아야 합니다. 이 효과는 [장면]이 바뀔 때까지 사라지지 않습니다.

《소나기》(20)

자신의 산에 억수같이 쏟아지는 소나기를 내립니다. 이 비는 돌연 하늘이 구름으로 뒤덮이면서 갑자기 내리기 시작합니다. 비를 맞아도 특별한 효과가 발생하지는 않지만, 흠뻑 젖어 체온이 떨어지고 맙니다. 신기하게도 한 걸음이라도 산 밖으로 나가면 비는 언제 내렸냐는 듯이 사라집니다. 이 효과는 [장면]이 바뀔 때까지 계속됩니다.

### 이야기의 소재

볼 일이 있어 산에 들어가려는 사람이 있는데, 사람들을 엄하게 대하는 토지신님이 결코 들여보내지 않으려고 합니다. 사람들에게 호의적인 토지신님이 아이를 데리고 놀러오라고 권합니다. 산속에서 산사태나 낙석의 위험이 있을 때, 토지신님이 다소 난폭한 방법으로 사람들이나 둔갑 동물들을 쫓아냅니다. 산속에서 길을 잃고 잠든 아이를 발견한 토지신님이 어디로 돌려보내야 할지 알 수 없어서 둔갑 동물들에게 아이를 집에 데려다 달라고 부탁합니다.

### ■ 들의 토지신님

요괴 2  동물 2
어른 0  아이 6

동물: 새, 여우, 토끼, 사슴, 뱀

마을 곳곳에는 작은 들판이 있습니다. 교외에는 더 넓은 들판이 펼쳐져 있습니다.

봄에는 봄, 여름에는 여름, 가을에는 가을의 꽃이 잔뜩 피는 들판은 낮 동안 항상 햇볕을 받아 따뜻한 장소입니다. 이런 장소의 토지신님은 워낙 천진난만해서 다른 토지신님이나 둔갑 동물들의 동생 같은 존재입니다. 호기심이 강해서 때때로 자기 들판을 벗어나 마을이나 다른 토지신님의 영역까지 놀러가기도 합니다.

그럴 때의 토지신님은 너무나도 위태로워 보여서, 그 모습을 본 이들은 지켜주지 않고는 못 배깁니다. 들의 토지신님은 누구보다도 어린아이다운 존재로, 들에 놀러온 인간 어린아이들과도 금세 친해집니다.

### 《해님》(16)

아무리 비바람이 세차게 몰아쳐도 금세 하늘이 맑게 갭니다. 이 하늘은 매우 맑고 상쾌해서, 들에 있는 모두(토지신님 제외)에게 4점의 [꿈]을 줍니다. 이 효과는 [장면]이 바뀔 때까지 계속됩니다.

### 이야기의 소재

토지신님이 무작정 마을에 놀러갈 때, 길을 잃지 않도록 돌봐주기 위해 둔갑 동물들이 동행해야 하는 처지가 됩니다. 아이들이나 둔갑 동물들과 너무 친해진 나머지, 토지신님이 자기 들로 돌아가지 않으려고 합니다. 마을에 온 토지신님이 자기 들로 돌아가지 못해 당황합니다. 아이들이나 둔갑 동물들이 사소한 일로 토지신님을 울립니다.

### ■ 바다의 토지신님

요괴 6  동물 4
어른 0  아이 1

동물: 물고기, 큰 거북, 뱀, 문어, 게

여기에서 소개하는 토지신님은 엄밀히 말하면 바다가 아닌 해변의 토지신님입니다. 바닷속의 토지신님은 인간 세상과 워낙 인연이 없어서 만날 일도, 얽힐 일도 거의 없습니다. 그리고 해변을 지키는 토지신님도 강의 수호신님만큼이나 인간을 그다지 좋아하지 않습니다. 혹은 단순히 인간에게 무관심한 토지신님도 많습니다.

둔갑 동물들을 대할 때도 마찬가지로, 해변의 토지신님이 제대로 상대해주는 것은 머나먼 어딘가의 이야기를 들려주는 둔갑 새 정도입니다. 바다는 너무나도 넓고 험해서, 토지신님도 사람이나 뭍의 둔갑 동물들과 잘 어울리지 못합니다. 따라서 자신이 지키는 해변을 벗어나는 일도 거의 없고, 해변 바깥에 관여해야 할 때는 둔갑 동물들을 의지합니다.

### 《바다》(8)

커다란 파도를 일으키거나, 반대로 잠재울 수 있습니다. [장면]이 바뀔 때까지 토지신님은 내키는 대로 파도를 조종할 수 있습니다. 바다에 떠 있는 것을 모래사장까지 옮기거나, 물가에 있는 것을 먼 바다로 옮길 수도 있습니다. 단, 이 【특기】로는 너무 크고 무거운 것을 옮기진 못합니다.

### 이야기의 소재

바다에 빠뜨린 것을 어떻게든 되찾기 위해 토지신님께 부탁을 해야하는 처지에 놓입니다. 뭔가 이상한 것이 바다에 흘러들어와 처치에 곤란해진 토지신님이 상담을 청합니다. 해변을 더럽히는 사람을 본 토지신님이 (어쩌면 오해일지도 모르지만) 화가 나서 파도를 끼얹었습니다.

## 오래된 둔갑 동물

오랜 세월을 살아온 「오래된 둔갑 동물」은 토지신님이 되기도 합니다. 평범한 둔갑 동물은 대개 근처에서 흔히 볼 수 있는 동물입니다. 반면, 「오래된 둔갑 동물」은 평범한 둔갑 동물과 달리 수십 년, 수백 년을 살고 나서야 비로소 사람으로 둔갑하는 힘을 손에 넣은 둔갑 동물입니다. 신으로 모셔지는 오래된 둔갑 동물도 있지만, 사람들이 두려워하거나 싫어하는 오래된 둔갑 동물도 많습니다.

예를 들자면 둔갑할 수 있게 된 거미, 지네, 뱀 같은 존재가 오래된 둔갑 동물에 해당합니다. 원래 거미나 지네 같은 벌레는 다른 동물처럼 본래의 모습 그대로는 둔갑 동물이 되지 않습니다. 지네나 뱀을 예로 들자면 나이를 먹어 몸길이가 인간의 키보다 더 길어져야 비로소 신기한 힘을 사용할 수 있습니다. 마을에서 정체를 드러내면 그야말로 대소동이 일어납니다.

오래된 둔갑 동물들도 그런 사실을 잘 알고 있으므로, 숲이나 산속에서 다른 둔갑 동물이나 토지신님과 교류하며 조용히 삽니다. 그들은 둔갑 동물이지만, 갓 둔갑할 수 있게 되었을 때부터 토지신님에 매우 가까운 존재입니다. 토지신님 「카미나가히메」는 거미에서 태어난 오래된 둔갑 동물이고, 토지신님 「고코우히메」도 지네에서 태어난 오래된 둔갑 동물입니다.

## 이야기 속의 토지신님

토지신님은 둔갑 동물들보다 훨씬 강력한 존재입니다. 둔갑 동물들은 이해하지 못하는 것이나 알 리가 없는 것을 알고 있으며, 둔갑 동물들이 가지 못하는 곳에도 태연히 갈 수 있습니다. 단, 이것은 모두 자기 토지에 있을 때의 이야기입니다. 토지 바깥에 대해서는 아무것도 모르고, 자기 토지 밖으로 나가면 평범한 둔갑 동물 이하의 능력밖에 발휘하지 못합니다.

토지신님은 둔갑 동물들에게 조언이나 부탁을 하는 존재입니다. 결코 싸워야 할 적도 아니거니와 항상 도와주는 아군도 아닙니다. 토지신님이 지키는 것은 어디까지나 자신의 토지와 거기에 사는 주민뿐입니다.

또, PL은 토지신님이 되어 이야기에 참가할 수 없습니다. 토지신님은 기본적으로 자기 토지를 지켜야 하며, 할 수 있는 일의 범위가 애매모호하면서도 너무 넓습니다. 또, 둔갑 동물과 달리 인간의 상식이 통하지 않습니다.

토지신님은 어디까지나 이야기꾼을 위해 준비한 존재입니다. 그들을 연기하고 싶다면 이야기꾼이 되어보시기 바랍니다.

# 🐾 히토츠나 마을의 토지신님 🐾

히토츠나 마을 역시 예부터 자연의 힘이 강한 산이나 강에는 둔갑 동물이 살며, 토지신님이 되곤 했습니다.

나무가 울창하게 우거진 카미나가산에는 카미나가히메.

카미나가산에서 흘러나오는 고코우강에는 고코우히메.

기나긴 토와강이 마을과 접하는 곳에는 토와고젠.

마을에서 가장 깊고 오래된 저수지에는 장로 거북.

여기에서는 히토츠나 마을을 대표하는 그들의 이야기를 들어봅시다.

**스즈네** 「나도 반쯤 토지신 같은 존재가 아닌가?」

**장로 거북** 「신사와 그 주위의 숲뿐이니 말이여. 숲이 조금만 더 넓었다면 토지신이 되었겠지만…….」

**토와고젠** 「토지신 따위 귀찮기만 한걸. 마음 편히 살 수 있는 지금이 더 낫지 않아?」

**고코우히메** 「마음껏 놀러 다니지도 못하잖아.」

**카미나가히메** 「나는, 산에서 나갈 생각은 없어…….」

**토와고젠** 「아니, 그래도 가끔 술 정도는 직접 사러 가고 싶지 않아?」

**스즈네** 「하긴 이러니 저러니 해도 마을에 자주 찾아가는 몸이긴 하다만…….」

**장로 거북** 「넌 아직 젊어. 그럴 수 있을 때 마음껏 놀고, 마음껏 돌아다니려무나. 우리는 마음껏 돌아다니기도 힘든 몸이 되어버렸으니까 말이여.」

**고코우히메** 「딴 데 가려면 갈 수 있지만…… 토지신으로서의 책임도 있고, 자기 토지를 떠나면 위화감이 든단 말이지.」

**스즈네** 「역시 동물의 종류가 중요한 것인가? 토지에 따라서는 여우가 토지신이 되기도 한다고 들었다만?」

**장로 거북** 「너구리가 토지신인 곳도 있다고 하더구먼.」

**카미나가히메** 「하지만…… 여우는, 어린 시절부터…… 인간과 어울릴 수 있지? 우리는, 그럴 수가 없었어.」

**고코우히메** 「아하하하. 나도 원래는 작은 지네였으니까. 사람으로 둔갑할 수 있게 된 건 수십 년 걸려 몸이 커다래진 뒤였지.」

**카미나가히메** 「나도, 원래는 작은 거미에 불과했지…….」

**장로 거북** 「나도 철이 들었을 때는 이미 백 살을 넘겼었고.」

**스즈네** 「으음, 어린 시절부터 둔갑했던 나와는 다르군. 코로나 아마미는 태어난 지 얼마 지나지도 않아 둔갑했고…….」

**토와고젠** 「얼레? 난 원래부터 충분히 컸는데? 그래서 토지신 역할을 억지로 떠맡았던 거 아니었던가?」

**카미나가히메** 「그대는 너무 커서 문제였지….」

**고코우히메** 「몸이 크면 사람들이 무서워하고, 마음 편히 정체를 드러낼 수도 없잖아?」

**장로 거북** 「나도 뭐, 재빨리 도망칠 수 없으니 말이여.」

**스즈네** 「과연. 하긴 여우는…… 일단 모습을 드러내도 인간들이 소란을 피우지는 않지.」

**카미나가히메** 「게다가, 우리 때는…… 몸이 크면 클수록, 위대하다고 여겼으니까.」

**고코우히메** 「한 지역에 머물면서 다른 애들을 돌봐줬더니 어느새 토지신이 되었지.」

**토와고젠** 「헤에……. 만약 내키는 대로 날뛰었으면 토지신이 되지 않을 수도 있었다는 이야기네?」

**장로 거북** 「그 대신 퇴치당했겠지.」

**스즈네** 「그럼…… 나는 어떻게 해야 할꼬? 최근 다른 둔갑 동물들과 함께 자주 인간과 만나고 있다만, 그대들에게 생각하는 바가 있다면 들어두고 싶군.」

카미나가히메 「그건 우리가 참견할 문제가……」
고코우히메 「뭐, 카미나가히메는 그렇게 나오 겠지.」
토와고젠 「자기는 할 거 다 했거든.」
장로 거북 「살림까지 차렸으니 말이여.」
카미나가히메 「그. 그 이야기는 관계없잖 아……. (얼굴을 붉힌다)」
토와고젠 「오오~ 부끄러워한다!」
고코우히메 「나도 괜찮은 남자만 있다면……」
스즈네 「그, 그런 이야기를 하고 싶은 게 아니 라! 좀 더 뭐랄까, 사람을 너무 가까이하지 말라 거나, 그런 말은 안 하는 겐가?」
고코우히메 「상대 나름이겠지? 내키는 대로 하 고 싶은 거 다 했던 우리가 이러쿵저러쿵 참견하 는 것도 좀……」
토와고젠 「난 솔직히 지금도 꽤 자주……」
장로 거북 「난 보통 물 속에만 있다 보니 사람 을 만날 일이 없구먼. 물론 다른 동물이나 둔갑 동물에게 폐를 끼친다면야 곤란하겠지만……」
카미나가히메 「으, 으음. 그리고 토지를 어지 럽히는 것도……」
고코우히메 「넌 서방님 졸라서 산에 함부로 손 못 대게 했지?」
카미나가히메 「~~~」(투닥투닥)
고코우히메 「자, 잠깐! 진짜로 아프거든!?」
스즈네 「과, 과연. 그리 신경쓸 일은 아니라는 거군.」
고코우히메 「잠깐! 보고 있지만 말고 좀 말려!」

스즈네 「그런데 그대들은 평소에 지루하지는 않은가? 자기 토지에서만 지내다 보면 아무래도 무료할 터인데?」
장로 거북 「나는 연못 밑바닥에서 지내든지, 돌 위에서 일광욕을 하는구먼. 하늘의 구름만 보 고 있어도 지루할 일은 없네만.」
카미나가히메 「산속에는…… 둔갑 동물이나 요괴가, 많아……. 상담도 받아줘야 하고, 제법 바빠…….」

고코우히메 「아야야……. 강도 보다 보면 꽤 재 미있어. 이것저것 변하는 게 많아서……」
토와고젠 「나야 종종 사람 모습으로 마을에 가 는 편이라서. 봐, 옷도 요즘 스타일이잖아?」
스즈네 「토지신이 살아가는 모습은 각자 다르 단 말이로군. 적극적으로 사람과 접하는 토지신 도 있는가?」
장로 거북 「글쎄다. 있을지도 모르겠구먼.」
스즈네 「그대들은 이제 사람과 만나지 않는가?」
장로 거북 「난 전혀 만날 일이 없지.」
고코우히메 「강을 더럽히면 살짝 벌을 주는 정 도? 기본적으로는 관여하지 않는다고 봐야지.」
토와고젠 「나야 뭐, 술만 준다면 이것저것 도 와주지.」
카미나가히메 「나는, 때때로 인간을 산에 데리 고 가는 정도로군.」
고코우히메 「뭐……?」
토와고젠 「어? 그런 짓 해도 돼?」
스즈네 「안 된다.」
카미나가히메 「아, 아니……. 돌려는, 보낸 다……. 둔갑 동물들이나 요괴들이, 집에 돌려보 내라고, 하니까…….」
고코우히메 「너, 남편 떠나보내고 쓸쓸한 건 알겠는데, 그건 좀…….」
카미나가히메 「아, 아니. 나는 그저……」
스즈네 「우리가 인간 세상에 관여한다는 것은 이런 사태를 논할 때도 중요한 의미를 지닐 터.」
장로 거북 「그렇고말고. 카미나가히메에겐 좀 더 주의를 기울이세나.」
고코우히메 「오랫동안 알고 지낸 사이인데 전 혀 몰랐어. 나도 앞으로는 신경쓸게.」
스즈네 「으음……. 다양한 관계가 생기는 만큼 토지신도 사건을 일으킬 수 있다는 말이렷다.」
카미나가히메 「일단 내 말을 좀……」

카미나가히메가 인간을 납치한 사건이란……?
이 이야기도 언젠가 다시 입에 오를 날이 오겠 지요.

# 히토츠나 마을 (一名町)

이야기의 무대가 될 마을을 하나 소개하겠습니다.

그곳은 이 책에서 소개한 이야기의 무대이며, 일곱 둔갑 동물들이 사는 마을이기도 합니다.

마을의 이름은 히토츠나 마을.

어떤 현을 끝에서 끝까지 가로지르는 강, 토와강과 접한 마을입니다.

마을은 강을 사이에 두고 남북으로 나뉘어 있으며, 딱 하나 놓여 있는 다리로 왕래할 수 있습니다. 예전에는 나룻배 등으로 왕래했지만, 다리가 놓인 이후로는 사용하지 않습니다. 또, 마을 북쪽에 역이 생긴 이후로는 북쪽이 완전히 마을의 중심이 되었습니다.

남쪽과 북쪽의 주민들의 사이는 딱히 나쁘지 않습니다. 단, 남쪽에는 역이나 학교가 없다 보니 북쪽보다 여러모로 불편합니다. 마을로서는 높은 건물을 짓느니 땅을 넓게 쓰는 것이 더 나으므로, 3층보다 더 높은 건물은 없습니다. 마을에서 3층짜리 건물은 학교와 병원뿐입니다.

마을 곳곳에는 초목이 우거진 숲과 벌판이 있습니다. 또, 많은 논밭과 몇 줄기의 실개천, 여러 개의 용수로가 있습니다. 산속에는 전기조차 통하지 않는 곳도 있고, 휴대전화가 연결되는 곳은 역과 마을 사무소 주위의 일부 구역뿐입니다. 마을의 모든 집에 수도가 연결되긴 했지만, 얼마 전까지 사용한 우물이 곳곳에 남아 있습니다. 하수도도 없습니다.

히토츠나 마을은 그런 마을입니다.

그럼 이제 마을을 대표하는 장소를 살펴봅시다.

## ■ 히토츠나 역

토와 강 유역을 따라 놓인 선로 도중에 있는 시골 역입니다.

플랫폼은 한 군데뿐이고, 방향과 관계없이 모두 같은 플랫폼을 사용합니다(그만큼 열차가 적습니다!).

역무원은 한 명뿐이고, 아침과 저녁에만 창구를 엽니다. 지역 노선이라 각 역에 정차하는 두 량에서 네 량짜리 열차만 들어옵니다. 보통 한 시간에 한 대 간격으로 열차가 지나갑니다. 출퇴근하는 어른들, 인근 마을의 고등학교에 다니는 학생들이 몰리는 아침과

저녁 무렵에만 한 시간에 두 대의 열차가 들어옵니다.

노선이 산속을 지나가기 때문에, 때로는 산사태가 일어나거나 나무가 쓰러져서 운행이 중단될 때도 있습니다.

## ■ 역전 상점가

슈퍼, 채소 가게, 정육점, 약국, 술집, 이발소, 전자제품 판매점 등이 있습니다. 마을에 딱 하나씩 있는 은행과 우체국도 여기에 있습니다.

마을 주민들이 드나드는 가게뿐이라 서점이나 찻집은 없습니다. 역전 상점가는 마을 사람들에게는 생활의 중심이 되는 장소이기도 하며, 낮에는 항상 사람으로 북적입니다. 가게는 대부분 가정집을 겸하며, 2층이나 건물 내부는 그대로 가게 주인의 집으로 쓰입니다.

## ■ 미스즈 목장

고지대에 있는 목장으로, 주로 소나 닭을 키웁니다.

엄밀히 말하면 몇몇 축산 농가가 모여 있는 구역을 가리키는 것이므로, 목장의 주인은 한 명이 아닙니다. 소는 보통 외양간에 있지만, 가끔 밖에 풀어놓고 목장의 풀을 먹이기도 합니다.

토끼나 멧돼지가 소의 먹이를 얻어먹으러 들어오는 일도 자주 있는 모양입니다.

## ■ 히토츠나 마을 사무소

다이쇼 시대(1912년~1926년)에 지은 2층짜리 관청입니다. 젊은이부터 노인까지 다양한 사람들이 출입하는 곳으로, 바로 옆에 작은 도서관과 마을 회관이 있습니다. 특히 도서관은 마을 사람들이 각자의 책을 모아 만든 곳으로, 나쁘게 말하면 잡다하고 좋게 말하면 친근한 장소입니다. 도서관이라기보다는 헌책방 같은 곳으로, 여기에서 책을 정리하는 사서는 고생이 많다고 합니다.

마을 회관에서는 축제 준비, 영화 상영, 공연 등을 합니다.

## ■ 히토츠나 분교

초등학교와 중학교가 한 건물을 쓰는 학교입니다.

물론 탁아소만큼은 다른 곳에 있지만, 아이가 적은 이 마을에서는 초등학교와 중학교를 합쳐도 학생 수가 100명 정도밖에 안 됩니다. 2학년마다 교실을 나눠 다섯 명 전후의 선생님에게 수업을 받습니다.

상급생이 하급생에게 공부를 가르쳐주거나 함께 노는 모습도 흔히 볼 수 있습니다.

다양한 연령대의 학생이 함께 있다 보니 학교는 항상 시끌벅적하고 활기가 넘칩니다.

하지만 이런 어수선한 분위기 속에서만 배울 수 있는 것도 있는 법입니다. 학생들은 다들 불만 없이 학교에 다니고 있습니다.

## ■ 미스즈 하치만 신사

강 북쪽, 돌계단을 한참 올라가면 나오는 신사로, 신도의 군신(軍神) 하치만 님을 모시고 있습니다.

비교적 최근에 세운 신사지만, 지금의 마을에서 「신사」라고 하면 보통 이곳을 가리킵니다. 신사 뒤쪽 숲에는 작은 사당이 있는데, 여기에 하치만 스즈네(여우)가 삽니다.

## ■ 히토츠나누시 신사

강 남쪽에 있는 낡은 신사입니다.

히토츠나 마을의 토지신인 히토츠나누시(一名主)님을 모시는 곳이지만, 주변의 다른 토지신들을 모시는 사당도 있어서 강 남쪽의 여러 토지신을 모시고 있습니다. 어쩌면 둔갑 여우나 산에 사는 둔갑 동물의 사당도 있을지 모릅니다.

신사 뒤쪽은 그대로 카미나가산으로 이어집니다. 카미나가산의 숲 자체가 신사를 지키는 역할을 합니다.

## ■ 아마오사

아마오사(雨緒寺)는 마을의 절입니다. 절 자체는 작지만 부지가 크며, 오봉(한국의 추석에 해당하는 명절)이나 오히간(춘분, 추분 때 7일간 여는 법회) 때 다양한 행사가 열립니다.

종루가 있어서 아이들이 자주 재미삼아 종을 칩니다. 끈에 매달려 종을 치는 것은 히토츠나 마을에서 자란 아이라면 누구나 한 번쯤 해본 놀이입니다.

뒤쪽에는 묘지가 있어서 여름이 되면 자주 여기에서 담력시험을 합니다. 낮이나 저녁에 종을 치는 정도로는 혼나지 않지만, 묘지에서 놀거나 밤에 종을 치면 야단 맞으니 주의합시다.

## ■ 유령 저택

오래 전부터 마을 변두리에 있는 양옥집입니다.

여우나 토지신님에게 물어보면 메이지 시대(1868년~1912년)나 다이쇼 시대쯤부터 있었다고 알려줄 것입니다. 여기에는 유령이 나온다는 소문이 있어서 아이들은 물론 어른들도 거의 다가가지 않습니다.

아무도 없는 곳이다 보니 둔갑 동물들도 가까이 갈 일은 거의 없습니다. 여기에 뭐가 있는지, 안이 어떻게 되어 있는지는 이야기꾼이 각자 생각해서 정해봅시다.

## ■ 저수지

마을 여기저기, 특히 교외의 논밭 사이사이에는 저수지가 몇 군데 있습니다.

저수지는 농업용수를 모아두거나, 연꽃을 재배하기 위한 연못으로 사용하곤 합니다. 또, 낚시터로도 쓰이기 때문에 마을 사람들이 친숙하게 여기는 장소입니다. 저수지 중에서도 크고 오래된 곳에는 물고기나 거북, 뱀에서 탄생한 토지신님이 삽니다.

## ■ 토와강

마을을 횡으로 가르는 커다란 강입니다.

평소에는 그나마 덜하지만, 비가 계속 내리면 강가를 모두 집어삼키는 커다란 강이 됩니다.

평소라면 강가에서 낚시를 하거나 개를 산책시키는 사람들을 곧잘 볼 수 있습니다. 또, 여름에는 강에서 헤엄을 치는 아이들도 많습니다.

이 커다란 강은 유역마다 담당하는 토지신님이 다릅니다. 토지신님 한 명이 이렇게 넓고 긴 강을 혼자 지켜볼 수는 없기 때문입니다.

## ■ 헤비코섬

토와강 안쪽에 있는 가늘고 긴 모래톱으로, 마을 사람들은 다들 「뱀섬」이라고 부릅니다.

건너기 불안할 정도로 빈약한 다리가 놓여 있으며, 섬에는 주위의 강 유역을 수호한다는 뱀 토지신님을 모시는 신사가 있습니다. 단, 신사만 있을 뿐 아무도 살지 않습니다. 섬이 작고, 강의 수위가 높아지면 거의 물에 잠기기 때문입니다.

섬에는 뱀이 많은데, 이 섬에서 뱀을 괴롭히면 천벌을 받는다고 합니다.

## ■ 미스즈산

마을 북쪽에 있는 산입니다.

나름대로 개척이 진행된 산으로, 일단 산을 넘기 위한 길도 정비되어 있습니다. 예부터 여우나 너구리가 사는 것으로 유명했는데, 산속에는 여우를 모신 신사가 몇 군데 있는 모양입니다.

산속에는 계단식 과수원이 몇 군데 있고, 마을의 농부들도 자주 오르내립니다.

옛날에는 마을 사람이 산에 들어가면 여우가 방울 소리를 내서 길을 헤매게 했다고 합니다.

### ■ 카미나가산

마을 남쪽에 있는 깊고 험한 산입니다.

수풀이 울창하고, 출입이 매우 힘든 곳입니다. 길도 동물들이나 다닐 만한 길밖에 없습니다.

거대 거미 토지신 카미나가히메가 다스리는 산으로, 이곳을 드나드는 사람은 거의 없습니다. 카미나가히메는 인간을 싫어해서, 마음에 들지 않는 상대가 산에 들어오면 안개를 일으키고 비를 내려 쫓아냅니다. 둔갑 동물이나 동물, 일부 마음에 든 아이에게는 매우 상냥한 토지신님이지만, 처음 만난 사람의 부탁은 어지간해서는 들어주지 않습니다.

옛날에는 카미나가히메가 인간과 부부였던 시절도 있었다고 합니다만…….

### ■ 스즈나리강

미즈산에서 흘러나오는 작은 강입니다.

산 쪽에서는 작은 시냇물에 불과하지만, 토와강과 합류하는 부분쯤 내려오면 작은 다리가 놓일 정도의 계류가 됩니다. 비단게나 가재, 작은 물고기가 많이 살며, 여름에는 아이들이 자주 물놀이를 합니다.

### ■ 미코강

목장이나 신사가 있는 고지대에서 흘러내려오는 작은 강입니다.

토와강과 접하는 하류까지 내려와도 강의 폭은 그다지 넓어지지 않지만, 마을의 중심부를 지나가므로 마을 사람들에겐 친숙한 강입니다. 마을과 만나는 부분은 거의 용수로로 쓰이며, 다리 근처에는 작은 신사가 있어서 지금도 미코강의 토지신님을 모시고 있습니다.

### ■ 고코우강

카미나가산에서 흘러내려오는 작은 강으로, 험악한 산속에 소규모의 폭포나 여러 갈래의 시냇물을 다수 만들면서 흐르고 있습니다.

거대 지네 토지신님 고코우히메가 이곳에 사는데, 설령 하류에서라도 강을 더럽히면 벌을 내린다고 합니다. 고코우히메는 사람이나 둔갑 동물들을 상대할 때도 나름대로 상냥하게 대하지만, 강을 더럽히는 짓만은 용서하지 않습니다.

### ■ 히토츠나 다리

토와강으로 갈라진 마을의 남북을 이어주는 다리입니다.

옛날에는 나무로 만든 다리여서 태풍이 올 때마다 떠내려갔지만, 현재는 20년쯤 전에 만든 튼튼한 다리가 놓여 있습니다. 다리는 차도와 인도로 나뉘는데,

이것은 히토츠나 마을에서는 매우 보기 드문 구조입니다. 마을 안에 몇 개 없는 근대적인 건축물입니다.

매우 긴 다리지만, 여기를 지나야만 마을의 남쪽과 북쪽을 오갈 수 있습니다.

### ●당신이 만드는 마을

히토츠나 마을은 어디까지나 하나의 예시에 불과합니다.

이 책을 읽는 당신이 바닷가에 있는 마을이나 북쪽 지방, 혹은 남쪽 지방에 산다면 이 마을은 무대로 쓰기에 어울리지 않을 것입니다.

세션에서 무대로 사용할 마을을 만들 때는 둔갑 동물들이 사용할 장소를 정해야 합니다.

경찰이나 은행, 병원 같은 장소는 사람에게는 중요하지만, 둔갑 동물들에게는 꼭 그렇지도 않습니다.

또, 애초에 경찰이나 은행에 의지해야 하는 상황 자체가 이 게임에서는 상당히 드뭅니다.

바닷가라면 모래사장이나 어부들이 사용하는 항구, 앞바다에 있는 작은 섬.

북쪽 지방이라면 눈이 쌓여 있을 때 어떻게 지내는지. 그런 것을 생각해보시기 바랍니다.

둔갑 동물들은 악인과 싸울 일도, 부정을 폭로할 일도 없습니다.

이 책의 서두에서 이야기한 내용을 떠올리며 당신만의 마을을 만들어봅시다.

방금 막 설명을 마친 히토츠나 마을에도 아직 신비한 장소나 재미있는 장소가 더 있을 겁니다.

처음에는 자기만의 어레인지를 하거나, 장소를 추가하면서 시작해봅시다.

그러다 보면, 아마도 몇 번의 세션을 즐긴 뒤에는 마을 안에 여러분만의 추억이 깃든 장소가 몇 군데 생겼을 겁니다. 그렇게 되면 설령 같은 「히토츠나 마을」이라 해도, 그곳은 여러분만의 마을입니다.

## 여러분을 위한 마을을!

이 책에서는 이야기의 무대로 사용할 히토츠나 마을을 소개했습니다. 따로 원하는 곳이 없다면 처음에는 히토츠나 마을을 무대로 게임을 해봅시다. 이야기꾼은 세션 동안 일어난 사건, PC가 만난 캐릭터, [신비한 기적]으로 만든 것 등을 마을 지도에 적어 둡시다.

그렇게 몇 개의 세션을 체험해보면, 여러분만의 히토츠나 마을이 탄생하였을 겁니다. 그 마을을 무대로 계속 같은 PC를 사용해 게임을 할 수도 있고, 당신의 마을에 새로운 PC를 초대할 수도 있습니다. 그때까지 마을에서 쌓아온 추억이 이야기의 깊이를 더해줄 것입니다.

세션에 익숙해지면 히토츠나 마을과는 전혀 다른 마을을 무대로 삼아보는 것도 좋습니다.

장소만이 아니라 시대까지 과거나 미래로 바꿔보면 독특한 세션을 즐길 수 있습니다.

여하튼 히토츠나 마을이 아닌 다른 마을을 무대로 삼을 생각이라면, 이야기꾼은 먼저 지도를 만들어야 합니다. 최소한의 지명만 있어도 충분하므로 가벼운 마음으로 그려봅시다. 참가자의 고향이나 지금 사는 마을을 모델로 해보는 것도 괜찮은 방법입니다. 그리고 세션 동안 마을에서 일어난 일이나 [신비한 기적]을 그 지도에 그때그때 적어 넣습니다.

『저녁노을 어스름』에서는 세션을 거듭해도 PC가 극적으로 강해지지는 않습니다. 그 대신 참가자 모두와 함께 무대로 사용한 마을을 키워나가봅시다.

#  막과자 목록

이 게임에 등장할 만한 막과자를 소개합니다. 가격, 풍미, 겉모습 등은 일종의 예시입니다.

### ▼물건을 살 때

화폐, 동전, 쇼핑의 개념에 관해서는 「기타」 규칙에서 언급한 「문명의 산물」도 참조하시기 바랍니다.

【어른】이 낮으면 돈의 가치를 몰라 고생할 겁니다.

가끔 당첨 마크가 붙은 과자도 있습니다. 당첨 마크가 인쇄된 봉지나 아이스바의 막대 따위를 가져가면 같은 것을 하나 더 받을 수 있습니다. 이런 사실도 【어른】이 낮으면 이해하기 어렵습니다.

### ▼구매할 장소

막과자는 슈퍼마켓의 한쪽 모퉁이, 민가 한쪽 구석의 작은 가게 등에서 팝니다. 둔갑 동물들이 이용하는 곳은 주로 할머니나 할아버지, 어른들 대신 가게를 보는 초등학생이 앉아 있는 작은 가게입니다.

또, 채소나 과일을 파는 무인 판매소처럼 동전 구멍을 뚫어 놓은 빈 깡통과 함께 막과자를 진열한 매장도 있습니다.

### ▼못 먹는 과자

초콜릿, 오징어처럼 특정 동물이 먹으면 안 되는 음식이 있는데, 둔갑 동물들은 그런 것을 먹어도 아무렇지도 않습니다. 하지만 실제 동물에게는 결코 사람이 먹는 음식을 주면 안 됩니다!

### ▼막과자 일람 읽는 법

각 항목의 첫째 줄에는 둔갑 동물들이 부르는 이름의 예시를 적었습니다. 센베이처럼 옛날부터 존재했던 과자라면 둔갑 동물들 사이에서도 제법 널리 알려져 있을지도 모릅니다.

| 5엔 |
|---|
| **구멍 뚫린 코인 초콜릿**<br>5엔짜리 동전이나 옛날 동전을 모방한 작은 초콜릿. |

| 10엔 |
|---|
| **새콤달콤 잼**<br>살구잼 |
| **라무네** |
| **옥수수봉 한 개**<br>바삭바삭한 노란 과자. 파래맛, 낫토맛 등 여러 종류가 있다. |
| **마시멜로 한 알** |
| **미니 젤리 한 개**<br>작은 젤리. 가끔 곤약이 들어 있는 것도 있다. |
| **사탕 한 알**<br>다양한 색과 맛의 사탕이나 별사탕. |
| **바삭바삭 센베이**<br>바다의 향기가 나는 얇은 센베이. |
| **껌 한 알 또는 한 개**<br>사탕처럼 핥아도 되고, 질겅질겅 씹을 수도 있는 과자. |
| **미니 살라미** |

### 20엔

**방울떡**
공벌레보다 한층 더 큰 사이즈의 쫀득한 음식. 다양한 맛이 존재한다.

**콩가루봉**
떡처럼 생긴 검고 달콤한 봉에 노란 가루를 묻힌 것.

**깡통 안의 라무네**
야산에 가끔 버려져 있는 깡통과 비슷하게 생긴 용기 안에 들어 있는 라무네 캔디.
캔의 디자인에 대응해서 여러 가지 맛이 존재한다. 캔은 금속이 아닌 플라스틱제.

**컵 요굴**
컵에 들어 있는 하얗고 끈적거리는 과자. 나무 숟가락 포함.
요구르트맛을 비롯해서 다양한 맛이 존재한다.

**아라레**
쌀을 튀긴 센베이를 조각낸 것. 달달하면서도 짭짤하다.

**예쁜 사탕**
과일 등의 모양을 본뜬 알사탕. 맛은 여러 종류가 있다. 피리처럼 불 수 있도록 구멍이 뚫린 것도 있다.

**바삭바삭면**
소금맛이나 간장맛 등으로 맛을 내서 잘게 부순 건면.

**분말 주스**
물과 섞으면 과일 향기가 나는 달콤한 물이 된다.

**맥주잔 그림이 그려진 봉지**
물과 섞으면 맥주 비슷한 물이 된다.

**후가시 (*)**   *후가시: 밀기울과 흑설탕을 이용해 만든 일본의 막과자

**시원한 즙**
튜브에 들어있는 달콤한 물. 쭈쭈바, 쭈쭈아이스라고도 한다.
여름에는 주로 얼려서 판다.

### 30엔

**살구즙 주머니**
으깬 살구열매가 들어 있는 달콤한 액체.

**말린 오징어채**
짭짤하고 씹는 맛이 좋은 적갈색 음식. 똑똑 끊어진다.

**가짜 구이, 가짜 튀김**
사람이 먹는 구이, 튀김 요리를 흉내낸 바삭바삭하고 납작한 과자.

**양갱**
가느다란 포장지에 들어 있는 검고 끈적거리는 달콤한 과자. 팥양갱, 고구마양갱 등이 있다.
꼭꼭 씹어 먹자.

**잼과 센베이**
봉지에 들어 있는 매실맛, 살구맛 잼과 얇은 센베이 세트.

**튀밥**
쌀이나 보리를 튀긴 과자. 당근 모양 주머니에 넣어 팔기도 한다.

**반짝반짝 사탕**
보석처럼 반짝거리는 사탕. 장난감 반지나 막대에 끼워 팔기도 한다.

**매실장아찌**

**작은 초콜릿**
다양한 맛과 포장의 작은 초코 과자.
이것저것 섞여 있어서 순수한 초콜릿은 아니다.

**담배 모양의 딱딱한 과자**
야산에 가끔 버려져 있는 담배처럼 생긴, 가늘고 긴 과자.

## 50엔

**다시마 초절임**
매콤달콤하고 식감이 좋은 흑갈색 음식.

**무 초절임**
핑크색으로 물들인 무 절임. 달콤 짭짤하다.

**솜사탕**

**냉야채**
차가운 물에 식힌 오이, 가지, 미니 토마토 등.

**아이스 캔디**
달콤한 물이나 우유를 얼려 막대에 끼운 것.

## 100엔

**골든 코인 초콜릿**
금색 포장지로 감싼 커다란 코인 초콜릿.

**오뎅**

**중화만두**

**오반야키, 이마가와야키 (\*)**　　\***오반야키, 이마가와야키**: 팥앙금이나 백앙금을 넣은 풀빵의 일종.

**과일**
귤, 사과 같은 과일. (시기, 지역에 따라 천차만별. 더 비싼 것은 막과자집에서는 팔지 않는다)

**병 라무네, 주스, 스포츠 드링크**
달콤한 음료. 과일향이 나는 것, 기포가 올라오는 것 등 다양한 종류가 있다.
구슬이 들어 있는 것도 있다. 캔이나 페트병에 들어 있다.

## 300엔

**몬자야키 (\*)**　　\***몬자야키**: 일본 관동 지방의 철판 요리.

**야키소바**

겨울은 끝을 고하는 계절.
결실과 생명을 감춰버리는 계절.
잠시 멈춰 서서 생각에 잠기는 계절.

여기에서는 『저녁노을 어스름』의 이야기꾼에 관해 설명합니다.
이야기꾼이 어떤 일을 해야 하는지.
이야기는 어떤 식으로 풀어나가는지.
여기에서 배워보시기 바랍니다.
이제부터는 당신이 직접 이야기를 만들어나가야 합니다.

# 이야기꾼이 되려면

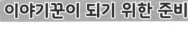

## 이야기꾼이 되기 위한 준비

『저녁노을 어스름』으로 게임을 하려면, 이야기꾼과 PL 모두 게임을 위한 준비를 해야 합니다. 꼭 준비해야 하는 것이 몇 가지 있는데, 돈이 드는 것은 아닙니다. 우선 아래의 준비물을 준비해야 합니다. 이야기꾼 혼자 준비할 필요는 없습니다. 다 함께 분담해서 준비합시다.

### ▼ 이야기꾼과 참가자

이야기는 혼자서 만드는 것이 아닙니다. 이야기꾼인 당신 자신과 세션에 참가할 PL이 필요합니다. PL의 수는 2~3명이 가장 좋지만, 최대 4명 정도도 가능합니다. 5명 이상은 피하는 것이 좋습니다. 사람이 너무 많으면 이야기꾼 혼자서 그들 모두를 통제할 수 없고, 각 PC가 활약할 수 있는 기회도 제한되기 때문입니다.

### ▼ 이 책

세션을 하려면 이 책이 필요합니다. 내용을 암기할 필요는 없지만, 이야기꾼은 룰북의 어디에 무엇이 적혀 있는지 대략 파악해둬야 합니다. 그리고 만약을 위해 이 룰북을 곁에 두고 세션을 시작합시다. PL도 두 번 이상 『저녁노을 어스름』을 할 생각이라면 한 사람당 한 권씩 룰북을 준비해야 합니다. 여러 번 게임을 하려면 규칙을 확실하게 이해해둬야 하는데, 그러려면 룰북이 꼭 필요합니다.

### ▼ 요괴 기록 용지

PC 둔갑 동물이나 이야기꾼이 등장시키는 NPC의 정보를 기록하는 종이입니다. 적어도 참가자의 수만큼은 준비해야 합니다. 요괴 기록 용지는 이 책의 권말에 준비되어 있습니다. 『저녁노을 어스름』을 플레이하기 위해 사용할 때에 한해 마음대로 복사해서 사용할 수 있습니다.

### ▼ 필기도구

요괴 기록 용지에는 여러 가지 내용을 적거나 지워야 합니다. 연필이나 샤프, 그리고 지우개가 필요합니다. 볼펜처럼 쓴 내용을 지울 수 없는 것은 안 됩니다.

### ▼ 카드나 코인

[꿈]을 줄 때, 수치만으로 관리하면 계산에 부담이 따릅니다. 또, 받았다는 사실 자체를 잊어버릴 수도 있습니다.

[꿈]의 수를 관리할 때는 되도록 카드나 코인 같은 대용품을 사용합시다. 카드나 코인을 테이블 중앙에 둬서 주고받는 [꿈]을 관리하고, 【인연】을 높일 때 사용한 [꿈]은 다시 테이블 중앙에 되돌립니다.

세션이 즐거울수록 카드나 코인이 많이 필요해집니다. 되도록 많이 준비해둡시다. 참가자에 따라 차이는 있겠지만, 예를 들어 트럼프 카드를 사용한다면 두 세트는 준비해둬야 안심할 수 있습니다.

### ▼ 시간과 장소

우선 이야기꾼이 이 책을 읽을 시간, 참가자를 모아 게임을 하기 위한 시간과 장소가 필요합니다. 모두 모일 수 있고, 어느 정도 시끄럽게 떠들어도 문제가 없을 만한 장소를 준비합시다.

### ▼ 상냥한 마음

등장 인물, 다른 참가자, 그리고 서로를 상냥하게 대하는 마음을 소중하게 여깁시다!

## 이야기꾼의 역할

이야기꾼은 PC로 세션에 참가할 수 없는 대신, PL이 할 수 없는 다양한 일을 할 수 있습니다.

① 마을을 만든다
② 시나리오를 준비한다

③ 세션을 진행한다
④ 결정을 내린다
⑤ 등장인물이 된다

이야기꾼은 위와 같은 일을 할 수 있습니다. 혹은, 반드시 해야 합니다.

이야기꾼은 이야기를 이끈다는 중요한 역할을 맡습니다. 모두와 함께 만드는 이야기를 더욱 근사하게 만드는 역할이므로, 여러분도 한 번씩 도전해보시기 바랍니다. PL로만 참가할 때는 보지 못했던 것을 볼 수 있습니다.

그럼 각 역할을 자세히 해설하겠습니다.

### ① 마을을 만든다

우선 마을에 이름을 지어야 합니다. 자신의 성에 「마을」이라는 글자를 붙여 「○○ 마을」이라고 정해도 됩니다. 혹은 당신이 지금 사는 마을의 이름을 그대로 사용할 수도 있습니다.

그곳은 당신이 이야기꾼이 되어 게임을 할 때 반드시 사용하는 마을이 됩니다.

이어서 그 마을의 자연에 관한 대략적인 정보를 정합시다.

이것 또한 너무 구체적인 부분까지 생각할 필요는 없습니다. 당신이 잘 아는 지역이 어땠는지 떠올리면서 정하시면 됩니다.

커다란 강은 있습니까?

전기는 문제없이 들어옵니까?

바다는 있습니까?

전철 역은 있습니까?

산에 둘러싸였습니까?

겨울에 눈이 엄청나게 쌓입니까?

혹은, 눈이 거의 내리지 않는 곳입니까?

단, 「다른 곳과 다른 점」은 미리 모두에게 알려줍시다.

우체국이 역에서 얼마나 떨어져 있는지.

공원에 어떤 놀이기구가 있는지.

이런 세세한 설정은 세션을 진행하는 동안 다 함께 만들면 됩니다. 이 장의 마지막에 실려 있는 「사건표」에서 힌트를 얻을 수도 있습니다. 누군가가 바라는 것이 마을에 있을지는 이야기꾼이 결정합니다.

이야기를 진행하다 보면 참가자들은 이야기꾼에게 「공원에 시소가 있을까요?」「이 마을에 편의점이 있을까요?」와 같은 질문을 할 것입니다. 이런 질문에 대한 답변은 이야기꾼이 세션의 내용을 고려해서 마음대로 결정할 수 있습니다. 단, 결정한 사항은 뒷일을 생각해서 되도록 메모로 남겨둡시다. 똑같은 마을인데 세션마다 풍경이 달라진다면 주민들도 곤란할 겁니다.

마을은 이야기꾼과 참가자가 원하는 방향으로 점차 모습을 갖춥니다.

모두가 행복하게 살 수 있는 마을을 만들어봅시다.

혹시라도 마음에 드는 마을을 좀처럼 준비할 수 없다면, 가을의 장에서 소개한 『히토츠나 마을』을 마음껏 사용하시기 바랍니다.

### ② 시나리오를 준비한다

이야기꾼의 역할 중에서도 가장 손이 많이 가는 역할입니다.

아무것도 없는 곳에서 갑자기 이야기가 시작될 리가 없습니다. 이야기에는 대략적인 줄거리가 필요합니다. 이것을 시나리오라고 부릅니다. 『저녁노을 어스름』의 시나리오는 영화나 연극의 시나리오와는 달리 대략적인 줄거리만 적혀 있습니다. 소위 말하는 이야기의 토대인 셈입니다. 실제 이야기는 참가자와 함께 세션을 플레이하면서 만듭니다.

따라서 이야기꾼은 시나리오로 미리 정해둔 내용보다 세션을 진행하는 동안 PL이 제안한 내용이 더 재미있을 것 같다면 PL의 제안을 우선합시다. 물론 이야기의 내용을 고려했을 때 채용할 수 없는 제안은 억지로 채용하지 않아도 됩니다.

이야기꾼을 하는 것이 처음이라면, 우선 이 책에 실린 시나리오로 게임을 해봅시다. 맨 앞에 실린 리플레이도 참고해보면 도움이 됩니다. 그리고 어느 정도 익숙해지면 가을의 장 곳곳에 적혀 있는 「이야기의 소재」를 재료 삼아 당신 자신의 시나리오를 만들어봅시다. 사건표 규칙(P145~)를 사용할 수도 있습니다. 물론 곧바로 당신만의 이야기를 떠올렸다면 그것으로 시나리오를 만들면 됩니다.

시나리오를 준비할 때는 당장 필요한 준비만 해둬도 됩니다. 즉, 이 책에 실린 시나리오처럼 미리 세세한 부분까지 정해둘 필요는 없습니다(물론 이때도 예시 시나리오의 형식은 참고할 수 있습니다). 물론 당신이 그 정도로는 충분하지 않다고 생각한다면 더 구체적인 부분까지 준비해도 됩니다.

시나리오에 필요한 것은 「곤경에 처한 캐릭터」입니다.

그것은 사람이 아닌 동물, 둔갑 동물, 요괴, 토지신님일 수도 있습니다.

「누군가」가 「무언가」로 곤란해하고 있습니다.

이것이 이 게임의 기본적인 스토리입니다. 그리고 그 「무언가」가 누군가의 악의나 퇴치해야 할 악당이어서는 안 됩니다. 대부분은 당사자나 다른 사람들이 잘만 하면 어떻게든 해결할 수 있을 만한 문제일

것입니다. 하지만, 바로 그렇기에 도와준다는 것에 특별한 의미가 생기는 법이기도 합니다. 이 책에서 소개한 시나리오나 「이야기의 소재」를 보고, 당신 자신이 손쉽게 다룰 수 있는 문제를 생각해봅시다.

그것만 떠올린다면 시나리오는 완성된 것이나 다름없습니다. PC들의 역할은 곤경에 처한 사람에게 한 걸음 앞으로 나아갈 힘을 주는 것입니다. 그리고 이야기꾼의 역할은 곤경에 처한 사람과 PC들을 연결하는 징검다리가 되어주는 것입니다.

PC들과 곤경에 처한 이가 만났다면, 어떻게든 구원받을 수 있도록 유도해봅시다. 그리고 친절하게도 도와주기 위해 애쓴 PC들이 '아, 정말 잘 됐다'라며 안심할 수 있는 결말을 만들어줍시다. 결말은 세션 내내 노력한 PC들이 보답 받을 수 있는 내용이어야 합니다.

사건이 「언제」, 「어디서」 벌어진 일인지, 해결하기 위해 어디에 가야 하는지도 정해둬야 합니다. 이 것은 그대로 시나리오를 구성하는 [장면]의 수가 됩니다. [장면]의 수는 시나리오당 4개에서 5개 정도가 적당합니다. 리플레이나 이 책에 실린 시나리오를 참조해봅시다.

같은 장소에서 이야기가 진행되는 시나리오라도 몇 가지 계기를 기준으로 [장면]을 나눠야 합니다. 그러지 않으면 세션에서 【신비】도, 【마음】도 생기지 않습니다.

이것은 이야기를 준비하기 위한 가장 기본적인 규칙인데, 이야기꾼은 PC와 달리 세션에서 사용할 수 있는 【신비】와 【마음】이 정해져 있습니다. 이야기꾼이 사용할 수 있는 【신비】나 【마음】은 [장면]을 진행해도 늘어나지 않으며, 기본적으로 10~20점의 【신비】와 【마음】을 [장면]마다 받습니다. 이것은 쓰고 남아도 다음 [장면]으로 가지고 갈 수 없습니다.

이야기꾼이 [장면]마다 가지고 시작하는 【신비】와 【마음】의 기준을 제시하자면, 평범한 시나리오라면 [장면]마다 10점씩, 둔갑 동물이나 토지신님이 등장하는 시나리오라면 [장면]마다 20점씩으로 설정하는 것이 무난합니다.

이야기꾼이 아무리 많은 NPC를 내놓더라도 [장면] 동안 사용할 수 있는 【신비】나 【마음】은 처음에 정한 수치에서 변하지 않습니다. 이것은 이야기꾼의 부담을 줄이기 위한 규칙입니다. 따라서 이야기꾼이 등장시킨 NPC가 가지는 【인연】은 둔갑 동물 PC들에게만 영향을 줍니다. 어느 정도 규칙에 익숙해진 PL에게는 이 사실을 가르쳐줘도 무방합니다.

### ③ 세션을 진행한다

세션에서 나레이션을 하는 것도 이야기꾼의 역할입니다. 이야기꾼은 [장면]의 시간과 장소, 계절이나 날씨, 등장인물의 발소리까지도 참가자들에게 가르쳐줘야 합니다. 단, 아직 익숙하지 않을 때는 억지로 세세한 부분까지 묘사하지 않아도 됩니다.

「구름이 많이 낀 어느 가을 날 저녁, 여러분은 공원에 있습니다. 하늘이 어두운 탓인지 아이들은 다들 돌아가서 아무도 없네요.」

처음에 이렇게 말해두기만 해도 PL들은 공원이 어떤 장소인지, 평소에는 어땠는지를 물어볼 겁니다. 설령 질문이 없더라도, 세션 도중에 필요해지면 진행하기 편하도록 묘사를 추가하거나 변경하면 됩니다.

「공원에 있는데, 비가 내리기 시작합니다.」

이럴 때, PC는 비를 피할 장소를 찾기 시작할 것입니다. 처음에 그런 것을 고려해 비를 피할 장소를 가르쳐줘도 되고, 누가 물어보면 알려줄 수도 있습니다.

「비를 피하려고 미끄럼틀 아래에 들어가보니 웬 봉투가 있군요.」

이렇게 참가한 PL의 질문에 대답하기만 해도 세션은 진행됩니다. 하지만 아무도 질문을 하지 않거나, PC들이 예상과 다른 행동을 할 때도 있습니다. 그럴 때도 가능한 한 임기응변으로 세션을 진행합시다. 예를 들어 위의 예시에서 PC가 미끄럼틀 아래에서 비를 피하느니 그냥 공원을 나가려고 한다면……

「공원 출구에서 비에 젖은 봉투를 발견했어요.」

……라고 말해봅시다.
혹시 적절한 대응 방법이 떠오르지 않는다면, 일단 모두에게 판정을 요구합시다(위의 예시라면 【동물】 판정이 어울립니다). 그리고 가장 높은 결과를 낸 PC에게 이렇게 말하면 됩니다.

「공원을 나가려고 했는데, 미끄럼틀 아래에 누군가가 떨어뜨린 봉투가 있는 걸 알아차렸어요.」
그것만으로도 세션 진행이 훨씬 쉬워집니다.
그리고 이야기의 무대가 저녁의 공원에서 다른 장소로 넘어갈 것 같다면, [장면]을 바꿉시다.

장소를 옮길 때, 혹은 시간이 아침에서 낮으로, 낮에서 저녁으로, 저녁에서 밤으로 바뀔 때는 [장면]을 바꿔야 합니다. 그러므로 시나리오에는 몇 개의 [장면]을 준비해둬야 합니다. 하지만 PL이 준비한 [장면]과는 다른 [장면]을 원하거나, 당신 자신이 다른 [장면]을 준비할 필요를 느꼈다면 임기응변으로 그 필요에 응하도록 노력해봅시다.

「시나리오에 따르면 다음 [장면]은 ○○한 [장면]인데……. 그보다 이런 [장면]이 더 나을까?」
「이야기꾼? 저는 이런 [장면]이 있으면 좋겠는데, 부탁해도 될까요?」

이런 식으로 이야기꾼과 PL이 다 함께 의논해서 시나리오에 없는 [장면]이나 NPC를 만들어도 아무 문제없습니다. 시나리오로 준비한 것보다 더 재미있는 이야기가 참가자 모두의 협력으로 만들어지는 것 또한 『저녁노을 어스름』에서 맛볼 수 있는 즐거움입니다.

단, 당신이 초보 이야기꾼이고, PL의 요청에 대응할 수 없을 것 같다면 「죄송해요. 그건 어려울 거 같아요.」라고 대답해도 됩니다. 너무 고민하다가 세션이 멈춰버리는 것보다는 그게 낫습니다.
이야기꾼이 세션의 진행을 담당한다고는 해도, PC의 행동을 속박해서는 안 됩니다. 되도록 PC의 판단이나 행동을 존중하고, 그들의 제안을 채용하도록 궁리해보시기 바랍니다.

### ④ 결정을 내린다

PC가 판정에 사용할 능력치를 정하거나, 목표로 할 능력치 수치를 정하는 것도 이야기꾼의 중요한 역할입니다. 필요치나 판정 방법에 관해서는 판정 항목을 참조하시기 바랍니다. 때로는 판정에 어떤 능력치를 사용할지를 두고 참가자 사이에서 의견이 나뉠 수도 있습니다. 그럴 때는 이야기꾼이 어떤 능력치를 사용할지 결정합니다. 혹시라도 이야기꾼이 독단으로 결정을 내리는 것에 부담을 느낀다면, 여러 능력치를 후보로 내세워 판정하는 사람이 원하는 능력치를 고르게 해도 됩니다.

또, 이야기꾼은 각 PC의 언동을 잘 보고, 솔선해서 [꿈]을 줘야 합니다. 이야기꾼이 먼저 [꿈]을 주지 않으면 참가자들이 서로에게 [꿈]을 주기를 주저할 수도 있습니다. 어떤 대사나 행동에 [꿈]을 줘야할지 모르는 참가자에게 예시를 보여주기 위해서라도 이야기꾼은 솔선해서 모두에게 [꿈]을 줍시다.

또 하나, 이야기꾼이 남몰래 신경 써야 하는 것이 있습니다.

바로 PC들의【약점】을 파악해두는 것입니다.

이야기꾼은 세션을 시작하기 전에, PC 전원의 요괴 기록 용지를 보고 메모해둡시다. PC는 다양한 【약점】을 가지고 있습니다. 이야기꾼은 그것을 완벽하게…… 는 어렵더라도 어느 정도 파악해둬야 합니다. PC가【약점】에 해당하는 행동을 시도할 때는 【약점】을 잊지 않았는지 확인하거나,「할 수 없다」고 주의를 줘야 합니다.

그리고 자기 PC의【약점】을 정확하게 파악해서 적절히 행동하는 PL이 있다면 [꿈]을 줍니다.

### ⑤ 등장인물이 된다

이야기꾼의 역할 중에서도 가장 중요한 역할은 곤경에 처한 사람을 매력적으로 연기하는 것입니다.

시나리오의 중심은 PC들의 도움을 받을 사람(혹은 둔갑 동물이나 동물, 토지신님)입니다. 곤경에 처한 사람은 PC들이 도와주고 싶어할 만한 상대여야 합니다. 그리고 그런 NPC를 연기하는 것이 바로 이야기꾼의 역할입니다. 가장 어려운 역할이라고 할 수 있습니다.

이야기꾼은 만화, 소설, 드라마, 영화 등을 참고해서 기술을 연마하고, 더 나아가 PL도 체험해보면서 적극적으로 연기력을 키워야 합니다. PL이 보기에도 매력적이고, 당신 자신도 즐겁게 연기할 수 있는「곤경에 처한 사람」을 만들 수 있도록 노력해봅시다. 좋은 연기의 기준은 참가자들이 당신에게 주는 [꿈]이 가르쳐줍니다.

이야기꾼은 곤경에 처한 인물 외에도 사건의 주변 인물들이나 잠시 스쳐 지나갈 뿐인 NPC도 연기해야 합니다. 시나리오의 줄거리와 별 관계가 없는 NPC 라면 참가자에게 그 존재를 알리기만 해도 충분하지만, 중요 NPC는 그렇지 않습니다. 시나리오에 따라서는 여러 명의 중요 NPC가 등장하기도 합니다. 그럴 때도 이야기꾼은 각 인물의 비중을 적절히 나눠가며 연기해야 합니다.

다만, 연기에 아직 익숙하지 않을 때는 너무 욕심부리지 말고, 시나리오의 중심이 되는 NPC를 정해 철저하게 그 인물만 연기하는 데 전념합시다.

또, 당연한 이야기지만 NPC 연기에만 몰두한 나머지, PC들을 소홀히 대하지 않도록 주의해야 합니다. 이야기의 주역은 어디까지나 PC들입니다.

이야기꾼은 NPC가 PC에 대해 가지는【인연】도 만들어야 합니다.

인물을 매력적으로 연기했다면 [장면]마다 어느 정도의 [꿈]을 받을 수 있을 겁니다.

어느 NPC가 얻은 [꿈]인지를 이야기꾼이 생각할 필요는 없습니다.

[막간]이 되면 얻은 [꿈]을 사용해서 참가자들과 함께 직전의 [장면]에 등장한 NPC와 PC의【인연】을 높입니다. 이때, 되도록 NPC의 입장에 서서【인연】이 깊어졌을 법한 상대와의 관계를 높입시다.

## 시나리오 읽는 법

시나리오의 각 항목을 간단히 설명하겠습니다. PL은 플레이할 예정인 시나리오를 미리 읽는 일이 없도록 주의합시다.

### ▼ 등장인물

주요 NPC의 정보가 적혀 있습니다. 직접 만들었을 때는 해당 NPC의 특징을 살려줄【특기】를 1~3개 정도 설정할 수도 있습니다.

### ▼ 필요 시간

세션을 할 때 참고합시다. 초보자가 참가했을 때나 채팅 위주의 ORPG를 할 때는 예정 시간을 좀 더 길게 잡아야 합니다.

### ▼【신비】와【마음】

시나리오에서 이야기꾼이 [장면]마다 사용할 수 있는【신비】와【마음】이 적혀 있습니다.

### ▼ 이야기의 개요

시나리오의 [장면] 수와 내용 설명이 적혀 있습니다.

### ▼ 이야기꾼의 준비

주요 NPC, 그 밖에 따로 준비해야 하는 것, 해당 시나리오의 특별한 조건 등이 적혀 있습니다.

### ▼【○ 번째 [장면]】

[장면]의 장소와「시간」, 설명이 적혀 있습니다. 참가자는 캐릭터의 행동을 정할 때 참고합시다. [장면]의「시간」은 PC의 둔갑 코스트와 관계가 있습니다.

### ▼ [장면] 종료

해당 [장면]이 종료하는 조건이 적혀 있습니다. 하나의 [장면]이 너무 길어지지 않도록 하기 위한 기준입니다. 이야기꾼은 그 밖의 다른 조건으로 [장면]을 마칠 수도 있습니다.

# 🐾 특기 사용법 🐾

【특기】를 잔뜩 가지고 있는데, 세션 동안 그것들을 전부 사용할 수 없어서 고민한 적은 없으십니까?

애초에 세션 동안 PC가 【특기】를 억지로 사용할 필요는 없습니다. 【특기】를 사용해서 [장면]이 더 재미있어질 때만 사용해도 충분합니다. 물론 【특기】로 곤경에 처한 사람이나 동물을 구할 수 있을 것 같다면 주저하지 말고 써야 합니다. 하지만 반드시 모든 【특기】가 시나리오의 문제를 해결할 때 도움이 된다는 보장은 없습니다. 또, 항상 【특기】로만 문제를 해결해야 한다는 법 또한 없습니다.

재미있는 [장면]을 만들기 위해 가벼운 연출로서 사용하거나, PC의 개성이나 능력을 표현하기 위해 사용하는 것도 엄연한 【특기】의 용도입니다. 그 점을 의식하면 【특기】를 사용할 기회도 늘어날 것입니다.

또, PC의 【추가 특기】를 선택할 때, PL이 무엇을 고를지 고민할 수도 있습니다. 『저녁노을 어스름』에서는 캐릭터의 수치적인 강함은 그다지 중요하지 않으므로, 【추가 특기】를 고를 때도 수치적으로 유리할지는 신경 쓰지 않아도 됩니다. 그보다는 PC의 특징을 표현할 수 있을 만한 【추가 특기】를 고릅시다.

대응하는 【약점】을 보고 「PL이 연기하기 편할 것 같은 【추가 특기】」, 「PL이 재미있다고 생각하는 【추가 특기】」를 고르는 것도 괜찮은 방법입니다.

PL이 연기하기 편한 【약점】을 가지고 있으면 세션 동안 해당 【약점】을 RP할 기회가 자주 발생할 것이고, 결과적으로 더 많은 [꿈]을 받을 가능성이 커집니다. 왜냐하면 (비록 PC 본인은 불편하겠지만) 【약점】을 RP하는 모습이 이야기꾼이나 PL에게 흐뭇한 광경으로 여겨질 때도 많기 때문입니다. 【약점】 또한 캐릭터의 매력이라는 것을 기억해두면 RP가 한층 더 재미있을 것이고, 【특기】 활용의 선택지도 늘어납니다.

# 시나리오1

# 여우 신사에서

● **등장인물**
둔갑 여우 「하치만 스즈네」

● **필요 시간**
2시간

● **【신비】와 【마음】**
이 시나리오에서 이야기꾼이 [장면]마다 사용할 수 있는 【신비】는 20점, 【마음】도 20점입니다.

● **이야기의 개요**
[장면] 수: 4개

자기 신사를 묵묵히 홀로 지켜온 둔갑 여우가 있습니다.
ʻ어느 날, 항상 외톨이였던 여우의 신사에 다른 둔갑 동물들이 찾아왔습니다.
처음에는 다른 둔갑 동물들을 얕잡아 보던 여우.
하지만 모두와 이야기를 나누는 사이에 신사에서 홀로 지내는 것이 괴로워졌습니다.

● **시작하며**
이 시나리오는 『저녁노을 어스름』에 처음으로 도전하는 사람을 위한 이야기입니다.
이 이야기 속에서 이야기꾼은 한 명의 NPC에 전념해서 연기할 수 있습니다. [장면] 전환, 규칙 관리, 목표치 설정 같은 역할은 해줘야 하지만, 그 대신 처음부터 대량의 【신비】와 【마음】을 가지고 있으므로 PL들은 엄두도 못 낼 화려한 능력이나 행동을 초반부터 선보일 수 있습니다.
이야기꾼 역할을 맡은 것이 처음이라면 꼭 이 시나리오부터 시도해보시기 바랍니다. NPC 연기 연습을 하기에는 안성맞춤입니다.

만약 당신이 이미 PL로 이 시나리오를 해봤거나, 더 독창적인 시나리오를 바란다면 「어레인지」 항목을 참조합시다.

● **이야기꾼의 준비**
이 시나리오에는 아래의 NPC가 등장합니다.

▼ **둔갑 여우 「하치만 스즈네」**
요괴 4　　동물 1
어른 2　　아이 1
【약점】《거드름》
【추가 특기】《신사》

무대가 되는 마을에서 오랫동안 살아온 둔갑 여우입니다. 다른 둔갑 동물들이 경의를 표하는 존재지만, 그 탓에 내심 쓸쓸할 때도 있는 모양입니다. 인간으로 둔갑했을 때는 고풍스러운 옷을 입은 11살 정도의 소녀가 됩니다.

이야기꾼은 이 시나리오에서 스즈네를 연기할 때, 특히 아래의 세 가지에 주의합시다.

● **여우일 것**
● **【약점】으로 《거드름》을 가지고 있을 것**
● **모두에게 미움받지 않도록 연기할 것**

스즈네는 외로움을 타면서도 어지간해서는 다른 둔갑 동물(PC)에게 본심을 털어놓지 못합니다. 하지만 사실은 PC들과 친해지고 싶어합니다.
만약 당신이 이야기꾼 역할에 익숙하다면 《비밀》이나 《기묘》 같은 【약점】도 추가해볼 수도 있습니다.

시나리오의 무대로는 「가을의 장」에서도 소개한 「히토츠나 마을」을 상정했습니다. 하지만 꼭 「히토츠나 마을」일 필요는 없습니다. 당신 자신이 만든 마을이 이 이야기의 이미지와 일치한다면 그 마을을 그대로 써도 됩니다.

마찬가지로, 이 시나리오에서는 계절에 관한 언급을 따로 하지 않습니다. 다 함께 세션을 플레이하는 계절을 그대로 사용하면 참가자 모두가 이야기에 더 깊이 몰입할 수 있습니다.

이 책의 「봄의 장」에 적혀 있는 내용을 염두에 두고, 이 게임을 재미있게 하는 방법을 가르쳐주면서 PL들이 둔갑 동물을 만들게 합시다. 이때, PC 쪽에도 여유가 있으면 이야기가 복잡해질 수 있습니다. 여우를 제외한 여섯 종류의 동물로 PC를 만들게 합시다.

참가자의 PC가 모두 완성되면 최초의 【인연】을 정하고, 그것을 통해 얻은 【신비】와 【마음】을 참가자들에게 나눠주며 세션을 시작합니다.

스즈네는 세션을 시작하는 시점에는 아직 PC들과의 【인연】을 가지지 않습니다. 여우와 PC들의 【인연】은 이 이야기 속에서 만들어집니다.

## 첫 번째 [장면]

장소: 여우 신사
시간: 낮

**어떤 [장면]?: 하치만 스즈네와 PC가 만나는 장면입니다.**

이 [장면]에서 이야기꾼은 주로 스즈네를 연기합니다. 이야기꾼은 스즈네의 입장을 염두에 두고, 행동할 때 주의를 기울입시다. 물론 PL을 위한 상황 설명도 해야 합니다.

아래의 문장을 모두에게 읽어줍시다.

「별 생각 없이 신사가 있는 숲에 놀러온 여러분은 낡은 사당을 발견했습니다. 나무 사이로 햇볕이 비치는 자리에 덩그러니 버티고 있는 그 사당은 완전히 낡아서 매우 오래된 건물처럼 보입니다. 공물을 바치는 접시에도 지금은 낙엽만 쌓여 있습니다.」

그리고 이 장소에서 PC들이 무엇을 하고 있는지 물어봅시다. 또, 처음에는 모두 동물의 모습일 것이므로, 사람으로 둔갑할지도 확인해둡니다.

행동을 하거나 대사를 말하는 PC에게는 이야기꾼이 솔선해서 [꿈]을 줍니다. 혹시 게임에 익숙한 PL이 있다면 그 사람과 보조를 맞출 수도 있습니다. 『저녁노을 어스름』을 처음 경험하는 사람만으로 세션을 진행할 때는 더 열심히 [꿈]을 줘야 합니다. 약간의 시행착오가 따를 수도 있겠지만, 이야기꾼으로서 참가자들에게 견본을 보일 수 있도록 노력합시다.

PC들이 무엇을 하고 있는지 확인했다면, 그 장소에 관한 질문을 받거나, PC끼리 이야기할 시간을 줍니다. 물론 PC들이 이미 몇 차례의 세션에 함께 참가했던 사이라면 대화할 시간을 따로 할애하지 않아도 됩니다.

이야기꾼을 해보는 것이 처음이라 PL의 질문에 바로바로 대답하기 힘들 때는 조금 시간을 들여 천천히 대답해도 됩니다. 곰곰이 생각해보고, 침착하게 대답합시다(물론 게임에 익숙해져 능숙하게 답변할 수 있다면 그보다 더 좋을 수는 없겠지요!).

장소에 관한 질문을 받았을 때는 다음과 같은 사항에 주의해서 대답합시다.

- 사당은 나무로 만든 건물이고, 비바람으로 상태가 엉망입니다.
- 사당은 작아서 사람이 들어갈 수 없습니다.
- 공물을 바치기 위한 작은 접시와 술병이 있습니다.
- 사당의 문에 자물쇠는 채워져 있지 않습니다.
- 사당의 문 앞에는 낡은 방울이 달려 있습니다.
- 방울에는 너덜너덜한 끈이 달려 있습니다.
- 끈을 당기면 방울이 울립니다. 방울 소리는 신기할 정도로 맑게 울립니다.

이렇게 참가자에게 장소와 상황을 전했다면, 드디어 하치만 스즈네가 등장할 차례입니다.

스즈네는 능력치 【동물】을 【마음】으로 최대 6까지 높여 몰래 나타납니다.

참가자들이 스즈네의 존재를 알아차리려면 마찬가지로 【동물】로 6 이상의 결과를 내야 합니다.

이야기꾼은 「【동물】로 6 이상을 내면 알 수 있는 것이 있어요.」라고 말하면 됩니다.

누군가가 성공하면 몰래 등장하려고 했던 스즈네의 존재를 알아차릴 것이고, 모두 실패했다면 스즈네가 갑자기 말을 걸 겁니다. 무승부였다면 근처에 온 스즈네의 존재를 자연스럽게 깨닫지만, 그녀가 몰래 등장하려고 하는 것은 알아차리지 못합니다.

이야기꾼만 괜찮다면 이것을 여우의 【요괴】를 사용한 [깜짝]으로 처리할 수도 있습니다.

스즈네는 사당의 그늘에서 나타납니다. 이야기꾼에게는 처음부터 사용할 수 있는 점수가 잔뜩 있습니다. 스즈네를 인간 모습으로 둔갑시켜 등장시킬 수도 있습니다.

처음에 한 마디 건넬 때는 【약점】인 《거드름》을 의식해서 잘난 척하며 말해봅시다. 하지만 참가자들을 너무 불쾌하게 해서는 안 됩니다. 어려운 요구이긴 합니다만, 이런 대사를 즉석에서 말할 수 있게 되는 것이 바로 롤플레이의 즐거움입니다.

예를 들어 스즈네라면……

「뭐냐, 너희는? 여기는 내 신사이니라. (뾰로통한 얼굴로)」

이런 식으로 말하면서 PC들의 앞에 나타날 것입니다. 이때, 기왕이면 스즈네의 일러스트(P30)를 PL에게 보여줍시다.

스즈네가 등장하면 PC들과 잠시 이야기를 나누게 해봅시다.

다 함께 스즈네에게 질문을 할 수도 있고, 스즈네가 PC들에게 질문을 할 수도 있습니다. 스즈네의 질문은 아래와 같은 단순한 내용입니다.

「너희는 누구냐?」
「여기에는 왜 왔는고?」

이때, 각 PC에게 둔갑 동물의 입장에서 자기소개를 하게 합시다. 그 후 [만남]으로 【인연】을 만듭니다.

[만남]을 마쳤다면 이 [장면]은 끝납니다. 이어서 [막간]을 처리합니다.

[막간]까지 끝났다면 두 번째 [장면]으로 넘어갑니다.

만약 사람으로 둔갑한 아이가 있다면, [장면]이 바뀌었을 때 다시 코스트를 지불해야 한다는 것을 알려줍시다. 단, 시간대가 저녁이므로 귀나 꼬리까지 감췄을 경우의 이야기입니다만⋯⋯.

**[장면] 종료: 스즈네와 PC가 [만남]의 처리를 마치면 ◂ [장면]을 끝냅니다.**

## 두 번째 [장면]

**장소: 여우 신사**
**시간: 저녁**

### 어떤 [장면]?: PC가 스즈네의 속마음을 알게 되는 장면입니다.

스즈네와 이야기하는 사이에 하늘이 점점 어두워집니다.

산으로 돌아가는 까마귀 소리, 마을 사무소에서 아이들의 귀가를 재촉하는 방송 소리가 들려옵니다.

혹시 낮에 무리해서 둔갑한 PC가 있지는 않았습니까? 하지만 이제 아무런 코스트를 소비하지 않아도 사람에 가까운 모습으로 둔갑할 수 있는 시간이 되었습니다. 참가자들이 그 사실을 깨닫지 못했다면 스즈네의 입을 빌려 알려줍시다.

「이런, 벌써 해가 저물고 있구나. 너희는 나처럼 사람으로 둔갑하지는 못 하는 게냐?」

참가자들이 아직 규칙을 파악하지 못했다면 여기에서 다시 설명합니다. 낮에는 코스트 때문에 둔갑을 꺼렸던 PC라도 지금이라면 그냥 「둔갑합니다」라고 말하기만 해도 둔갑할 수 있습니다.

PC가 둔갑하면 스즈네의 입장에서 인간 모습에 대한 감상을 말해줍시다. 스즈네가 《약점》으로 《기묘》를 가지고 있다면, 아마 현대적인 차림의 아이들에게 이상한 소리를 할 겁니다. 또, 《거드름》을 피우는 성격인 만큼 「내가 더 귀엽다」라고 말할 수도 있습니다.

혹시라도 참가자 모두가 낮 동안 사람으로 둔갑했다면, 스즈네는 PC에게 평소에 어떻게 지내는지 물어봅니다.

PC들에게 평소에 어떻게 사는지 이야기를 나누게 합시다. 물론 그럴 분위기가 아니라면 억지로 이야기를 나눌 필요는 없습니다.

여하튼 이야기 도중에 스즈네 쪽의 정보를 전해야 합니다. 최소한 아래의 정보는 참가자 모두에게 전합시다. 어떻게 전할지는 이야기꾼에게 달렸습니다.

● **오랫동안 홀로 신사에 있었다**
● **이렇게 시끌벅적한 건 오랜만이다**

또, 이 [장면]에서 스즈네가 어떤 【특기】를 사용할 수도 있습니다. 어느 【특기】를 사용하든 상관없지만, 반드시 마지막에 【신비】가 12점 남아 있어야 합니다.

이것은 이번 [장면]의 마지막에 스즈네가 《여우비》를 사용하기 위한 코스트입니다. 《여우비》를 사용했다는 것은 나중에 언급할 판정에 누군가가 성공할 때까지 비밀로 해둡시다.

스즈네와 이야기를 나눴다면, 스즈네의 【어른】(【마음】을 4점 정도까지는 사용해도 됩니다)을 필요치로 삼아 PC들에게 【어른】 판정을 하게 합시다.

성공한 PC는 스즈네가 다음과 같이 생각하는 것을 알 수 있습니다. 여기에 관해 캐물어도, 스즈네는 겉으로는 부정합니다.

● **모두가 와줘서 기쁘다**
● **가능하다면 좀 더 이대로 모두와 함께 있고 싶다**

그렇게 대화가 일단락되었을 무렵. 하늘이 완전히 어두워지고 말았습니다.

어쩌면 누군가가 그만 돌아가자는 말을 꺼낼지도 모릅니다.

그때, 비가 내리기 시작합니다.

이야기꾼은 PC에게 비가 내리기 시작했다는 것만을 알려주고, 곧바로 [장면]을 마칩니다. [막간] 작업까지 마치면 세 번째 [장면]으로 넘어갑니다.

**장면 종료: 비가 내리기 시작하면 [장면]을 끝냅니다.**

## 세 번째 [장면]

**장소: 여우 신사**
**시간: 밤**

**어떤 [장면]?: 스즈네가 본심을 밝히는 장면입니다.**

결국 밤이 되었습니다. PC들이 사람의 모습을 유지할 생각이라면 전원 코스트를 지불해야 합니다.
이 [장면]은 사당 옆의 거목 아래에서 PC 전원이 비를 피하는 상황으로 시작합니다. 스즈네도 함께 비를 피하고 있습니다. 나무는 커다란 노목으로, 지금 내리는 비도 거의 완전히 막아줍니다.

비는 계속 내립니다. 이 비를 내리기 위해 스즈네는 한 번 더 12점의 【신비】를 소비해서 《여우비》를 사용합니다(모두에게는 아직 비밀입니다!).
한숨 돌렸을 무렵, 스즈네는「비가 그칠 때까지 여기 있거라」라고 PC에게 말합니다.
여기에서 이야기꾼은 모두에게 스즈네의 【요괴】를 필요치로 삼아 각자의 【요괴】로 판정하게 합시다(이때, 스즈네는 【마음】을 최대 4점까지 사용합니다).
누군가가 성공하면 스즈네의 【특기】인 《여우비》에 관해 알려줍시다. 성공한 PC는 하늘에 구름이 없고, 나무 사이로 달을 볼 수 있다는 사실을 알아차립니다. 이 비는 달도 떠 있고, 구름도 없는데 내리고 있는 셈입니다.
아무도 이 판정에 성공하지 못했더라도 PC 중 누군가가 내리는 비를 무시하고 돌아가겠다고 말하거나, 비 때문에 난처한 기색을 보이면 스즈네는 고개를 숙이며 자기가 한 일을 고백합니다.
스즈네는 모두가 곁에 있어주기를 원해서, 다시 외톨이가 되기 싫어서 이런 짓을 했던 것입니다.
이 일에 대해 스즈네를 상대로 어떻게 말을 꺼낼지, 그녀를 어떻게 대할지는 참가한 PC에게 맡깁시다.
이야기꾼도 스즈네의 입장이 되어 대답합시다.
이런 대화는 예상보다 더 시간이 걸릴 수도 있습니다.
혹은, 너무나도 간단히 해결되어 버릴 수도 있습니다.

여기에서 중요한 것은 스즈네가 모두를 어떻게 생각하는지를 이야기꾼이 정성을 다해, 말로써 확실하게 전달하는 것입니다.

여기에 예상되는 결론 몇 가지를 예로 들겠습니다.

누군가가 스즈네의 사당에서 하룻밤 머물겠다고 말하거나, 내일 또 오겠다고 말하면 스즈네는 비를 멈춥니다. 단, 제대로 스즈네가 납득하고 믿을 수 있게 이야기해야 합니다.

비가 내리든 말든 돌아가겠다고 말하면 스즈네는 울음을 터트릴지도 모릅니다.

정말로 집에 가버린 PC는 이어지는 마지막 [장면]에 등장할 수 없습니다. 혹시 돌아가려는 PC가 있다면 이야기꾼은 그 점을 미리 설명해줍시다. 되도록 남는 편이 좋습니다.

비가 그치면 스즈네가 모두에게 사과합니다.

스즈네의 사과에 PC들이 각자 어떻게 대답하는지 들어봅시다.

이 [장면]은 여기에서 끝납니다. [막간]을 처리하고 마지막 [장면]으로 넘어갑니다.

이야기꾼은 다음 [장면]이 마지막 [장면]이라는 것을 PC들에게 알려줍시다.

**[장면] 종료: 스즈네의 사과에 대한 PC들의 대응이 정해졌다면 이 [장면]은 끝납니다.**

## 마지막 [장면]

장소: 여우 신사
시간: 낮

**어떤 [장면]?: PC와 스즈네가 이제부터 어떻게 될지 정하는 장면입니다.**

다음 날 낮.

PC는 다시 햇살이 비치는 숲속의 여우 신사에 모였습니다.

스즈네는 처음부터 인간의 모습으로 둔갑합니다.

어제는 그렇게 쓸쓸해 보이더니, 스즈네는 처음 만났을 때처럼 잘난 척하는 태도로 모두를 대합니다. 하지만 PC들은 스즈네가 태도와는 달리 매우 기뻐하고 있다는 것을 알 수 있습니다.

이제부터 어떻게 할지는 가능한 한 PC의 제안에 맡겨보시기 바랍니다.

PC들이 어떻게 해야 좋을지 몰라 난처해 한다면, 스즈네가 작은 목소리로 고맙다고 하는 연출을 추가합시다. PC가 거기에 반응하면 그대로 이야기가 이어질 겁니다.

여기에서 스즈네의 【특수 능력】인 《신사》가 사당을 떠나는 것을 제한하지는 않는다는 사실을 PC들에게 알려주고, 계속 이곳에서 홀로 지낸 스즈네를 어떻게 할지 의논해보라고 합시다.

마을이나 다른 장소로 안내하겠다는 제안이 나오면 스즈네는 곤란한 표정을 지으면서도 고개를 끄덕입니다.

여기에서 이 세션은 막을 내립니다.

참가자 모두에게 「수고하셨습니다」라고 인사한 후, 마지막 [막간]을 처리합니다.

## ● 어레인지

이 시나리오로 게임을 한 뒤에 다른 PC를 데리고 재도전한다면, 시나리오의 내용을 조금 바꿔봐도 재미있습니다.

여기에서는 이 시나리오를 어레인지하는 방법을 알려 드리겠습니다.

물론 같은 내용을 그대로 사용해 여러 번 이야기꾼을 해봐도 매번 새로운 경험을 할 수 있습니다. 그것은 그것대로 재미있을 것입니다.

### ▼ 스즈네 이외의 다른 NPC

무대나 NPC를 조금만 바꾸면 스즈네 말고 다른 등장인물로도 이 시나리오를 거의 그대로 사용할 수 있습니다.

가장 간단한 방법은 토지신님을 등장시키는 것입니다. 장소를 바꿔 그 장소의 토지신님을 등장시키면 그대로 별개의 시나리오가 됩니다.

예를 들어 강변에서 놀고 있는데 그 강의 토지신님인 뱀이 나타났다면, 거의 같은 내용을 별개의 시나리오처럼 즐길 수 있습니다. 물론 산이나 숲에서도 같은 전개를 사용할 수 있습니다. 토지신님이 모두를 돌려보내지 않기 위해 사용하는 힘은 《여우비》보다 훨씬 요란할 수도 있습니다.

좀 더 난이도가 높은 방법이지만, 이야기의 줄거리만 추출해낸다면 다른 NPC로도 「비슷하지만 다른 시나리오」를 만들 수 있습니다. 바로 홀로 외롭게 지내는 둔갑 동물이나 인간의 곁에 둔갑 동물들이 모여들어 교류하는 이야기입니다. 그들은 여우처럼 비를 내리게 할 수는 없지만, 대신 돌아가지 말아달라고 직접 부탁할 수는 있습니다.

이때, 말을 꺼내는 타이밍으로는 【세 번째 [장면]】을 추천합니다. 【두 번째 [장면]】은 회화를 일단락하는 용도로 사용한 뒤, 일단 끝내는 것이 낫습니다.

### ▼ 이야기꾼을 번갈아가며 하기

이 게임에 어느 정도 익숙한 멤버와 플레이할 때, 혹은 참가자 중에 상상력이 풍부한 사람이 있을 때는 그 사람에게 이어지는 이야기의 이야기꾼을 맡겨볼 수도 있습니다.

이 이야기에서 다음 이야기로.

즉, 이야기꾼인 당신이 둔갑 여우를 사용하는 참가자가 되어 다른 이야기꾼의 세션에 참가하는 것입니다.

항상 이런 시도를 할 수 있는 것은 아니지만, 다 함께 교대로 이야기꾼을 하면서 여러 개의 세션에 참가해보면 하나의 이야기를 즐길 때보다 더 재미있을 겁니다.

【끝】

# 시나리오2

# 밤에 흐느껴 우는 소리

## ● 등장 인물

인간 아이 「오이카와 카즈키」
강아지

## ● 필요 시간

2시간

## ● 【신비】와 【마음】

이 시나리오에서 이야기꾼이 [장면]마다 사용할 수 있는 【신비】는 10점, 【마음】도 10점입니다.

## ● 이야기의 개요

[장면] 수: 5개

한 아이가 어느 날 학교에 숙제를 두고 왔습니다. 계절은 가을. 실컷 놀고 나서 학교에 찾으러 갈 생각이었는데, 하늘이 점점 어두워집니다.

그때 아이는 둔갑 동물들과 만나, 무서워하면서도 밤의 학교에 숙제를 가지러 갑니다.

한밤 중의 어두운 교사 안에서 아이가 흐느껴 우는 소리가 들립니다.

교사 출구에서 들려오는 그 소리의 정체는……?

## ● 시작하며

이 시나리오는 『저녁노을 어스름』을 몇 번 해본 적이 있는 사람을 위한 이야기입니다.

『여우 신사에서』에 이어 플레이해볼 수도 있습니다(스즈네는 등장하지 않습니다만).

이 시나리오에서 이야기꾼은 자기가 연기하는 등장인물을 일부러 겁주고 「깜짝」 놀라게 해야 합니다. 또, 무대의 상황도 세세하게 묘사해야 합니다.

이 시나리오는 마지막 [장면]을 제외한 모든 [장면]의 시간대가 「밤」입니다. PC가 사람으로 둔갑하기 위한 코스트의 관리에 주의하시기 바랍니다.

또, 시간대 관계상 【약점】으로 《새눈》을 가진 「새」 PC는 참가가 어려울 수 있습니다.

## ● 이야기꾼의 준비

이 시나리오에는 아래의 NPC가 등장합니다.

### ▼성실한 소년 「오이카와 카즈키」

요괴 0   동물 1
어른 3   아이 1

성실하고 공부를 잘하는 9살짜리 남자애입니다. 이번 시나리오에서는 학교에 두고 온 숙제가 마음에 걸린 나머지, 그것을 가지러 굳이 한밤 중의 학교에 찾아왔습니다. 다른 사람이나 동물에게 폐를 끼치지 않는 올곧은 소년입니다. 이야기꾼이 바란다면 소녀로 바꾸거나, 나이를 조금 조정할 수도 있습니다.

만약 지금까지 PC가 만난 NPC 중에 비슷한 타입의 성실한 소년이 있다면, 그 아이로 교체해도 좋습니다. PC도 그러는 편이 더 친밀감이 솟아날 것입니다.

### ▼길 잃은 강아지

요괴 0   동물 1
어른 1   아이 1

작은 강아지입니다. 어미는 근처에 없는지, 홀로 길을 헤매다가 학교에 들어오는 바람에 외로워하고

있습니다. PC를 다치게 할 만한 짓은 하지 않습니다. 만약 PC 중에 둔갑 개가 있다면 남의 일 같지 않을 것입니다. 이야기꾼이 원한다면 강아지가 아니라 아기 고양이로 바꿔도 됩니다.

강아지의 이름은 세션 동안 PC나 다른 친구들이 붙여줍시다.

## 첫 번째 [장면]

**장소: 학교 앞의 공터**
**시간: 밤**

달이 밝은 어느 날 밤.

PC들은 학교 앞 공터에 모여 있습니다.

공터에는 키 큰 풀이 무성하고, 하늘에 뜬 달이 매우 잘 보입니다. 달리 볼 일이 있는 것은 아니고, 그냥 오늘따라 왠지 달이 보고 싶었다든가, 다른 아이들과 함께 있고 싶었다든가 하는 이유로 모인 것입니다.

각 PC에게 무슨 이야기를 하고 있는지, 뭘 하는지 물어봅시다.

PC들의 상황을 확인했다면, 이야기꾼은 그 장소에 관한 질문을 받고, PC끼리 이야기를 나누게 합시다. 물론 PC들이 이미 몇 차례의 세션에 함께 참가했던 사이라면 이런 시간을 따로 준비할 필요는 없습니다.

PC들이 공터에서 뭘 하고 있는지 이야기꾼이 대강 파악했다면 세션을 진행합시다.

PC들은 한 아이가 달빛 아래에서 벌벌 떨며 학교 쪽으로 가는 것을 봅니다.

인간 소년, 오이카와 카즈키입니다.

여기에서 카즈키가 PC들을 알아차리고 덜덜 떨며 거기 누구 있냐고 물어보면서 이야기가 시작합니다.

이때, PC는 카즈키의 눈을 피해 숨을 수도 있습니다. 단, PC들이 먼저 그런 제안을 하지 않았다면 이야기꾼이 그 사실을 말해줄 필요는 없습니다.

여기에서 중요한 것은 어디까지나 카즈키와 PC들을 만나게 하는 것입니다. 그대로 못 본 척하고 보내버리면 곤란합니다.

그리하여…… 처음에는 조금 놀랄지도 모르지만, 카즈키는 PC들과 만나게 됩니다.

우선 자기소개를 하고, 잠시 이야기를 나누면서 [만남]을 처리합시다.

모두가 【인연】을 얻었다면 카즈키는 사정을 설명합니다.

카즈키의 사정이란 다음과 같습니다.

● **교실에 숙제를 두고 왔다**
● **다시 찾으러 가야 하는데, 무섭다**
● **PC들이 함께 가주면 좋겠다**

학교는 바로 옆이고, 무언가 위험한 일이 일어날 것이라고는 생각하기 힘든 상황입니다.

이대로 집까지 돌려보내기보다는 숙제를 찾으러 가는 편이 낫다는 것을 강조합시다.

다 함께 눈앞에 있는 학교에 가기로 했다면 이 장면은 끝납니다.

[막간] 작업을 하고, 두 번째 [장면]으로 넘어갑니다.

**[장면] 종료: 카즈키와 PC들이 [만남]의 처리를 마치면 [장면]을 끝냅니다.**

## 두 번째 [장면]

**장소: 학교**
**시간: 밤**

**어떤 [장면]?: PC들이 밤의 학교에 들어가는 장면입니다.**

PC들과 카즈키는 달빛이 비치는 문을 지나 아무도 없는 학교에 들어갑니다.

달이 찬란하게 빛나는 반면, 학교는 매우 조용해서 아무런 기척도 느껴지지 않습니다.

밤에도 여전히 열려 있는 옆문으로 학교에 들어옵니다.

들어갈 때는 무서운 기분을 얼버무리기 위해 간단한 대화라도 나눠봅시다.

학교 안은 깜깜한 데다가 걸을 때마다 목조 건물의 바닥이 삐걱삐걱 울려서 이건 이것대로 무섭지만, 딱히 무슨 일이 벌어지지는 않습니다.

달빛이 새어 들어오는 학교 안에서 다 함께 카즈키가 놓고 온 숙제를 찾으러 갑니다.

여기에는 따로 판정을 준비하지 않았습니다. PC들이 뭔가를 시도하거나 제안하지 않는다면 아무 일 없이 이 교실에 도착해서 숙제를 손에 넣을 수 있습니다.

그리고 다시 돌아올 때.

교실에서 나오려는 순간…… 모두에게 【동물】 판정을 요구합시다.

수치가 4 이상인 PC는 희미하게 들려오는, 어린아이가 흐느껴 우는 듯한 소리를 알아차립니다. 이때, 함께 온 카즈키는 이 울음소리를 반드시 알아차립니다. 그리고 [깜짝] 놀라 비명을 지릅니다.

소리를 눈치채지 못한 PC들은 오히려 이 비명 탓에 놀랄지도 모릅니다. 하지만 PC들은 이 시점에서 [깜짝] 놀라지는 않습니다.

**[장면]의 종료: 카즈키가 [깜짝] 놀라면 [장면]을 끝냅니다.**

## 세 번째 [장면]

장소: 복도에서 신발장으로
시간: 밤

**어떤 [장면]?: 흐느껴 우는 소리가 점점 가까워지는 장면입니다.**

학교 안.

복도를 걸어 출구 쪽으로 갑니다.

카즈키는 완전히 겁에 질려서, 손을 붙잡고 끌어주지 않으면 앞으로 나아가지도 못합니다.

다 함께 격려하면서 데리고 갑시다.

카즈키를 잘 달래주지 않으면 도중에 울어버리거나, 출구까지 가는 것이 무서워 멈춰설지도 모릅니다.

그리고 출구 근처까지 오면.

또…….

흐느껴 우는 소리가 들립니다. 이번에는 좀 더 가까운 곳에서.

판정할 필요도 없습니다. 바로 곁에서 작은 아이가 흐느껴 우는 소리가 갑자기 모두에게 들립니다.

여기에는 PC들도, 카즈키도 강도 8로 [깜짝] 놀랍니다.

카즈키가 평정심을 유지할 수 없도록 【마음】을 조절합시다. 놀라서 주저 앉거나, 비명을 지르는 정도가 적당합니다.

그리고 누군가가 비명을 지르면…… 또 다시 흐느끼는 소리가 들립니다.

소리는 점점 가까워지는 것 같습니다.

점점 가까워지는 울음소리.

소리는 이제 출구 바로 옆에서 들려옵니다!

여기에서 장면을 마칩시다.

[막간] 작업을 하고, 네 번째 [장면]으로 넘어갑니다.

**[장면] 종료: 흐느껴 우는 소리가 바로 근처까지 가까워졌을 때 [장면]을 끝냅니다.**

## 네 번째 [장면]

**장소: 학교 출구**
**시간: 밤**

**어떤 [장면]?:** 흐느껴 우는 소리의 정체를 알아내는 장면입니다.

이야기꾼은 PC에게 【동물】 판정을 요구합시다.

결과가 6 이상이라면 그 소리가 출구 옆 수풀에서 들리는 것을 알게 됩니다.

그리고 성공한 PC에게는 【어른】으로도 판정하게 합니다.

결과가 7 이상이라면 그 소리가 사람의 울음소리가 아니라는 것을 알 수 있습니다.

카즈키는 지금도 무서워서 도망치고 싶어하지만…… 누군가가 용기를 내서 수풀에 가보면 작고 귀여운 강아지가 있는 것을 발견합니다.

「끼잉! 낑!」

다가오는 PC를 보고 강아지는 어떻게 해야 할지 모르겠다는 얼굴로 혀짧은 소리를 내며 짖습니다.

소리의 정체가 바로 이 강아지라는 것은 누가 봐도 일목요연합니다.

겁이 나서 PC를 붙들고 늘어지던 카즈키도 소리의 정체가 강아지라는 것을 알고는 부끄러워합니다.

작은 강아지는 쓰다듬어주면 금세 PC를 따릅니다. 하기에 따라서는 PC나 카즈키에게 애교를 부리기도 합니다.

쓰다듬어줬다면 강아지와 PC의 [만남]을 처리합시다.

또, 둔갑 개가 있다면 이 강아지가 「배고파」, 「추워」라고 말하는 것을 알 수 있습니다.

작은 강아지가 추운 밤에 혼자 있는 모습을 보면 PC들도, 카즈키도 불쌍하게 여길 것입니다.

이 작은 강아지를 어떻게 할지 PC들과 카즈키가 의논하는 자리를 마련합시다.

어떻게 할지 결정했다면 카즈키는 집에 돌아갑니다. 어쩌면 강아지와 함께 돌아갈 수도 있습니다.

강아지를 카즈키가 데리고 갈지, PC들이 돌볼지는 이야기꾼과 PC 전원이 의논해서 결정합시다. 참가한 PC 중에 개가 있다면 아마 남의 일 같지 않을 것입니다.

강아지를 어떻게 할지 의논해서 결정을 내렸다면, 이 [장면]은 끝납니다.

이야기꾼은 이어지는 [장면]이 마지막 [장면]이라는 것을 PL에게 알려줍시다.

**[장면] 종료: 강아지를 어떻게 할지 정했다면 [장면]을 끝냅니다.**

## 마지막 [장면]

**장소: ?**
**시간: 다음 날 저녁**

앞 [장면]의 마지막 부분에서 강아지를 어떻게 하기로 했습니까?

그 결과에 따라 이번 [장면]의 무대가 달라집니다.

다음 날 저녁, 다 함께 강아지가 있는 장소에 모입니다.

상정할 수 있는 결과를 몇 가지 적어두겠습니다. 하지만 이것은 어디까지나 예시에 불과합니다. 카즈키와 PC들이 이야기를 나누다가 다른 결말을 이끌어냈다면 이야기꾼은 그 결말을 존중합시다.

### ▼ 카즈키가 집에서 기른다

이 경우, PC들은 다음 날 학교를 마친 카즈키와 함께 카즈키의 집에 갑니다.

카즈키와 이야기를 나누면서 집에 도착하면 기운을 차린 강아지가 반겨줍니다.

다 함께 한동안 강아지와 놀아주고, 세션을 마칩니다. 원한다면 강아지의 이름을 지어줄 수도 있습니다.

### ▼ 새 주인을 찾는다

카즈키가 학교에서 강아지를 키워줄 사람을 찾아옵니다.

새로운 주인으로는 『귀한 아가씨』(「사람들」 항목 참조)가 적당합니다. 혹시 지금까지 경험한 세션에서 강아지를 키워줄 만한 인물이 있다면, 그 인물을 새로운 주인으로 등장시킬 수도 있습니다.

이러면 그 인물과 PC들도 덩달아 사이가 좋아질 것입니다.

처음 만난 사이라면 [만남] 처리를 해서 【인연】을 만들 수도 있습니다.

그 인물과 카즈키, 강아지까지 한 자리에 모여 대화를 나누면서 이야기는 막을 내립니다.

### ▼ 둔갑 동물들이 돌본다

다음 날 저녁, 방과 후에 카즈키가 학교 앞 공터를 찾아옵니다.

PC들은 강아지와 놀고 있습니다.

카즈키는 자기 집에서는 개를 키울 수 없다며 미안해합니다. 그 대신, 강아지에게 먹이기 위해 도시락을 조금 남겨서 가져옵니다.

PC가 강아지를 키울 주인을 찾자고 제안하면, 카즈키는 당장 다음 날에라도 키워줄 사람을 찾아올 것입니다.

카즈키와 PC들이 강아지를 어떻게 할지 상의하거나, 함께 놀면서 세션을 마칩니다.

이것으로 이 이야기는 막을 내립니다.

참가자 모두에게 「수고하셨습니다」라고 인사한 후, 세션의 뒷처리를 합시다.

### ● 어레인지

이 시나리오의 속편으로 강아지의 부모나 친척이 등장하는 이야기를 다룰 수도 있습니다.

혼자가 된 강아지가 가족의 품으로 돌아갈 수 있을지, 가족들과는 무슨 일이 있었는지……. 그런 것을 생각해보며 시나리오를 만들어봅시다.

등장한 강아지를 다른 집, 혹은 동물원에서 탈주한 다른 동물로 바꿔서 시나리오를 만들어도 재미있을 겁니다. PC들은 밤의 학교 대신 동물원이나 박물관에 숨어들지도 모릅니다.

【끝】

# 시나리오3

# 여름 축제의 피리 소리

## ● 등장 인물
섬세한 소년 「오사나이 야마토」
둔갑 새 「세라」

## ● 필요 시간
2~3시간

## ● 【신비】와 【마음】
이 시나리오에서 이야기꾼이 [장면]마다 사용할 수 있는 【신비】는 20점, 【마음】도 20점입니다.

## ● 이야기의 개요
[장면] 수: 5개

여름 축제를 맞이하여 오하야시(*축제 때나 가부키 등에서 피리, 북, 징 등을 사용해 장단을 맞추거나 흥을 돋우는 반주) 연습을 하는 남자아이. 근사한 피리 소리는 듣는 이를 즐겁게 합니다.

PC들 말고도 그 소리에 귀를 기울이는 여자아이가 있습니다. 눈을 감은 채, 넋을 잃은 표정으로 듣고 있습니다.

아름다운 소리를 너무나도 좋아하는 여자아이의 정체는 둔갑 새.

앞으로도…… 계속 이 피리 소리를 듣고 싶어…….

잠깐 눈을 뗀 사이에, 두 사람은 모두의 앞에서 사라지고 말았습니다.

## ● 시작하며
이 시나리오는 『저녁노을 어스름』을 여러 번 해본 사람이 이야기꾼을 맡는 것이 좋습니다.

이 시나리오에는 등장인물이 두 명 있습니다. 이야기꾼은 장면이나 대화를 관리할 때, 두 명의 등장인물을 역할에 따라 가려 써야 합니다. 이야기꾼이 처음인 사람은 등장인물이 한 명인 시나리오부터 시작합시다. 『여우 신사에서』를 추천합니다.

## ● 이야기꾼의 준비
이 시나리오에는 아래의 NPC가 등장합니다.

### ▼섬세한 소년 「오사나이 야마토」
요괴 0  동물 1
어른 2  아이 2

대나무 피리로 근사한 음색을 연주하는 소년입니다. 나이는 12살. 평소 피아노를 배우고 있는데, 음악에 소양이 있는 야마토를 눈여겨보던 어른이 오하야시에 참가하라고 권했습니다. 엄격한 클래식 피아노와 달리 자유자재로 연주할 수 있는 오하야시에 마음이 끌리고 있습니다. 물론 피아노가 싫어진 것은 아니지만……. 지금 야마토는 마음에 망설임이 생겨 불안정한 상태입니다. 그래도 근본은 상냥한 남자아이입니다. 자기가 연주하는 음색처럼.

### ▼둔갑 새 「세라」
요괴 3  동물 1
어른 1  아이 3

P40에서 소개한 둔갑 새입니다. 세속과 거리를 두고 살아서 어려운 일은 잘 이해하지 못합니다.

초탈하면서도 어딘가 덧없는 분위기를 풍기며, 남이 이해할 수 없는 동기로 행동하기도 합니다. 하지만 사실은 그저 예쁜 것, 마음이 끌리는 것을 매우 좋아할 뿐입니다. 이 시나리오에서는 야마토의 피리 소리에 마음을 빼앗겼습니다.

## 첫 번째 [장면]

장소: 그늘진 숲속
시간: 낮

**어떤 [장면]?: 세라와 PC들이 함께 노는 장면입니다.**

한여름의 어느 날. PC들은 그늘진 숲속에 있습니다. 햇볕이 아주 뜨겁지만, 숲속에는 매우 시원한 바람이 붑니다.

PC들의 놀이 친구인 둔갑 새, 세라도 나뭇가지 위에 느긋하게 앉아 있습니다.

「바람이 시원해⋯⋯. 기분 좋아⋯⋯.」

세라와 이야기를 나눈 PC는 [만남]을 처리합니다.

그런데 PC들은 무엇을 하고 있습니까? 각자 무엇을 하고 있을지 의논해봅시다. PL의 제안에 따라 갖가지 판정을 하거나, [꿈]을 주고받습니다.

주위의 눈치를 볼 것 없이 낮잠을 잘 생각이라면 【어른】으로 판정합니다. 달리기 경주를 한다면 【동물】로 판정합니다. 숨바꼭질이라면 【아이】로 판정합니다. 제안이나 판정에 따라 규칙을 확인할 수도 있고, PC가 어떤 둔갑 동물인지를 놀이를 통해 알 수도 있습니다.

그렇게 한낮의 여름날, 각자 하고 싶은 것을 하며 시간을 보내고 있는데 어디선가 정체 모를 소리가 들려옵니다! 【동물】로 판정해서 결과가 6 이상이라면 무슨 소리인지 알 수 있습니다.

높은 소리, 낮은 소리, 흐르는 듯한 음색, 팅기는 듯한 음색. 갖가지 소리가 바람을 타고 들려옵니다. 왠지 마음이 들뜨고 가슴이 설레는 음색입니다.

한동안 듣고 있었더니 소리가 멈췄습니다. 어느새 저녁이 되었습니다.

「계속 듣고 싶었는데⋯⋯.」

세라도 아쉬운 모양입니다.

그 소리는 대체 뭐였을까요?

**[장면] 종료: 소리가 멈추면 장면을 끝냅니다.**

## 두 번째 [장면]

장소: 숲의 신사 경내
시간: 다음 날 낮

**어떤 [장면]?: 소리가 들리는 곳에 도착하는 장면입니다.**

어제 그 소리의 정체를 밝히고자 PC들은 숲속으로 들어갑니다. 세라는 곁에 없습니다.

숲으로 들어가보니 신사의 경내가 나왔습니다. 거기에는 사람들이 많이 있습니다. 오두막을 짓는 사람, 똑같은 옷을 입고 있는 사람. 모두 매우 즐거워 보입니다.

PC가 【요괴】판정에서 6 이상의 결과를 내면 어딘가에서 숲의 토지신님이 즐거워하는 기척이 전해집니다. 【어른】으로 8 이상의 결과를 내면 이것이 축제를 준비하는 현장이라는 것을 알 수 있습니다.

경내에 들어가면 내일로 다가온 여름 축제에 대비해 오하야시 연습을 하는 사람들이 있습니다. 피리, 큰북, 징⋯⋯. 평소에는 조용한 숲에 신기한 음색이 울립니다. 어제 들은 소리는 바로 이것입니다.

어른들 사이에서 피리를 부는 소년이 있습니다. 피리 소리는 마치 작은 새가 지저귀는 소리 같습니다.

그리고 소년의 바로 앞에서 피리의 음색을 경청하는 소녀가 있습니다. 세라입니다. 날개를 능숙하게 숨긴 채 넋을 잃은 얼굴로 연주를 듣고 있습니다.

잠시 후, 휴식 시간이 됩니다.

**[장면] 종료: 세라를 발견하면 장면을 끝냅니다.**

## 세 번째 [장면]

장소: 숲의 신사 경내
시간: 낮

**어떤 [장면]?: 야마토와 PC들이 만나는 장면입니다.**

휴식 시간이 되면 배식을 담당하는 아줌마가 차와 주먹밥을 나눠줍니다. PC도 둔갑했다면 받을 수 있습니다. 세라의 권유로 소년도 함께 밥을 먹습니다. 소년은 자신의 이름이 야마토이며, 축제를 앞두고 피리 연습을 하고 있고, 피리를 부는 것이 즐겁다는 이야기를 합니다. 야마토와 이야기를 나눈 PC는 [만남]을 처리합니다.

세라는 야마토의 피리 소리를 칭찬합니다. 야마토는 쑥쓰러워하면서도 기쁜 얼굴입니다.

「멋진 소리야⋯⋯. 계속 듣고 싶어⋯⋯. 앞으로도, 계속⋯⋯.」

그때, 커다란 북소리가 둥둥 울립니다. 그 소리에는 PC도 [깜짝] 놀랍니다! 강도 6으로 [깜짝] 판정을 해야 합니다.

어른들이 외칩니다.

「이봐! 휴식 시간 끝났어! 이제 마지막 연습을 시작하자고!」

북소리에 정신이 팔렸던 PC들이 다시 앞을 봤을 때는 세라도, 야마토도 없었습니다. 어른들은 야마토가 없어지는 바람에 난처해합니다.

「이런, 이거 어쩌지? 연습을 계속할 수가 없잖아. 내일이 축제 당일인데⋯⋯.」

**[장면] 종료: 어른들이 난처해할 때, 장면을 끝냅니다.**

## 네 번째 [장면]

**장소: 숲속**
**시간: 저녁**

**어떤 [장면]?: 세라와 야마토를 찾는 장면입니다.**

세라는 《날개를 줄게》를 사용해 야마토를 숲 안쪽으로 데리고 가버렸습니다. [깜짝] 놀란 야마토의 마음에 《평온》을 되찾아주며. 어쩌면 《깃털 베개》로 그의 마음을 사로잡았을 수도 있습니다.

PC들이 세라와 야마토를 찾겠다고 제안하면 어른들은 안심하고 맡깁니다. PC들이 말을 꺼내지 않으면 「너희들, 이렇게 생긴 남자애를 못 봤어?」라고 말을 걸어옵니다.

어른들은 야마토 수색에 참가하지 않습니다. 어차피 바로 근처에 있을 것으로 생각하기 때문입니다.

이제 세라와 야마토를 찾아야 합니다. 피리 소리를 따라가거나 높은 나무에 올라가 찾을 경우, 【동물】로 8 이상의 결과를 내면 숲속에 있는 세라와 야마토를 찾을 수 있습니다. 인간의 도구(망원경이나 스피커)를 사용할 때는 【어른】으로 10 이상의 결과를 내면 찾을 수 있습니다.

세라는 《약골》이라 쫓아갈 때는 판정을 할 필요가 없습니다. 발견하면 바로 따라잡을 수 있습니다.

따라잡힌 세라는 잔뜩 불안한 얼굴로 PC에게 애원합니다.

「계속 듣고 싶어⋯⋯. 부탁이야⋯⋯.」

당장이라도 울음을 터뜨릴 것 같은 표정입니다.

「이제⋯⋯ 더는 못 듣잖아⋯⋯?」

세라는 야마토의 피리를 앞으로도 계속 듣고 싶다고 합니다.

자세히 이야기를 나눠보면 세라의 착각을 알아차릴 수 있습니다. 세라는 어른이 「마지막 연습」이라고 말한 것을 듣고, 이번이 야마토의 피리 소리를 들을 수 있는 마지막 연주라고 생각했던 것입니다.

야마토를 집으로 돌려보내야 한다는 것, 피리 소리는 또 들을 수 있다는 것, 내일이 되면 축제 당일에 근사한 피리 연주를 들을 수 있다는 것, 앞으로도 피리 소리를 들을 수 있다는 것을 알려주면 세라는 수긍합니다.

야마토는 세라와 조금 떨어진 곳에서 피리를 불고 있습니다. 《날개를 줄게》로 생긴 날개를 펄럭여 박자를 맞추면서.

그런데 이런 신기한 체험을 한 야마토를 이대로 마을에 돌려보내도 될까요?

야마토를 [깜짝] 놀래 기절시켜 모든 것이 꿈이었다고 믿게 하나요? 그러면 소년의 기억은 하루하루를 살아가는 사이에 희미해져 아련한 꿈과 같은 추억으로 남습니다.

아니면 야마토에게 살짝 말을 걸어 「오늘 있었던 일은 비밀로 해줘」라고 부탁합니까? 그러면 둔갑 동물과 교류한 기억은 야마토의 마음 속에서 영원히 빛나는 특별한 추억으로 남을 것입니다.

그 밖에도 PL이 무언가 제안한다면, 이야기꾼은 가능한 한 그것을 받아들여 이야기에 반영합시다.

**[장면] 종료:** 세라의 오해가 풀리면 장면을 끝냅니다.

## 마지막 [장면]

장소: 숲의 신사 경내
시간: 다음 날 저녁

**어떤 [장면]?:** 야마토가 축제 당일에 피리를 부는 장면입니다.

다음 날, 여름 축제가 열립니다. 포장마차나 노점, 춤과 악기 연주. 떠들썩하고 즐거운 분위기의 경내에 PC들이 모두 모입니다. 전망대 위에 야마토도 있습니다.

갖가지 【특기】로 해 질 녘의 축제를 꾸며봅시다. 둔갑 여우라면 잔뜩 늘어선 제등 사이에서 《도깨비불》을 빛낼 수 있을 것이고, 둔갑 너구리라면 북소리에 맞춰 《너구리 북소리》를 울릴 수 있습니다.

[신비한 기적]을 사용하면 숲의 토지신님이 오하야시 연주에 맞춰 노래를 부를지도 모릅니다. 깊고 그윽한 노랫소리는 오래도록 사람들의 기억에 남을 것입니다.

그런 갖가지 신비한 현상 속에서 야마토의 피리 소리는 지금까지 들은 어떤 음악보다도 더 근사하게 숲에 울려 퍼집니다.

나무 그늘을 살펴보면, 황홀하게 귀를 기울이는 작은 새를 발견할 수 있을 것입니다.

**[장면] 종료:** 다 함께 피리 소리를 들으면서 장면을 끝냅니다.

## 후일담

축제도 아닌데 숲에서 피리 소리가 들려옵니다. 다 함께 의논해서 그 정경을 연출해봅시다.

또, 야마토와 세라가 그 뒤에 어떻게 되었을지 생각해보면 근사한 후일담이 탄생할 겁니다. 야마토가 세라를 만나러 경내에 찾아오거나, 세라가 야마토를 만나러 마을에 가거나……. 어쩌면 숲의 토지신님까지 야마토의 피리 소리에 홀딱 빠져, 세라가 질투를 할지도 모릅니다. 그런 일이 벌어진다면 PC들은 둘 사이를 바쁘게 뛰어다녀야 할 겁니다.

### ● 어레인지

이 시나리오는 여름을 배경으로 상정했습니다. 하지만 계절은 바꿔도 됩니다. 야마토가 신사와 관련된 행사에서 피리를 불 이유만 제시한다면 언제라도 상관없습니다. 겨울의 첫 참배 때, 가을의 수확제 때도 포장마차와 노점, 오하야시 연주를 접할 수 있기 때문입니다.

계절을 바꿀 때는 시나리오의 제목도 그때그때 어레인지해봅시다.

만약 PC들이 몇 번의 세션을 경험했고, 그 과정에서 알게 된 소년이 있다면 그 아이를 야마토 대신 등장시킬 수도 있습니다. 서로 잘 아는 사이라면 사라진 아이를 더 절실하게 찾을 겁니다.

소년을 개구쟁이 「골목대장」으로 바꿀 수도 있습니다. 이때, 소년의 악기는 큰북으로 바꿔봅시다. 소년의 큰북 소리에 마음을 빼앗긴 둔갑 동물로는 너구리가 어울립니다. 마지막 [장면]에서는 소년의 큰북과 너구리의 《너구리 북소리》 공연을 나란히 들을 수 있을 겁니다.

【끝】

# 시나리오4

# 낙엽 사이의 분실물

## ● 등장 인물
도시에서 온 소녀 「키쿠하라 아키나」
산의 토지신님 「카미나가히메」

## ● 필요 시간
2~3시간

## ● 【신비】와 【마음】
이 시나리오에서 이야기꾼이 [장면]마다 사용할 수 있는 【신비】는 20점, 【마음】도 20점입니다.

## ● 이야기의 개요
[장면] 수: 4개

도시에서 온 소녀가 산에서 무선 모형 비행기를 잃어버렸습니다. 소녀는 내일이 되면 도시로 돌아가야 하는데, 잃어버린 비행기는 대체 어디에 있는지 찾을 수가 없습니다. 소녀를 도와 비행기를 찾던 PC는 토지신님이 비행기를 주워서 감추고 있다는 것을 알게 됩니다. 소녀가 산에 쓰레기를 버렸다고 오해해 화가 난 토지신님은 비행기를 돌려주지 않습니다.

PC들은 토지신님을 설득해서 장난감을 소녀에게 돌려줄 수 있을까요?

## ● 시작하며
『저녁노을 어스름』을 처음으로 접하는 참가자를 위한 시나리오입니다. 딱히 어려운 장면은 없으므로, 처음으로 이야기꾼을 맡는 사람에게도 적합합니다. 다른 시나리오에 이어 플레이해도 문제없습니다.

등장하는 도시 소녀는 솔직한 성격으로, 일부러 PC를 난처하게 만드는 짓은 하지 않습니다. 산의 토지신님은 자기가 사는 산에 낯선 물건이 버려져(?) 있어서 기분이 상하긴 했지만, 잘 이야기하면 이해해줍니다.

아무리 기분이 상했더라도 토지신님은 소녀나 PC를 상처 입힐 만한 짓은 하지 않습니다.

## ● 이야기꾼의 준비
이 시나리오에는 아래의 NPC가 등장합니다.

### ▼도시에서 온 소녀 「키쿠하라 아키나」
요괴0 동물1
어른3 아이1

휴일에 PC들이 사는 마을에 놀러온 소녀입니다. 기계를 좋아하며, 안경을 쓰고 있습니다. 나이는 12살. 「유성호」라는 이름의 무선 모형 비행기를 가지고 있는데, 산에서 가지고 놀다가 그만 잃어버렸습니다. 조종을 잘못하는 바람에 그만 산속으로 날아가버렸던 것입니다. 「유성호」는 배터리로 짧은 시간 동안 날 수 있는 어린이용의 소형 기종인데, 기체가 빨간색이라 눈에 띕니다.

### ▼산의 토지신님 「카미나가히메」
요괴4 동물7
어른3 아이3

산속에 사는 거미 출신의 토지신님입니다. 차분한 성격이지만, 훼방꾼이 나타나면 거미줄을 칭칭 감아서 쫓아내기도 합니다. 이번 시나리오에서는 아키나의 무선 비행기를 인간이 멋대로 버린 쓰레기로 착각해서 조금 기분이 상했습니다. PC들이 열심히 설득해서 모형 비행기가 쓰레기가 아니라 아키나의 소중한 장난감이라는 것을 알리면 돌려줄지도 모릅니다.

## 첫 번째 [장면]

장소: 산속
시간: 저녁

**어떤 [장면]?:** 도시에서 온 소녀와 PC들이 만나는 장면입니다.

　가을이 깊어가는 어느 날 저녁. PC들은 산속에 모여 시끌벅적하게 떠들며 잔치를 벌이고 있습니다. 붉은색, 황금색으로 물든 산의 나무들이 석양을 받아 온통 빛납니다. PC들 외에 NPC 둔갑 동물이 함께 있어도 상관없습니다.

　PC가 어떤 음식을 가지고 왔는지 【동물】로 판정해서 확인합니다. 버섯을 채집해왔다고 해도 좋습니다. 높은 수치로 성공할수록 맛있는 음식을 찾아냅니다. 6 이상이라면 으름덩굴이나 잘 익은 감을, 8 이상이라면 맛있는 버섯이나 계곡의 민물고기까지 손에 넣을 수 있습니다. 《신사》 등의 효과로 돈을 가진 PC라면 인간의 과자를 가지고 올 수도 있습니다. 과자의 종류는 P110을 참조합시다. 좋아하는 음식에 둘러싸여 다들 흥겹게 놀고먹습니다.

　한창 잔치를 즐기고 있는데, 키쿠하라 아키나가 PC들에게 다가옵니다. 아키나는 안절부절못하는 얼굴로 어정버정 돌아다니고 있습니다. 무언가를 찾고 있는 모양입니다.

　아키나는 산에서 무선 모형 비행기를 잃어버려 난처해하다가 PC들을 발견하고, 「얘, 혹시 내 비행기 못 봤니?」라고 말을 걸며 도움을 청합니다. 아키나와 이야기한 PC는 [만남]을 처리합니다.

　아키나와 이야기를 해보면 아래와 같은 사실을 알 수 있습니다.

● 무선 모형 비행기를 가지고 와서 놀고 있었는데, 어딘가에서 잃어버렸다.
● 내일 밤에는 부모님과 함께 도시에 돌아가야 한다
● 소중한 비행기라 돌아가기 전에 어떻게든 찾고 싶다.

　**[장면] 종료:** PC가 아키나와의 [만남] 처리를 마치면 장면을 끝냅니다.

## 두 번째 [장면]

장소: 산속
시간: 밤

**어떤 [장면]?:** PC가 아키나를 대신해서 모형 비행기를 찾는 장면입니다.

　PC가 아키나의 부탁을 받고 모형 비행기를 찾다 보니, 어느새 밤이 되었습니다. 산은 어두컴컴하고, 공기도 쌀쌀합니다. 하지만 아키나는 「나도 유성호를 찾을래」라고 고집을 부립니다. 마을에는 아키나의 가족들이 기다리고 있습니다. 밤이 되어도 아키나가 돌아오지 않으면 다들 걱정할 겁니다.

　굳이 아키나를 붙잡을 이유가 없다면, PC가 집에 돌아가라고 아키나를 설득합시다. 이야기꾼은 아키나의 【어른】을 필요치로 PC에게 판정을 요구합시다(이야기꾼은 【마음】을 3점 정도 사용해도 상관없습니다). 성공하면 아키나는 집에 돌아갑니다. 이때, PC가 「내가 대신 비행기를 찾아줄게」라고 제안하면 아키나를 더 쉽게 납득시킬 수 있습니다.

　만약 아무도 아키나를 설득하지 못했거나, 아키나를 산에 남기기로 했다면 마을에 있는 가족들에게 그 사실을 전해 안심시킬 필요가 있습니다.

　아키나를 설득했다면 아키나 대신 모형 비행기를 찾아줍시다. 이야기꾼은 PC에게 【동물】 판정을 요구합시다. 결과가 4 이상이라면 근처의 지면에 아키나의 냄새가 희미하게 남아 있는 것을 알아차립니다. 아키나의 모형 비행기가 조금 전까지 거기에 떨어져 있었던 것 같습니다. 냄새를 따라가 보면 산속으로 이어집니다.

　PC가 다시 【요괴】 판정으로 3 이상의 결과를 내면, 냄새에 토지신님 「카미나가히메」의 요기가 섞여 있는 것을 알아차립니다. 카미나가히메가 모형 비행기를 자신의 거처로 가지고 간 것입니다. 이 판정에 성공한 PC는 카미나가히메의 거처가 어디인지도 알아냅니다. 평소에 자주 산에 놀러오는 PC라면 원래부터 거처의 위치를 알고 있었다고 할 수도 있습니다. 카미나가히메의 거처는 산속의 숲에 있으며, 어떻게든 걸어서 갈 수 있는 거리입니다.

　**[장면] 종료:** 카미나가히메가 아키나의 모형 비행기를 자기 거처로 가지고 갔다는 사실을 알아내면 장면을 끝냅니다.

# 세 번째 [장면]

**장소: 산속**
**시간: 밤**

**어떤 [장면]?: 카미나가히메에게 모형 비행기를 돌려달라고 부탁하는 장면입니다.**

PC는 카미나가히메의 거처를 찾아 어두컴컴한 산속을 걸어갑니다. 완전히 밤이 되어, 하늘에는 달이 떴습니다. 숲속에서 희미하게 짐승이나 새의 숨소리가 들려옵니다.

한동안 걷다 보면 PC들은 카미나가히메의 거처에 도착합니다. 그곳은 어지간한 집만큼 커다란 바위로, 주위에는 굵은 금줄이 걸려 있습니다. 이끼 낀 바위 위에는 작은 사당이 있습니다.

PC가 이름을 부르면 카미나가히메가 그 자리에 나타납니다. 갑자기 주위에 푸르스름한 빛의 짙은 안개가 깔리고, 밤의 어둠 속에서 카미나가히메가 모습을 드러냅니다. 이야기꾼은 카미나가히메를 오래된 둔갑 동물답게 위엄 있는 모습으로 묘사합시다.

카미나가히메는 화가 났다고 할 정도는 아니지만, 그다지 기분이 좋지 않습니다. PC가 【요괴】 판정으로 8 이상의 결과를 내면 카미나가히메에게 아키나의 모형 비행기에 관한 이야기를 들을 수 있습니다. 이 판정을 할 때는 【어른】을 대신 사용할 수도 있는데, 이때는 【어른】으로 10 이상의 결과를 내서 카미나가히메가 감탄할 정도로 멋지게 인사해야 합니다.

성공하면 카미나가히메는 「호오……. (PC의 이름)이/가 이런 옛 법식의 인사를 알고 있을 줄은…….」이라고 감탄하며 질문에 대답해줍니다.

PC가 판정에 성공하면 아래의 사실을 알 수 있습니다.

● 낯선 물건(아키나의 모형 비행기)이 떨어져 있어서 가지고 돌아왔다
● 카미나가히메는 모형 비행기를 쓰레기로 착각하고, 「인간이 산에 쓰레기를 버렸다」고 믿고 있다

대강 이야기를 나눴다면, 카미나가히메와 PC의 [만남]을 처리합니다.

카미나가히메의 기분을 풀어주려면 정중하게 사정을 설명하며 설득해야 합니다. 카미나가히메의 【요

신비로운 요괴 TRPG
저녁노을 어스름

괴】를 필요치로 판정을 요구합시다. 카미나가히메는 최대 5점까지 【마음】을 사용합니다. 설득할 때, 모형 비행기가 아키나의 보물이라는 이야기, 이제부터 산에서 모형 비행기를 가지고 놀지 않도록 아키나에게 말해두겠다는 이야기를 하면 카미나가히메도 납득해줄 것입니다.

이 판정에 성공하면 카미나가히메는 일단 오해를 풀고, 아키나의 모형 비행기를 돌려줍니다.

하지만 PC들이 모형 비행기를 돌려받고 안심할 때, 카미나가히메는 「아직…… 그것만으로는…… 납득할 수 없다…….」라고 입을 엽니다.

사실 카미나가히메는 첫 번째 [장면]에서 PC들이 잔치를 벌이는 모습을 《지켜보기》로 보고 있었습니다. 그 모습이 부러웠던 카미나가히메는 PC에게 「나도…… 그런 요리를, 먹고 싶다…… 준비…… 하거라…….」라고 억지를 부리기 시작합니다.

첫 번째 [장면]의 요리가 남아 있다면 《고양이의 길》을 사용해 이 자리에 가지고 올 수도 있습니다.

PC가 즉석에서 요리를 만들기로 했다면, 우선 【동물】로 8 이상의 결과를 내서 요리의 재료를 찾아내야 합니다. 이어서 【어른】으로 10 이상의 결과를 내

면 요리에 성공합니다. 공물을 담을 때 쓰는 간단한 식기 정도는 카미나가히메의 거처에도 있지만, 더 본격적으로 요리를 준비해 대접하고 싶다면 따로 날을 잡는 것이 좋습니다. [신비한 기적]을 사용할 수도 있습니다. 어떤 요리를 내놓아야 카미나가히메가 기뻐할지 생각해봅시다.

이야기꾼은 가능한 한 PC의 제안을 받아들여 분위기를 띄워 줍시다.

PC가 카미나가히메에게 요리를 대접하거나, 따로 날을 잡아 잔치를 열겠다고 약속하면 카미나가히메는 금세 기분이 나아집니다.

**[장면] 종료: 카미나가히메의 기분이 풀리면 장면을 끝냅니다.**

## 마지막 [장면]

장소: 마을
시간: 다음 날 낮

**어떤 [장면]?: 아키나와 헤어지는 장면입니다.**

모형 비행기를 되찾은 아키나가 PC들과 헤어지는 장면입니다. 소중한 모형 비행기를 되찾은 아키나가 신나게 놀고 있습니다. PC를 보면 「유성호를 찾아줘서 정말 고마워! 너희도 같이 놀자!」라고 말을 겁니다.

아키나가 PC들과 함께 평소 찾아가는 막과자집에 가거나, 공터에서 술래잡기를 하거나…… 그렇게 PC들과 함께 마지막 장면을 즐겁게 마무리하면 이 이야기는 끝납니다.

다음 방학 때도 아키나는 이 마을을 찾아와서 PC들과 함께 놀아줄 것입니다. 당신이 이야기꾼이라면 따로 시나리오를 준비해 PC들과 아키나의 재회를 다루는 이야기를 만들어봅시다.

**[장면] 종료: PC와 아키나가 헤어지면 장면을 끝냅니다.**

## 후일담

PC가 【세 번째 [장면]】에서 따로 날을 잡아 카미나가히메를 잔치에 초대하기로 했다면, 이 [장면]에서 카미나가히메와 PC의 잔치 풍경을 간단하게 묘사하며 세션을 마무리합시다.

PC가 어떤 요리를 대접하든 카미나가히메는 떠들썩한 잔치를 만끽합니다. 만족했다면 잔치 후에 「다음에 또…… 이런 잔치를, 열자꾸나.」라고 이야기를 꺼낼 것입니다.

【끝】

# 시나리오5

# 사라진 막과자

● **등장 인물**

할머니 「마츠자키 후쿠」
작은 새 「빨간 실」
아이 「마츠자키 노조미」

● **필요 시간**

2~3시간

● **【신비】와 【마음】**

이 시나리오에서 이야기꾼이 [장면]마다 사용할 수 있는 【신비】는 10점. 【마음】도 10점입니다.

● **이야기의 개요**

[장면] 수: 4개

PC들이 항상 찾아가는 막과자집에 놀러 갔더니 가게 주인 할머니가 난처해하고 있습니다. 막과자가 조금 없어졌기 때문입니다. 사람으로 둔갑한 PC들이 가게 수색을 돕는 사이에 할머니는 가게 안으로 들어가고, 대신 한 아이가 가게를 보러 나옵니다. PC들은 그 아이에게 동물 모습일 때의 자신들이 의심받고 있다는 이야기를 듣습니다. 누명을 벗고자 전력으로 단서를 찾던 PC들은 어느 새가 수상하다는 것을 알게 됩니다.

PC가 그 새를 찾아가면 진상이 판명됩니다. PC들은 그 진상을 어떻게 할머니께 전해야 할까요?

● **시작하며**

이 시나리오는 『저녁노을 어스름』을 여러 번 경험한 뒤에 해보는 것이 좋습니다. 다른 시나리오에 이어 플레이해도 상관없습니다.

PC 중 최소 한 명 이상은 이번 이야기의 무대인 막과자집을 동물 모습으로 자주 방문했습니다. 막과자집 사람들은 그 PC의 동물 모습을 기억하고 있습니다.

새의 이야기를 들어야 하므로, 둔갑 새나 의사소통에 도움이 되는 【특기】를 가진 PC가 있어야 합니다.

경험이 많은 이야기꾼이라면 사건의 진상을 다른 내용으로 바꿔서 시나리오를 재활용할 수도 있습니다.

할머니는 자기가 자주 착각을 한다는 자각이 있어서, 누군가가 실수를 지적하면 그대로 받아들입니다.

새는 손에 넣은 것을 포기하기 싫어하지만, 할머니가 베푼 은혜를 지적하면 마지못해 따릅니다.

막과자집 아이는 성격이 올곧아서 일부러 남을 난처하게 하지는 않지만, 처음 만난 사람을 상대할 때는 경계하는 경향을 보입니다. 왜냐하면 가끔 한순간의 충동에 못 이겨 막과자를 몰래 집어 가는 아이가 있기 때문입니다. 눈에 띄게 나이를 먹은 할머니를 지키기 위해 그만 과잉 반응하는 것 같습니다.

세션 장소가 자유롭게 음식을 먹을 수 있는 곳이라면, 실제로 막과자를 가지고 와서 게임을 하면 더 즐거울 겁니다. 막과자 목록(P110~)도 참고하시기 바랍니다.

● **이야기꾼의 준비**

▼**할머니 「마츠자키 후쿠」**

요괴 0   동물 1
어른 1   아이 2

손님이 줄어들어 조금 쓸쓸한 분위기의 막과자집 「오후쿠」의 주인으로, 「막과자집 후쿠 할머니」라 불리며 아이들의 사랑을 받고 있습니다.

항상 느긋하게 싱글벙글 웃고 있는 할머니입니다. 돋보기 안경을 잘못 써서 물건을 잘못 보거나, 가끔씩

남의 말을 잘못 듣기도 하지만, 언제나 싱글벙글 웃어 넘깁니다. 커다란 주머니가 달린 갓포기(*역주: 기모노를 일상적으로 입던 시절, 집안 일을 할 때 기모노 위에 덧입던 소매 달린 앞치마)를 입고 다닙니다.

가게 안에 동물이나 새가 들어와도 못 본 척합니다. 손님이 있을 때만 소리를 질러 내보냅니다.

여생이 얼마 남지 않았다는 생각 탓인지 눈에 보이는 모든 것을 사랑스럽게 여깁니다.

### ▼새「빨간 실」

**요괴 0　동물 3**
**어른 1　아이 0**

둔갑 동물이 아닌, 흔히 볼 수 있는 종류의 작은 새입니다. 새의 종류와 성별은 이야기꾼의 취향대로 정해도 됩니다만, 고민된다면 종류는 마을에서 흔히 볼 수 있는 참새로, 성별은 아이의 반대로 정합시다 (단, 야행성 새는 피해야 합니다).

본문에서는 그냥 작은 새라고만 적었습니다만, PC에게는 이야기꾼이 선택한 종류로 고쳐 말해줍니다.

옆구리에 빨간 실 모양의 오래된 흉터가 있어서 할머니는 「빨간 실」이라고 부릅니다.

「오후쿠」 맞은 편의 전봇대에서 자주 할머니에게 먹이를 얻어먹었으며, 할머니에게 친근감을 느껴 「빨간 실」이라는 호칭도 가만히 받아들이고 있습니다.

반짝거리는 것을 좋아합니다.

### ▼가게 보는 아이「마츠자키 노조미」

**요괴 0　동물 1**
**어른 2　아이 2**

몇 년 전에 가정 사정으로 부모님과 함께 도시에서 이 집으로 이사온 초등학교 4학년입니다. 최근 1년 정도 함께 지내면서 할머니와도 친해졌고, 겨우 이 마을의 생활에 익숙해졌습니다. 원래는 솔직한 성격이지만, 할머니(와 할머니의 가게)를 지켜야 한다는 생각에 금세 신경을 곤두세웁니다.

초등학교 6학년으로 착각할 정도로 키가 크며, 어른스럽게 굴려고 자주 무리를 하기도 합니다.

도시에서 자란 만큼 음식을 파는 가게에 동물이나 새가 들어오는 것을 싫어해서 쫓아내려고 합니다.

성별은 이야기꾼이 연기하기 편한 쪽으로 정합니다.

## 첫 번째 [장면]

**장소: 막과자집 안**
**시간: 저녁**

**어떤 [장면]?:** 막과자집 주인 할머니가 난처해 하는 것을 알게 되는 장면입니다.

어느 날 저녁. PC들은 막과자집 「오후쿠」에 놀러 왔습니다.

PC들이 어떤 모습으로 들어갈지 고민한다면 【어른】 판정을 요구합시다. 3 이상의 결과를 낸 PC는 먹을 것을 파는 가게에 동물이 들어가면 미움받을 거라는 사실을 깨닫습니다. 이 가게에 드나든 경험이 있는 PC라면, 가게를 보는 것이 아이라면 동물이 들어오는 것을 싫어하지만 할머니는 그냥 들여보내 준다는 것, 할머니의 이름이 「후쿠 할머니」라는 것을 알고 있습니다.

어떤 모습으로 들어가든 PC들이 가게에 다가가면 작은 새 한 마리가 안에서 나와 어디론가 날아가는 모습을 보게 됩니다. 【동물】로 4 이상의 결과를 낸 PC는 새의 배 부분에 빨간 실 모양의 흉터가 있는 것을 알아차립니다. 새는 근처의 숲 쪽으로 날아갑니다.

막과자집에 들어가면 가게 안은 조용합니다. 다만, 종종 비눗방울이 터지는 듯한 소리가 들립니다. 가게 안쪽 방을 보니, 후쿠 할머니가 자리에 앉아 콧물 방울을 부풀리며 기분 좋게 자고 있습니다.

PC들이 후쿠 할머니보다 막과자에 더 관심을 보인다면 잠시 하고 싶은 대로 하게 놔둡시다.

PC 중 누군가가 후쿠 할머니를 상대로 어떤 행동을 했거나, PL의 시간을 기준으로 8분 정도가 지났다면 콧물방울이 터지는 소리에 후쿠 할머니가 잠에서 깹니다. 그리고 자리에서 일어나 도로와 접한 기둥을 바라보며 거기에 매달아둔 그물주머니를 세기 시작합니다. 그물주머니 틈새로 내용물이 보이는데, 금색 종이로 포장한 코인 초콜릿입니다.

「역시 하나 없구나. 수가 모자라.」

후쿠 할머니에게 말을 걸면 아래의 사실을 알 수 있습니다.

**● 여기에는 금화 모양의 코인 초콜릿을 매달아뒀다.**
**● 낮잠 자기 전에는 주머니가 하나 더 있었다.**

후쿠 할머니가 「참, 그러고 보니…… 혹시……」라고 입을 열었을 때, 밖에서 초등학교 고학년으로 보이는 아이가 들어옵니다.

「할머니. 없어진 건 내가 찾을 테니 안에 들어가서 쉬세요. 이제 드라마 재방송할 시간이잖아요?」

「어머나. 벌써 시간이 그렇게 됐어? 그럼 가게 좀 봐주렴. (단골 PC를 부르며)~~야, 또 오려무나.」

후쿠 할머니는 말을 하다 말고 드라마를 보러 2층으로 올라가 버립니다. 아이는 후쿠 할머니를 올려보내더니, 안쪽 방에 책가방을 내려놓습니다. 그리고 (동물 모습의 PC가 있다면 쫓아내면서) 사람 모습의 PC에게 말을 겁니다.

「안녕. 난 마츠자키 노조미라고 해. 코인 초콜릿을 훔친 범인 말인데. 내 생각에는 항상 여기 드나드는 동물들일 것 같아. 어떻게 생각해?」

후쿠 할머니, 노조미와 이야기를 나눈 PC는 두 사람을 상대로 [만남]을 처리합니다.

**[장면] 종료:** [만남] 처리를 마치고, 노조미가 자기들을 의심하고 있다는 사실을 PC가 깨달으면 장면을 끝냅니다.

## 두 번째 [장면]

**장소: 막과자집 안**
**시간: 저녁**

**어떤 [장면]?: PC들이 결백을 증명하기 위해 단서를 찾는 장면입니다.**

노조미에게 의심받은 PC들은 일단 누명을 벗기 위해 가게 안에서 단서를 찾을 겁니다. 적극적으로 누명을 벗으려 하지 않는다면 노조미가 「그 동물들, 다음에 보면 전골이나 악기 재료로……」라고 중얼거리는 모습을 보여줍시다. 그래도 PC들이 의욕을 내지 않는다면 노조미가 빨간 실의 깃털을 발견하면서 이야기가 진행됩니다.

PC들이 코인 초콜릿이 매달린 기둥을 조사하면, 코인 초콜릿 주머니가 하나 걸려 있어야 할 자리에서 아무것도 걸려 있지 않은 쇠장식을 발견합니다. 조사한 PC 중에서 【동물】로 5 이상의 결과를 낸 PC는 기둥 주위에 흩어진 깃털을 찾아냅니다. 처음에 목격한 새의 깃털과 똑같은 깃털입니다. 첫 번째 [장면]에서 빨간 실의 특징을 알아차리지 못했다면, 【동물】 3 이상으로 처음에 목격했던 새의 배에 붉은 실 모양의 상처가 있었다는 것을 떠올립니다.

깃털을 본 노조미가 중얼거립니다. 「이런 색깔의 깃털을 본 적이 있어. 조그만 새인데, 눈에 띄는 녀석이라 할머니는 『빨간 실』이라고 불렀어. 자주 가게 앞에 오는데, 할머니가 항상 전봇대 근처에서 먹이를 주시더라. 빨간 실은 먹이를 다 먹으면 항상 건너편 숲 쪽으로 날아갔어.」

숲은 근처의 아이들도 놀러 갈 정도로 가깝습니다. 몸이 날랜 PC들이라면 금방 도착할 수 있습니다.

**[장면] 종료:** 범인으로 의심되는 새가 근처 숲 쪽으로 날아간 것을 알아냈다면 장면을 끝냅니다.

## 세 번째 [장면]

**장소: 근처의 숲속**
**시간: 밤**

**어떤 [장면]?: 숲속에서 빨간 실을 찾아내 이야기를 나누는 장면입니다.**

숲에 오는 거야 간단하지만, 정작 중요한 빨간 실이 어디 있는지는 알 수 없습니다. 【특기】로 숲에 사는 생물들의 도움을 받거나 직접 알아낼 수도 있지만, 【특기】에 의지하지 않더라도 어떻게든 해결할 수 있습니다. 【어른】으로 6 이상의 결과를 낸 PC는 빨간 실을 아는 존재(이를테면 같은 종류의 새)를 찾아낼 수 있고, 【동물】로 7 이상의 결과를 낸 PC는 새가 둥지를 지을 만한 곳을 닥치는 대로 들여다보면서 찾아낼 수 있습니다.

밤에 찾아오면 빨간 실이 이미 둥지에 돌아와 있습니다. 빨간 실은 홀몸이라 둥지에서도 조용히 지내는 편이지만, PC들이 찾아갔을 때는 족제비의 습격을 받고 있습니다. 족제비를 쫓아내려면 적당한 【특기】를 사용하거나 【동물】로 4 이상의 결과를 내야 합니다.

목숨을 건진 빨간 실은 PC들에게 감사하며 우호적인 태도를 취합니다.

판정에 실패한 PC는 약간 다칩니다. 하지만 빨간 실은 PC를 상처 입혀 방심한 족제비의 빈틈을 놓치지 않았고, 결국 다 함께 족제비를 물리칩니다.

빨간 실은 「그렇게 흉터가 생겼으니, 너도 빨간 실이라고 불리게 될지도 모르겠군.」이라며 PC를 동료로 인정합니다. 빨간 실과의 [만남]을 처리합니다.

빨간 실의 둥지 한구석에는 산처럼 쌓인 코인 초콜릿이 있습니다. 그 아래에는 코인 초콜릿이 들어 있던 그물주머니가 찢어진 상태로 펼쳐져 있습니다.

빨간 실에게 진상을 물어보거나 코인 초콜릿을 돌려달라고 요구하면, 고개를 갸웃거립니다. 아무래도 무슨 일이 있었는지 까먹은 것 같습니다. 【마음】을 8점 소비해서 [도와주기]를 하거나, 적절한 【특기】를 사용한다면 무슨 일이 있었는지 떠올립니다. 여러 명의 PC가 힘을 합쳐 [도와주기](P77)를 한다면 【마음】을 분담해서 소비할 수 있습니다.

「그러고 보니…… 먹이를 먹으면서 둥글고 반짝거리는 걸 보고 있었더니 할머니가 주더라.」라며 부리로 코인 초콜릿을 가리킵니다. 거짓말인지 확인하고 싶다면 【어른】으로 3 이상의 결과를 내야 합니다. 성공하면 빨간 실이 정직하게 대답했다는 것을 알 수 있습니다.

후쿠 할머니가 코인 초콜릿이 사라져 곤란해하고 있다는 것을 알려주고, 후쿠 할머니를 위해 초콜릿을 돌려달라고 부탁하면 빨간 실은 「나한테 준다고 했는데……」라며 떨떠름한 기색을 보입니다. 하지만 결국 PC들에게 코인 초콜릿을 맡기며, 자기 대신 할머니에게 돌려달라고 부탁합니다.

또, 빨간 실에게 코인 초콜릿을 돌려달라고 부탁하지 않았더라도, 진상만 알아내면 이 장면은 끝납니다.

**[장면] 종료: PC가 진상을 알아내면 장면을 끝냅니다.**

## 마지막 [장면]

장소: 막과자집 안
시간: 다음 날 낮

**어떤 [장면]?: 후쿠 할머니에게 진상을 알리는 장면입니다.**

막과자집에 가면 후쿠 할머니가 먼지떨이로 먼지를 털고 있습니다. 사람 모습으로 후쿠 할머니에게 진상을 알리면, 겸연쩍은 표정으로 사과합니다.
「이거 미안해서 어쩐담……. 다음에 빨간 실을 보면 사과해야겠구나. 먹이를 잔뜩 줘야겠어. 가르쳐 줘서 고맙다.」
후쿠 할머니는 머리를 긁적이며 PC들이 좋아하는 막과자를 하나씩 줍니다. PC들이 코인 초콜릿을 돌려주려고 하면 웃으면서 고개를 젓습니다. 그리고 「이미 한 번 줬잖니. 미안하지만 다시 빨간 실에게 전해주지 않겠니?」라고 부탁합니다.

PC들이 먹고 싶은 막과자를 고르면 노조미가 돌아옵니다. 후쿠 할머니가 노조미에게 진상을 전해주는 것을 들으면서 이 이야기는 막을 내립니다. PC들이 할머니를 도와 노조미에게 사정을 설명하고 싶어할 때는 이야기꾼이 직접 노조미가 놀라는 모습을 연기하거나, 두 사람의 대화를 재미있게 연출해봅시다.

**[장면] 종료: PC들이 답례로 받을 막과자를 골랐다면 장면을 끝냅니다.**

## 후일담

그로부터 몇 시간 뒤, PC들은 평소보다 더 수북하게 쌓인 먹이를 먹고 있는 빨간 실과 그 모습을 지켜보는 후쿠 할머니를 볼 수 있습니다.

● 어레인지

이야기꾼이 『저녁노을 어스름』에 익숙하다면 내용을 바꿔볼 수도 있습니다. 사실 빨간 실은 아무 짓도

하지 않았고, 코인 초콜릿은 할머니의 주머니에 들어 있었다고 내용을 바꿔보는 것도 재미있는 시도입니다.
이때는 몇몇 묘사를 바꿔야 합니다.
첫 번째 [장면]에서는 후쿠 할머니가 앞치마 주머니에서 커다란 봉투를 꺼내, 안에 있는 사탕을 먹는 광경을 보여줍니다.
세 번째 [장면]에서는 빨간 실이 이렇게 말합니다.
「할머니는 항상 전봇대 근처에 내가 먹을 걸 놓아두시거든. 그래서 먹었지. 그런데 갑자기 발소리가 들려서 서둘러 도망쳤던 거야. 응? 할머니가 뭘 잃어버리셨다고? 난 모르겠는데.」

마지막 [장면]에서는 사람 모습으로든 동물 모습으로든 PC들이 막과자집으로 찾아가면 할머니가 사과합니다.
「드라마를 다 보고 깨달았는데, 앞치마 주머니에 초콜릿을 넣어둔 걸 깜빡했지 뭐니. 정말 미안하구나.」
이때도 PC들은 할머니에게 막과자를 받습니다.

【끝】

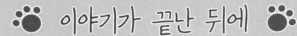

# 🐾 이야기가 끝난 뒤에 🐾

세션이 끝나면, PC들의 이야기도 거기에서 모두 끝나버리는 걸까요?

아닙니다. 사실 이야기는 그 뒤로도 계속 이어집니다. 오히려 세션이 끝나야 비로소 이어질 수 있는 이야기도 있는 법입니다.

시간이 충분하다면 세션이 끝난 뒤에 서로 감상을 주고받거나, 등장한 캐릭터에 관해 이야기를 나눠봅시다. 게임이 끝난 뒤에 함께 밥이라도 먹으면서 세션을 돌이켜보는 것도 즐거운 일입니다. ORPG라면 세션을 마친 뒤에 다른 참가자에게 메일로 감상을 보내봅시다.

「그때는 당신의 PC 덕분에 한숨 돌렸어요!」

「그 장면, 정말 사랑스러웠어요.」

이런 사소한 감상이라도 세션이 끝난 뒤에 이야기해보면 근사한 추억으로 남을 겁니다.

SNS에 감상을 적을 수도 있습니다. 어쩌면 감상을 주고받는 과정에서 세션 동안 미처 다루지 못한 이야기가 탄생할지도 모릅니다.

참가자끼리 세션에서 즐거웠던 장면을 되새겨 봅시다. 새로운 이야기를 낳는 계기가 될 수도 있습니다. 특히 시나리오나 모임 장소를 준비해준 이야기꾼에게는 감사의 말과 함께 가능한 한 이야기에 대한 감상을 전해줍시다. 분명히 큰 힘이 될 겁니다.

만약 당신이 그림을 잘 그린다면, 그 날 게임에 등장한 PC들의 그림을 그려 다른 참가자에게 보여주면 더욱 즐거울 겁니다.

그리고 새로운 이야기의 아이디어가 떠올랐다면, 새로운 시나리오를 만들거나 다음 세션의 예정을 세워보시기 바랍니다.

# 사건표

『저녁노을 어스름』에서 애드리브나 시나리오 제작에 사용할 수 있는 「사건표」입니다.

세션 도중에 「거기에 있는 이 표」를 사용하면 「그 자리에 누가 있는지/누가 나타났는지」를 정할 수 있습니다.

「이야기의 소재 표」는 행동 방침을 정해두지 않은 NPC가 「어떤 상태인지」, 「어떤 사정(고민이나 목적)을 가지고 있는지」를 바로 정할 수 있습니다.

세션 도중에 PC들이 예정에 없는 장소를 찾아갔거나, 예정에 없는 등장인물이 나타났을 때 어떻게 할지 정하는 상황에서 편리하게 사용할 수 있는 표입니다.

혹은 이야기꾼 당신이 시나리오를 만들 때 사용할 수도 있습니다.

『저녁노을 어스름』의 주제는 「곤경에 처한 누군가를 돕는다」, 혹은 「어떤 일을 하려는 이를 돕는다」와 같은 일상 속의 사소한 사건들입니다. 등장인물(NPC)을 정하고 무슨 일을 하고 있는지, 어떤 고민이 있는지 정하면 시나리오는 거의 완성된 것이나 다름없습니다.

## 사건표 읽는 법

각 표에는 여우, 너구리, 고양이(와 쥐), 개, 토끼, 새의 여섯 가지 「눈」으로 나뉩니다(이것은 『저녁노을 어스름』에 등장하는 일곱 종류의 「둔갑 동물」에 대응합니다. 쥐는 고양이에 포함됩니다).

무언가를 결정할 때, 표를 보고 결과를 하나 고릅니다. 고를 때 「그 장면에서 중심이 되어 활약한 캐릭터」을 기준으로 삼을지, 「그 자리의 상황」을 기준으로 삼을지는 이야기꾼이 판단합니다.

### ● 중심이 되어 활약한 캐릭터

그 장면에서 다음에 해당하는 PC가 있는지 확인합니다.

「그 장면에 등장했다」

「그 장면에서 NPC에게 말을 걸거나, NPC를 도우려고 했다」

「적극적으로 행동했다(【특기】로 상황을 바꾸려고 하는 등)」

해당하는 PC가 있다면, 그 PC의 「정체(동물 종류)」를 확인합니다.

그것과 같은 이름의 칸에 적혀 있는 내용이 표의 결과가 됩니다.

또, 각 표는 NPC로 나올 수 있는 「요괴」에도 대응합니다(요괴들은 나중에 PC로 추가될 가능성도 있습니다). 결과를 어떻게 다룰지는 뒤에 설명하는 분류에 따릅니다.

### ● 장면의 상황

「그 장면에서 일어나는 상황」이나 「이야기꾼이 일으키고 싶은 상황」이 있다면 그 상황을 기준으로 결과를 고를 수도 있습니다.

아래의 표에서 「상황」 항목을 참조하시기 바랍니다.

■사건표를 참조할 때 사용할 눈은?

| 둔갑 동물 | 요괴/기타 | 상황 |
|---|---|---|
| 여우 | 거미, 거북, 무녀 | ☆불가사의. 신비함. 진지한 상황. 오래된 것. 지적인 존재. 돈. |
| 너구리 | 깜짝 요괴, 뱀 | ☆시끌벅적. 즐거운 상황. 우발적인 사고. 둔갑 동물. 실패. 음식. |
| 고양이/쥐 | 갓파, 지네 | ☆놀이나 게임. 변덕. 우습거나 이상한 전개. 거짓말이나 착각. |
| 개 | 오니, 늑대 | ☆뭔가를 지키는 상황. 친해지고 싶다. 위험. 방심은 금물. |
| 토끼 | 유령, 요정 | ☆쓸쓸하다. 불안한 상황. 헤매고 있다. 잔뜩 있다. |
| 새 | 여행자, 마법사 | ☆여행이나 이동. 무언가를 찾는다. 주위에 아무것도 없다. 새로운 것. 먼 곳. |

### ● 여러 가지 결과가 발생할 수 있다면?

PC가 여러 명 등장했거나 [장면]의 상황이 복잡하다면, 조건이 겹쳐 「해당하는 결과」가 여러 개 발생할 수도 있습니다. 그럴 때는 이야기꾼이 PL과 상의해서 「어떤 결과를 원하는지」 물어봅시다. 그리고 모두의 희망을 들은 뒤에 결과를 하나 정합니다.

고민될 때는 「저녁놀 점 시트 (P80)」의 「저녁놀 점」으로 정할 수도 있습니다.

### ● 결과를 무작위로 정할 때

때로는 결과를 완전히 운에 맡기는 것도 방법입니다. 『저녁노을 어스름』은 이야기꾼과 PL 모두가 함께 이야기를 만들어가는 놀이지만, 가끔은 운에 맡겨 예기치 못한 결과나 전개를 만들 수도 있습니다. PL이 재미있어 한다면 시도해봅시다. 또, 이야기꾼이 시나리오를 만들 때도 가끔씩 운에 맡겨 표를 사용해보면 신선한 발상을 얻을 수도 있습니다.

#### 「저녁놀 점」을 사용한다

이 책의 P80에 실린 「저녁놀 점」을 응용하는 방법입니다.

여우, 너구리, 고양이, 개, 토끼, 새 중에서 네 가지를 고릅니다(해당 시나리오나 해당 장면에 등장한 PC와 NPC, 혹은 일어날 법한 상황을 고려해서 네 개 선택합니다). 저녁놀 점을 치기 위해 막대를 쓰러뜨리기 전에, 「시트 아랫부분(아침)이라면 ○, 윗부분(저녁)이라면 □와 같이 시트의 각 부분이 의미하는 결과를 미리 정해두고, 막대를 쓰러뜨린 결과에 따릅니다. 특별히 지정된 것이 없다면 아래와 같이 처리합니다.

시트 윗부분(저녁) = 너구리
시트 오른쪽 부분(밤) = 고양이
시트 왼쪽 부분(낮) = 개
시트 아랫부분(아침) = 토끼

#### 주사위를 사용한다

6면체 주사위가 있다면 그것을 사용해 결과를 정할 수도 있습니다.

1=여우 2=너구리 3=고양이 4=개 5=토끼 6=새

### ■ 사건표 사용 예

산속의 사당에 코로(개), 세라(새), 그리고 NPC인 카미나가히메(「거미」 토지신님)가 있습니다. 카미나가히메의 사당에 코로와 세라가 놀러온 상황입니다. 시간대는 「아침」입니다.

이야기꾼은 「그곳에 찾아오는 인물」을 결정하기로 했습니다.

「거기에 있는 이 표」에서 사당을 포함하는 「신사/절」을 선택해 「아침」 부분을 참조합니다.

「누군가 온다」라는 말을 듣고 다들 일단 모습을 감춥니다. 개인 코로는 수상한 사람일지도 모르니 경계하겠다고 말하고, 새인 세라는 본모습이 되어 하늘에서 상황을 살피겠다고 선언했습니다.

이번에는 적극적으로 행동한 「새」의 눈을 고르기로 했습니다. 그리고 코로의 행동(경계=무언가를 지키려는 상황)을 참조하여 「개」도 후보에 올립니다. 또, 장소가 카미나가히메(거미)의 사당이므로 「거미」가 속한 눈인 「여우」도 후보에 올립니다.

표의 결과는 각각 「도시 사람 (새)」, 「슈퍼 아줌마 (개)」, 「무녀님, 스님 (여우)」입니다. 이야기꾼은 PL들에게 각 결과를 보여준 후, 무엇을 고를지 상의했습니다.

이야기를 나눈 끝에 「도시 사람」을 선택하기로 했습니다.

자, 그럼 이 「도시 사람」은 뭘 하러 사당에 온 걸까요? 이번에는 「이야기의 소재 표」에서 그것을 정합니다…….

**신비로운 요괴 TRPG**
# 저녁노을 어스름

## ■ 사건표 사용법

장소에 대응하는 「거기에 있는 이 표」를 선택하고, 해당 장면의 「시간대」에 대응하는 세로줄과 「눈」(정하는 법은 P145 참조)에 대응하는 가로줄이 만나는 칸을 보고 결과를 정합니다.

해당 칸에 두 개 이상의 내용이 적혀 있을 때는 그 중 하나를 선택합니다. 이 표로 등장하는 인간이나 동물은 이 책의 P82~P101에 실린 「동물들」, 「사람들」, 「토지신님」에 대응합니다.

그 자리에 누가 있는지 정했다면 무엇을 하고 있는지, 또는 거기에 있는 이유가 무엇인지를 「이야기의 (P150~P155)」로 정합니다. 혹은, 표를 쓰는 대신 이야기꾼이나 참가자 모두가 함께 생각해서 정할 수도 있습니다.

## ■ 거기에 있는 이 표 (마을 안)

### ● 신사/절

신사나 절(묘지도 포함)입니다. 토지신님의 사당, (마을에 있다면) 교회나 성당, 혹은 유적이나 동굴 같은 「신비한 장소」 전반에 사용할 수도 있습니다.

|  | 아침 | 낮 | 저녁 | 밤 |
|---|---|---|---|---|
| 여우 | 무녀님, 스님 | 선생님 | 둔갑 동물 | 여우, 토지신님 |
| 너구리 | 전도다난 커플 | 개 | 요괴 | 너구리, 요괴 |
| 고양이 | 귀한 아가씨 | 고양이 | 골목대장 | 귀한 아가씨 |
| 개 | 슈퍼 아줌마 | 농부 | 호랑이 아저씨 | 골목대장 |
| 토끼 | 범생 | 아기 (엄마) | 형제자매 | 전도다난 커플 |
| 새 | 도시 사람 | 새 (까마귀나 비둘기) | 떠나는 사람 | 유령 |

### ● 상점가/가게

「(손님)」이라는 말이 붙어 있다면 가게의 종류에 따라 고쳐 읽을 수도 있습니다. 「막과자집」이라면 「아이」, 「꽃집」이라면 「꽃을 좋아하는 ○○」라고 고쳐 읽으면 됩니다.

이 표는 역 앞의 대로나 주택가 같은 「마을 안」 전반에 사용할 수도 있습니다.

|  | 아침 | 낮 | 저녁 | 밤 |
|---|---|---|---|---|
| 여우 | 선생님 (손님) | 귀한 아가씨 (손님) | 둔갑 동물 (손님), 요괴 (손님) | 둔갑 동물, 토지신님 |
| 너구리 | 스님 (손님) | 아기 (엄마) (손님) | 골목대장 (손님) | 형제자매 |
| 고양이 | 개, 마을의 동물 | 형제자매 (손님) | 고양이, 마을의 동물 | 골목대장 |
| 개 | 슈퍼 아줌마 | 농부 (손님) | 범생 (손님) | 슈퍼 아줌마 |
| 토끼 | 무녀님 (손님) | 외로움쟁이 (손님) | 전도다난 커플 (손님) | 귀한 아가씨 |
| 새 | 도시 사람 (손님) | 새 (까마귀나 비둘기) | 떠나는 사람 (손님) | 유령, 마을의 동물 |

### ● 학교

마을 사무소, 도서관 같은 「문화시설」이나 「역」, 「병원」, 「파출소」 등으로 사용할 수 있습니다. 그때는 「선생님」을 「그 장소의 직원(사서, 역무원, 의사, 순경 등)」으로 고쳐 읽습니다.

| | 아침 | 낮 | 저녁 | 밤 |
|---|---|---|---|---|
| 여우 | 선생님 | 선생님 | 선생님 | 선생님 |
| 너구리 | 골목대장 | 형제자매 | 골목대장 | 골목대장 |
| 고양이 | 귀한 아가씨 | 고양이 | 귀한 아가씨 | 마을의 동물 |
| 개 | 선생님, 개 | 농부 | 호랑이 아저씨 | 선생님, 개 |
| 토끼 | 범생 | 아기 (엄마) | 외로움쟁이 | 유령 |
| 새 | 도시 사람 | 새 (까마귀나 비둘기) | 떠나는 사람 | 둔갑 동물, 요괴 |

## ■ 거기에 있는 이 표 (마을 변두리)

### ● 공터/폐허

공원이나 광장, 하천 부지나 목재 보관소 등 어린이들이 놀이터로 쓸 만한 장소로 사용할 수도 있습니다.
빈집이나 뒷골목 등도 포함합니다. 장소에 따라서는 「선생님」을 「그 장소의 직원(공원 관리인 등)」으로 고쳐 읽습니다.

| | 아침 | 낮 | 저녁 | 밤 |
|---|---|---|---|---|
| 여우 | 선생님 | 귀한 아가씨 | 둔갑 동물, 요괴 | 둔갑 동물, 토지신님 |
| 너구리 | 스님, 무녀님 | 형제자매 | 골목대장 | 골목대장 |
| 고양이 | 고양이, 마을의 동물 | 호랑이 아저씨 | 고양이, 마을의 동물 | 고양이, 야생 동물 |
| 개 | 슈퍼 아줌마 | 선생님, 개 | 범생 | 선생님, 마을의 동물 |
| 토끼 | 아기 (엄마) | 외로움쟁이 | 떠나는 사람 | 전도다난 커플 |
| 새 | 도시 사람 | 새 (까마귀나 비둘기) | 박쥐 | 유령, 요괴 |

### ● 논밭/목장

마을 변두리에 있는, 농림수산업을 위한 장소입니다. 그 밖에도 과수원이나 양식장, 벌채지 등도 포함합니다. 항구 마을이라면 어장도 포함합니다. 「농부」는 장소에 따라 「그곳에서 일하는 사람(어부, 임업 현장의 작업자 등)」으로 고쳐 읽습니다. 「소/말/닭」 같은 동물도 그 장소에 맞는 동물로 고쳐 읽습니다.

| | 아침 | 낮 | 저녁 | 밤 |
|---|---|---|---|---|
| 여우 | 선생님, 범생 | 귀한 아가씨, 형제자매 | 둔갑 동물, 요괴 | 선생님 |
| 너구리 | 너구리, 야생 동물 | 소, 말 | 골목대장 | 너구리, 야생 동물 |
| 고양이 | 말, 소 | 호랑이 아저씨 | 고양이, 마을의 동물 | 쥐, 유령 |
| 개 | 농부, 개 | 농부 | 소, 말 | 농부, 개 |
| 토끼 | 도시 사람, 떠나는 사람 | 외로움쟁이 | 농부 | 전도다난 커플 |
| 새 | 새, 닭 | 새, 벌레 | 닭 | 둔갑 동물, 요괴 |

## ■ 거기에 있는 이 표 (자연)

### ● 산/숲/들

마을 안이 아닌, 자연의 장소 전반에 사용합니다. 동물의 종류 등이 적절하지 않을 때는 다른 것으로 고쳐 읽습니다. 동물이나 토지신님 종류와 상관없이 「이야기의 소재 표 6」의 「야생 동물/토지신님」을 참조합시다.

| | 아침 | 낮 | 저녁. | 밤 |
|---|---|---|---|---|
| 여우 | 무녀님, 스님 | 선생님 | 거대 거미 (토지신님) | 여우 |
| 너구리 | 족제비 | 귀한 아가씨 | 거목 (토지신님) | 너구리 |
| 고양이 | 쥐 | 원숭이 | 거대 지네 (토지신님) | 전도다난 커플 |
| 개 | 개 | 곰 | 멧돼지, 오니 | 골목대장 |
| 토끼 | 토끼, 작은 동물 | 토끼, 작은 동물 | 사슴, 요정 | 유령, 요괴 |
| 새 | 새 | 벌 떼, 벌레 | 뱀, 여행자 | 새 (올빼미) |

### ● 강/하천/늪지

마을 안이 아니며 「물」과 관계가 있는 자연의 장소 전반에 사용합니다. 동물의 종류 등이 적절하지 않을 때는 다른 것으로 고쳐 읽습니다. 물고기나 동물, 토지신님이 나오면 종류와 관계없이 「이야기의 소재 표 6」의 「야생 동물/토지신님」을 참조합시다.

| | 아침 | 낮 | 저녁 | 밤 |
|---|---|---|---|---|
| 여우 | 선생님 | 귀한 아가씨 | 거북 (토지신님) | 여우, 둔갑 동물 |
| 너구리 | 라쿤 | 골목대장 | 뱀, 문어 (토지신님) | 물고기 |
| 고양이 | 농부 (어부) | 호랑이 아저씨 | 거대 지네 (토지신님) | 물고기 |
| 개 | 개 | 농부 (어부) | 물고기 (토지신님) | 선생님 |
| 토끼 | 문어, 게 | 외로움쟁이 | 조개 (토지신님) | 전도다난 커플 |
| 새 | 새 | 물고기, 개구리 | 새, 여행자 | 유령, 요괴 |

## ■ 이야기의 소재 표 1

### ● 외로움쟁이

|  | 뭘 하고 있나요? | 사정 (고민, 하고 싶은 일) |
|---|---|---|
| 여우 | 공부나 독서, 뭔가 다른 연습을 하고 있다. | 남들이 미워하지는 않을지 걱정하고 있다. |
| 너구리 | 혼자 뭔가를 먹고 있다. | 자신의 본성을 주위에 알리는 것이 두렵다. |
| 고양이 | 게임을 하거나 시간을 보내고 있다. | (빼어난 구석이 있는데도) 자신감이 없다. |
| 개 | 주위에 맞춰 억지로 웃고 있다. | 누군가, 혹은 모두와 친해지고 싶다. |
| 토끼 | 생각에 잠겨 한숨을 쉬고 있다. | 친구(가족, 동료)를 원한다. |
| 새 | 홀로 정처없이 돌아다닌다. | 학교나 이웃에 녹아들지 못하고 있다. |

### ● 골목대장

|  | 뭘 하고 있나요? | 사정 (고민, 하고 싶은 일) |
|---|---|---|
| 여우 | 아이들을 이끌며 놀고 있다. | 거짓말을 하거나 큰소리를 쳤다가 수습하지 못하고 있다. |
| 너구리 | 아이다운 장난을 치고 있다. | 사소한 장난이 큰일로 번져 당황하고 있다. |
| 고양이 | 부모님이나 선생님을 피해 도망다닌다. | 낮은 점수를 받은 시험지나 통지표를 감추려고 한다. |
| 개 | 싸우거나 제멋대로 굴고 있다. | 친구나 가족과 싸우고 말았다. |
| 토끼 | 토라졌다/풀이 죽었다. | 놀기로 했는데 그럴 수 없게 되어 낙담했다. |
| 새 | 재미있는 장소를 탐험하러 갈 작정이다. | 서툰 사랑. 항상 괴롭히는/함께 노는 여자애의 태도가 평소와 다른 것을 신경 쓰고 있다. |

### ● 범생

|  | 뭘 하고 있나요? | 사정 (고민, 하고 싶은 일) |
|---|---|---|
| 여우 | 공부나 뭔가 다른 연습을 하고 있다. | 책임감 때문에 능력 밖의 일을 맡고 말았다. |
| 너구리 | 쓰레기를 줍거나 청소, 정리를 하고 있다. | 사소한 실수로 굉장히 낙담하고 있다. |
| 고양이 | 누군가에게 주의를 주거나 잔소리를 하고 있다. | 완벽주의를 고집하다가 곤경에 처했다. |
| 개 | 일(위원회, 동아리)을 하거나 남을 돕고 있다. | 너무 엄격한 탓에 누군가에게 미움받고 말았다. |
| 토끼 | 지쳤다/풀이 죽었다. | 자신의 성격이나 행동에 자기혐오를 느끼고 있다. |
| 새 | 뭔가를 찾고 있다. | 너무 진지한 성격 탓에 누군가에게 고백하지 못하고 있다. |

## ■ 이야기의 소재 표 2

### ● 귀한 아가씨

| | 뭘 하고 있나요? | 사정 (고민, 하고 싶은 일) |
|---|---|---|
| 여우 | 잔뜩 골을 내고 있다. | 답답한 생활에서 해방되고 싶다. |
| 너구리 | 무언가를 흥미롭게 보고 있다. | 평범한 아이들처럼 놀고 싶다. |
| 고양이 | 집에서 몰래 빠져나왔다. | 누군가가 자신을 짝사랑하는데, 눈치 못 채고 있다. |
| 개 | 수행원을 거느리고 우아하게 행동하고 있다. | 너무나도 신경 쓰이는 사람이 있다. |
| 토끼 | 길을 잃었다. 발목을 삐었다. | 여기에 없는 누군가를 그리워한다. |
| 새 | 무언가를 찾고 있다. | 소중한 것을 잃어버렸다. |

### ● 전도다난 커플

| | 뭘 하고 있나요? | 사정 (고민, 하고 싶은 일) |
|---|---|---|
| 여우 | 둘이 함께 명소를 찾아다니거나 데이트를 하고 있다. | 서로 다퉜는데, 사과하고 싶어도 선뜻 사과하지 못하고 있다. |
| 너구리 | 러브러브 상태로 염장질을 하고 있다. | 상대에게 줄 선물을 고민하고 있다. |
| 고양이 | 싸움이나 말다툼을 하고 있다. | 상대를 깜짝 놀랠 계획을 짜고 있다. |
| 개 | 갑자기 닥친 재난에 한쪽이 나머지 한쪽을 감싸고 있다. | 상대에게 감추고 있는 무언가를 고백하고 싶은데, 그러지 못하고 있다. |
| 토끼 | 둘이 나란히 트러블에 휘말렸다. | 상대가 바람을 피우지는 않는지 의심하고 있다. |
| 새 | 사라진 짝을 나머지 하나가 찾고 있다. | 곁을 떠나게 되었는데, 차마 말을 못 하고 있다. |

### ● 형제자매

| | 어떤 형제자매? | 사정 (고민, 하고 싶은 일) |
|---|---|---|
| 여우 | 아직 어린 동생을 돌보며 부모 역할을 대신하는 장남/장녀. | 연상이 연하에게 불합리한 짓을 하고 있다. |
| 너구리 | 쏙 빼닮은 쌍둥이. | 쏙 빼닮은 형제자매가 서로 바꿔치기. |
| 고양이 | PC의 형제자매 (또는 형제자매나 마찬가지인 존재) | 어린 동생이 억지를 부린다. |
| 개 | 아직 어린 동생을 지키는 형(오빠)이나 언니(누나). | 싸우거나 사이가 틀어졌다. |
| 토끼 | 많은 형제자매(세 쌍둥이, 다섯 쌍둥이 등). | 다른 형제자매가 저지른 죄를 억울하게 뒤집어쓴다. |
| 새 | 피가 이어지지 않았거나, 오랫동안 떨어져 자란 형제자매. | 따로따로 떨어져 살게 되어…… |

## ■ 이야기의 소재 표 3

### ● 농부

|  | 뭘 하고 있나요? | 사정 (고민, 하고 싶은 일) |
|---|---|---|
| 여우 | 도구(농기구나 그물)를 손질하고 있다. | 누군가에게 선물할 질 좋은 수확물을 준비 중이다. |
| 너구리 | 수확물을 준다. | 논이나 용수로에 무언가/누군가(자동차나 어린애 등)가 빠졌다. |
| 고양이 | 일을 하다가 짬을 내 한숨 돌리고 있다. | 밭을 망치는 동물(요괴) 때문에 난감해하고 있다. |
| 개 | 농사일/고기잡이를 하고 있다. | 날씨나 재해로 논밭이 엉망이 되었다(엉망이 될 위기에 처했다). |
| 토끼 | 일을 못해 난감해하고 있다. | 몸이 안 좋아 일을 못 해서 난감해하고 있다. |
| 새 | 도구(괭이나 낚시대)를 찾고 있다. | 밭이나 강, 바다에서 뭔가를 발견했다. |

### ● 도시 사람

|  | 뭘 하고 있나요? | 사정 (고민, 하고 싶은 일) |
|---|---|---|
| 여우 | 시골 생활이 익숙하지 않아 허둥거리고 있다. | 도시의 상식에 얽매이고 있다. |
| 너구리 | 방에 틀어박히고 말았다. | 시골 생활에 익숙하지 않은 탓에 다치거나, 실수를 범했다. |
| 고양이 | 동물이나 자연, 벌레 따위를 보고 깜짝 놀라고 있다. | 도시에 있던 것이 시골에는 없어서 불편하다. |
| 개 | 동물이나 자연, 벌레 따위를 보며 감동하고 있다. | 친구를 사귀고 싶은데 뜻대로 되지 않는다. |
| 토끼 | 몸이 약해 녹초가 되었다. | 도시에 남겨두고 온 것이 잊혀지지 않는다. |
| 새 | 익숙하지 않은 시골에서 길을 잃었다. | 추억의 장소를 찾고 있다. |

### ● 아기

|  | 뭘 하고 있나요? | 사정 (고민, 하고 싶은 일) |
|---|---|---|
| 여우 | 누가 아기를 두고 갔다. | 엄마나 아빠가 없다(PC가 찾아야 한다). |
| 너구리 | 싱글벙글 웃고 있다. | 배가 고프다. |
| 고양이 | 새근새근 자고 있다. | 경험이 없는 누군가가 아기를 돌보느라 곤란해하고 있다. |
| 개 | 엄마나 다른 누군가와 함께 있다. | PC들이 아기를 돌보게 된다. |
| 토끼 | 엉엉 울고 있다. | 아기가 장난을 치는 바람에 큰일이 벌어질 것 같다. |
| 새 | 아기가 혼자 아장아장 걷고 있다. | 눈을 뗀 사이에 아기가 어디론가 사라졌다! |

■ **이야기의 소재 표 4**

● **호랑이 아저씨**

|  | 뭘 하고 있나요? | 사정 (고민, 하고 싶은 일) |
|---|---|---|
| 여우 | 아이를 꾸짖고 있다/설교하고 있다. | 성급한 자신의 성격 때문에 몹시 난처해하고 있다. |
| 너구리 | 술을 마시고 만취했다. | 자신이 어렸을 적의 기억을 떠올리고 있다. |
| 고양이 | 아이들의 장난에 당했다. | 장난을 치는 동물이나 아이 때문에 곤란을 겪고 있다. |
| 개 | 젊은이나 난폭자를 상대로 화를 내고 있다. | 기운이 없는 아이를 걱정하고 있다. |
| 토끼 | 아이를 울리는 바람에 당황하고 있다. | 가족들이 걱정하는 걸 알면서도 고집을 피우고 있다. |
| 새 | 소리를 지르며 누군가를 쫓고 있다. | 손주나 가족을 걱정하고 있다. |

● **선생님 (교사, 예술가, 의사 등)**

|  | 뭘 하고 있나요? | 사정 (고민, 하고 싶은 일) |
|---|---|---|
| 여우 | 깊은 지식을 피로하고 있다. | 학생(제자, 환자) 때문에 고민하고 있다. |
| 너구리 | 아이나 제자에게 무언가를 가르친다. | 재미있는 놀이나 전문 지식을 가르쳐주려고 한다. |
| 고양이 | 어린애처럼 눈을 반짝이며 뭔가를 관찰하고 있다. | 신기한 것을 찾으러 나설 참이다. |
| 개 | 자료를 모으거나 스케치 따위를 하고 있다. | 필요한 자료나 자재가 없어서 곤란해하고 있다. |
| 토끼 | 생각에 잠겼다/고민하고 있다. | 일이 벽에 부딪쳐 고민하고 있다. |
| 새 | 일을 하러 가느라 서두르고 있다. | 도시에서 누군가가 찾아온다. 뭔가 문제라도……? |

● **슈퍼(막과자집) 아줌마**

|  | 뭘 하고 있나요? | 사정 (고민, 하고 싶은 일) |
|---|---|---|
| 여우 | 가게를 보느라 바쁘다. | 장사(가게) 때문에 고민하고 있다. |
| 너구리 | 생각에 잠겼다/졸고 있다. | 가게 안에서 「뭔가」가 나오는 모양이다. |
| 고양이 | 감기에 걸렸다. 몸이 안 좋다. | 가게에 누가 장난을 쳐서 곤란해하고 있다. |
| 개 | 바빠서 도와줄 사람이 필요하다. | 가족/단골 손님에 관한 일로 고민하고 있다. |
| 토끼 | 없어진 물건을 찾고 있다. | 최근 기운이 없는 손님(아이)이 걱정. |
| 새 | 아이나 동물에게 과자(상품)를 준다. | 소중한 것을 잃어버렸다. |

## ■ 이야기의 소재 표 5

### ● 스님(신부님, 신주님)

| | 뭘 하고 있나요? | 사정 (고민, 하고 싶은 일) |
|---|---|---|
| 여우 | 경을 외고 있다. | 괴기 현상이 일어났다며 찾아온 마을 사람의 상담을 받아주고 있다. |
| 너구리 | 몰래 달콤한 간식을 먹고 있다. | 둔갑 동물에게 상담할 일이 있다. |
| 고양이 | 마음이 들떴다/만취했다. | 중요한 물건이 보이지 않는다. |
| 개 | 시주(신자)나 아이에게 뭔가 말하고 있다. | 장난을 친 아이나 동물을 혼내줄 참이다. |
| 토끼 | 생각을 하고 있다/졸고 있다. | 시주(신자, 아이)에 관한 일로 고민하고 있다. |
| 새 | 일을 하러 가느라 서두르고 있다. | 마을 밖에 나갈 일이 생겼는데, 절을 비워야 하는 것이 걱정. |

### ● 무녀님

| | 뭘 하고 있나요? | 사정 (고민, 하고 싶은 일) |
|---|---|---|
| 여우 | 제사(의식이나 수행)를 치르고 있다. | 괴기 현상이 일어났다며 찾아온 마을 사람의 상담을 받아주고 있다. |
| 너구리 | 밥이나 간식을 먹고 있다. | 둔갑 동물/요괴를 만나고 싶다(부탁을 하려고, 또는 같이 놀고 싶어서). |
| 고양이 | 목욕을 하고 있다/느긋하게 쉬고 있다. | 가끔은 「평범한 여자애」처럼 놀고 싶다. |
| 개 | 청소를 하고 있다. | 일이 너무 바빠서 누군가의 도움을 받고 싶다. |
| 토끼 | 생각을 하고 있다/졸고 있다. | 잘 못하는 일(운동 등)을 땡땡이치고 싶다. |
| 새 | 일이나 심부름을 하느라 걷고 있다. | 어린 시절에 둔갑 동물(요괴)과 나눈 약속. |

### ● 떠나는 사람

| | 뭘 하고 있나요? | 사정 (고민, 하고 싶은 일) |
|---|---|---|
| 여우 | 사진 촬영이나 스케치를 하고 있다. | 고백하고 싶은 사람이 있는데, 이야기를 꺼내지 못하고 있다. |
| 너구리 | 아이나 마을 사람과 즐겁게 어울리고 있다. | 떠나기 전에 즐거운 추억을 만들고 싶다. |
| 고양이 | 명소나 자연의 풍경에 감동하고 있다. | 떠나기 전에 찾고 싶은 것이 있다. |
| 개 | 노인이나 아이를 돕고 있다. | 마을의 누군가에게 은혜를 입어, 보답을 하고 싶다. |
| 토끼 | 쓸쓸하게 웃고 있다. | 제대로 작별 인사를 하지 못한 채 망설이고 있다. |
| 새 | 마을 곳곳을 돌아다니는 중이다. | 이루지 못한 약속이 있는데, 남은 시간이 얼마 없다. |

## ■ 이야기의 소재 표 6

### ● 유령/요괴

|  | 뭘 하고 있나요? | 사정 (고민, 하고 싶은 일) |
|---|---|---|
| 여우 | 신비하게 빛나며 등장한다. | 잃어버린 기억을 되찾고 싶다. |
| 너구리 | 무시무시한 모습으로 놀라게 한다. | 이성의 인간을 사랑하게 되고 말았다. |
| 고양이 | 웃으면서 장난을 친다. | 인간에게 장난을 치거나 앙갚음을 하고 싶다. |
| 개 | 뭔가를 지키려고 하는 것처럼 그 장소에 있다. | 이 세상에 미련이 남아, 그것을 해소하고 싶다. |
| 토끼 | 쓸쓸하게 우두커니 서 있다. | 누군가와 친해지고 싶은데, 상대가 무서워한다. |
| 새 | 사라진다/도망치려고 한다. | 이제 곧 사라지거나 떠나야 한다. |

### ● 마을의 동물

|  | 뭘 하고 있나요? | 사정 (고민, 하고 싶은 일) |
|---|---|---|
| 여우 | 다른 동물의 습격을 받고 있다/다른 동물과 다투고 있다. | 인간에게 은혜를 입어, 보답을 하고 싶다. |
| 너구리 | 집회나 연회를 열고 있다. | 이성의 인간을 사랑하게 되고 말았다. |
| 고양이 | 인간에게 나쁜 짓을 하고 있다. | 인간에게 장난을 치거나 앙갚음을 하고 싶다. |
| 개 | 숙적에 해당하는 동물과 싸우고 있다. | 길러주는 주인이나 특정한 인간을 지키고 싶다. |
| 토끼 | 길을 잃었다/붙잡혔다. | 동료나 가족을 찾고 있다. |
| 새 | 누군가를 피해 도망치고 있다. | 인간이나 숙적을 피해 도망치며 방랑 중. |

### ● 야생 동물/토지신님

|  | 뭘 하고 있나요? | 사정 (고민, 하고 싶은 일) |
|---|---|---|
| 여우 | 누구냐고 물어본다. | 토지에 문제가 생겨 도움이 필요하다. |
| 너구리 | 먹을 것을 준다/후하게 대접한다. | 이성의 인간을 사랑하게 되고 말았다. |
| 고양이 | 사냥을 하고 있다/사냥 당하고 있다. | 인간 때문에 거처가 엉망이 되었다. |
| 개 | 위협한다/누군가를 덮치고 있다. | 동료나 가족을 지키고 싶다. |
| 토끼 | 함정에 걸렸다/다쳤다. | 누군가/무언가를 찾고 있다. |
| 새 | 어딘가에 가는 도중. | 고향을 위기에서 구하고자 여행하다가 여기까지 왔다. |

## ■ 인연 내용 표

| 명칭 | 내용 |
|------|------|
| 호의 | 어쨌든 좋다.<br>※주의!<br>강도는 2까지밖에 높일 수 없습니다.<br>3 이상이 되면 다른 내용으로 바꿉니다. |
| 애정 | 좋아한다. 없으면 쓸쓸하다.<br>함께 있고 싶다. |
| 보호 | 지켜주고 싶다.<br>곁에 있어 줘야 한다. |
| 신뢰 | 믿는다. 곤란할 때 의지할 수 있다. |
| 가족 | 오랫동안 함께 살았다.<br>상대를 잘 이해하고 있다. |
| 동경 | 상대처럼 되고 싶다.<br>자신도 그렇게 되고 싶다. |
| 대항 | 지고 싶지 않은 상대. 라이벌로 인식.<br>경쟁 의식. |
| 존경 | 굉장하다고 생각한다. 훌륭하다고 생각한다. |
| 사랑 | 상대를 사랑한다. 너무나도 좋아한다.<br>상대를 떠올리기만 해도 가슴이 설렌다.<br>※주의!<br>강도 2 이상으로만 가질 수 있습니다.<br>강도가 1이라면 다른 내용을 골라야 합니다. |
| 수용 | 대상을 받아들여, 있을 곳이 되어준다.<br>※주의!<br>마을이나 신 전용입니다.<br>PC는 이야기꾼의 허가 없이는 가질 수 없습니다. |

## ■ 판정 기준표

| 필요치 | 기준 |
|--------|------|
| 필요치 2 이하 | 판정할 필요도 없네요! |
| 필요치 3~4 | 이 정도라면 어떻게 될 것 같은데? |
| 필요치 5~6 | 자신 있는 분야라면 어떻게든……. |
| 필요치 7~8 | 보통은 이런 거 무리! |
| 필요치 9~ | 할 수 있을 리 없잖아~ |

## ■ 깜짝 표

| 차이 | 결과 |
|------|------|
| 1~2 | 그 자리에서 비명을 지른다 |
| 3 | 그곳에서 쏜살같이 달아난다. |
| 4 | 기겁해서 꼼짝도 못 한다. |
| 5 이상 | 기절해서 쓰러진다. |

## ■ 【인연】을 높일 때 필요한 [꿈]표

| 강도1 | 5점 (처음 만났을 때는 0점) |
|-------|---------------------------|
| 강도2 | 5점 (처음 만났을 때는 0점) |
| 강도3 | 5점 |
| 강도4 | 8점 |
| 강도5 | 12점 |

## ■ 둔갑 코스트 표 　둔갑 코스트 = 시간대 코스트 + 모습 코스트

| 시간대 | 모습 (새 이외) | 모습 (새) |
|--------|----------------|-----------|
| 아침/낮 +4점 | 완전한 인간 +4점 | 완전한 인간 +4점 |
| 저녁 ±0점 | 꼬리 +2점 | 작은 날개 +2점 |
| 밤 +2점 | 귀와 꼬리 ±0점 | 하늘을 날 정도로 큰 날개 ±0점 |

**【저녁놀 점 시트】**

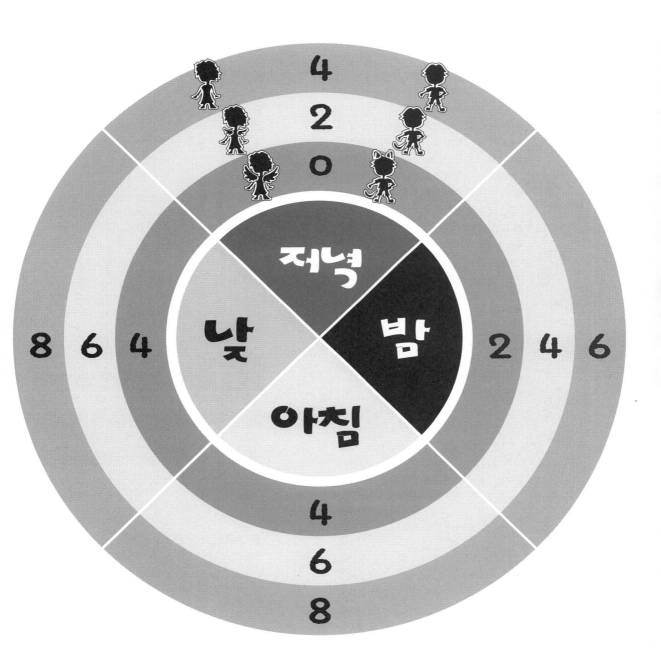

# ✿신비로운 요괴TRPG✿
# 저녁노을 어스름
## 규칙 정리

「저녁노을 어스름」의 무대는 그리운 옛날을 떠올리게 하는 시골 마을.

PL은 사람으로 둔갑할 수 있는 「둔갑 동물」이 되어 곤경에 처한 사람이나 요괴들을 돕습니다.

싸움이나 다툼이 아닌, 따스한 마음과 배려, 그리고 신기한 【특기】로 남을 구해줍시다.

이야기꾼은 『저녁노을 어스름』을 처음으로 경험하는 PL에게 이 「규칙 정리」를 건네주고, 설명을 해줍시다.

## ● 용어

### ▼인연 (P68)

PC와 다른 캐릭터의 관계를 나타내는 수치입니다. 세션이 시작할 때, 마을에 대한 【인연】은 전원 2입니다. 처음으로 맺는 PC끼리의 【인연】은 PC가 2명이라면 2, 그보다 많다면 1입니다. 세션 동안 만난 캐릭터와 [만남]을 처리해서 【인연】을 늘릴 수 있습니다. 【인연】의 내용은 P69를 참조해서 결정합니다.

### ▼꿈 (P70)

PC가 사용하는 힘의 원천입니다. 참가자는 다른 PC나 이야기꾼의 RP가 사랑스럽거나 훈훈한 내용이라고 느꼈다면 RP 하나마다 1점의 [꿈]을 줄 수 있습니다. PC는 받은 [꿈]을 [막간](후술)에서 소비해서 【인연】을 높일 수 있습니다. 단, 남이 [꿈]을 줬다는 이유로, 혹은 그 PC가 가진 [꿈]이 적다는 이유로 [꿈]을 줘서는 안 됩니다.

> PC가 [꿈]을 소비 → PC가 상대에 대한 【인연】을 높임 → 【신비】를 입수 → 소비해서 【특기】를 사용
>
> 다른 참가자가 [꿈]을 소비 → 해당 참가자가 PC에 대한 【인연】을 높임 → 【마음】을 입수 → 소비해서 능력치를 증감

### ▼마음 (P72, P74)

다른 캐릭터가 PC에 대해 맺은 【인연】의 합계입니다. 판정할 때 능력치에 【마음】을 더해 어려운 판정에 성공할 수 있습니다. 반대로 【마음】으로 능력치를 본래보다 낮춰 일부러 실패할 수도 있습니다.

### ▼신비 (P73, P74)

PC가 다른 캐릭터에 대해 맺은 【인연】의 합계입니다. 【특기】를 사용할 때 필요합니다. 참가자들이 【신비】나 【마음】을 잔뜩 가지고 있다면 [신비한 기적]을 일으킬 수도 있습니다(P78).

## ● 판정 (P71)

캐릭터의 행동이 성공했는지 확인해야 할 때 판정을 합니다. 이야기꾼은 판정에 사용하는 능력치와 필요치를 선언합니다. PC는 지정된 능력치와 판정의 필요치를 비교합니다. 능력치가 필요치 이상이라면 판정은 성공합니다. 판정에서 【마음】을 사용하면 그만큼 일시적으로 능력치를 증감할 수 있습니다.

남과 겨루는 대항판정을 할 때는 상대를 1이라도 웃돈 쪽이 판정에 성공합니다. 수치가 같다면 무승부입니다.

### ■ 판정 기준표

| 필요치 | 기준 |
| --- | --- |
| 필요치 2 이하 | 판정할 필요도 없네요! |
| 필요치 3~4 | 이 정도라면 어떻게 될 것 같은데? |
| 필요치 5~6 | 자신 있는 분야라면 어떻게든……. |
| 필요치 7~8 | 보통은 이런 거 무리! |
| 필요치 9~ | 할 수 있을 리 없잖아~ |

주의: 세션 후반에는 이 표의 기준보다 판정의 필요치가 높아질 수도 있습니다.

## ● 세션의 흐름 (P70, P79)

『저녁노을 어스름』의 세션은 몇 개의 [장면]과 그 사이의 [막간]을 되풀이하며 진행합니다. 각 [장면]을 시작할 때, [장면]의 장소와 시간대를 표시합니다. PC가 어떤 모습으로 [장면]에 등장할지 결정할 때 참고합시다.

## ● [장면]에서 할 수 있는 일 (P70)

[장면]에 등장한 PC는 아래와 같은 일을 할 수 있습니다.

### ▼1 회화와 행동

PC의 입장에서 다른 동료나 NPC와 이야기를 나누고, 행동합니다. 상냥한 마음과 배려심을 가지고 이

야기꾼이 내놓은 누군가의 고민을 해결하기 위해 행동해봅시다. PC는 신기한 힘인 【특기】를 사용할 수 있습니다. 그러나, 동시에 【약점】도 가지고 있으니 주의해야 합니다.

### ▼2 [꿈]을 준다

[장면]에 등장하지 않은 참가자라도 다른 캐릭터에게 [꿈]을 줄 수 있습니다. 이야기꾼에게도 줄 수 있다는 것을 기억해둡시다.

### ▼3 판정

자세한 것은 왼쪽 페이지의 「● 판정」을 봅시다. 판정에 성공하고 싶은데 능력치가 부족할 때는 【마음】을 사용합니다. 판정에 실패하는 게 더 재미있을 것 같다면 반대의 목적으로 【마음】을 사용할 수도 있습니다.

### ▼4 【신비】를 사용한다

PC는 인간에게는 없는 신기한 힘인 【특기】를 사용할 수 있습니다. 【특기】 이름 옆에 있는 () 안의 수치만큼 【신비】를 소비하면 【특기】의 효과가 발생합니다.

### ▼5 사람으로 둔갑한다

사람의 앞에 모습을 드러낼 때는 사람의 모습으로 둔갑하는 것이 좋습니다. PC는 【신비】나 【마음】을 사용해서 사람으로 둔갑할 수 있습니다. 이때 【신비】와 【마음】을 섞어서 사용할 수도 있습니다. 둔갑에 필요한 코스트는 시간대와 둔갑하는 모습에 따라 다릅니다. 동물의 모습으로 돌아갈 때는 코스트를 소비하지 않습니다. 「저녁놀 점 시트」(P80)를 사용하면 편리합니다

### ■ 둔갑 코스트 표

| 시간대 | 모습 (새 이외) | 모습 (새) |
|---|---|---|
| 아침/낮 | 완전한 인간 +4점 | 완전한 인간 +4점 |
| 저녁 | 꼬리 ±0점 | 작은 날개 +2점 |
| 밤 | 귀와 꼬리 +2점 | 하늘을 날 만큼 큰 날개 ±0점 |

**위 표의 시간대+모습의 코스트**
**= 둔갑에 필요한 코스트 합계**

### ▼6 [만남]으로 【인연】을 만든다

처음으로 만난 캐릭터와 대화했을 때, PC와 상대는 서로에 대해 강도1의 【인연】을 맺을 수 있습니다. 【인연】의 내용은 대화 내용이나 상황 등을 토대로 정합니다. 이 처리를 [만남]이라고 부릅니다. 다음 [막간]에서 PC는 【인연】으로 【신비】나 【마음】을 얻습니다.

## ● 막간에서 할 수 있는 일 (P74)

[장면]과 [장면]의 사이를 [막간]이라고 부릅니다. PC는 [막간]에서 아래와 같은 일을 할 수 있습니다.

### ▼1 【인연】을 높인다

PC는 [장면]에서 얻은 [꿈]을 사용해 원하는 상대에 대한 자신의 【인연】을 높일 수 있습니다(자신에 대한 상대의 【인연】은 상대 쪽에서 높이지 않는 한 높아지지 않습니다). 남은 [꿈]은 다음 [장면]에 가지고 갈 수 있습니다. 다음 세션으로 가지고 갈 수는 없습니다.

### ■ 【인연】을 높일 때 필요한 [꿈]표

| 강도1 | 5점 (처음 만났을 때는 0점) |
|---|---|
| 강도2 | 5점 (처음 만났을 때는 0점) |
| 강도3 | 5점 |
| 강도4 | 8점 |
| 강도5 | 12점 |

서로의 【인연】 강도가 5에 도달하면 PC는 특전으로 해당 [막간]에 【신비】와 【마음】을 각각 10점씩 얻습니다.

### ▼2 【인연】 내용의 변경

PC가 가진 【인연】의 내용이 그때까지의 [장면]을 통해 변했다고 생각된다면, PL은 이야기꾼의 허가를 얻어 【인연】의 내용을 바꿀 수 있습니다.

### ▼3 【신비】와 【마음】의 입수

[막간] 마지막에 PC는 자신의 【인연】 강도에 대응하는 【신비】와 【마음】을 손에 넣습니다. 【신비】는 PC가 다른 캐릭터에 대해 맺은 【인연】 강도의 합계입니다. 【마음】은 다른 캐릭터가 PC에 대해 맺은 【인연】 강도의 합계입니다.

## ● 마지막 [막간] (P75)

세션 마지막에 할 일입니다. 우선, 어차피 [꿈]은 다음 시나리오에 가지고 갈 수 없으니 모조리 【인연】 강도를 높이기 위해 써버립니다. PC는 자신이 【인연】을 맺은 상대의 수만큼 【추억】을 얻습니다. 【추억】은 다음 세션 이후에 같은 점수의 【신비】나 【마음】처럼 사용할 수 있습니다. 마을 이외의 모든 【인연】을 【실】로 고쳐 씁니다.

## ● 실

예전에 만나 【실】을 만든 상대와 다른 세션에서 재회했다면, 해당하는 【실】은 내용을 그대로 유지한 채 강도 1의 【인연】이 됩니다.

# 🐾신비로운 요괴 TRPG🐾

# 저녁 노을 어스름

**초상화** 🍃

**이름 :** _____

**정체 :** _____

**나이 :** _____ 살

**성별 :** _____

**PL명 :** _____

## 인간 모습

🍃 **정체**

## 능력치

**요괴 (　)** 신기한 힘, 요괴 관련

**동물 (　)** 달리기, 느끼기, 숨기

**어른 (　)** 기계 다루기, 지식, 배려

**아이 (　)** 놀기, 어리광, 보호받기

## 기본 【특기】

- ● _____ (　)　● _____ (　)
- ● _____ (　)　● _____ (　)
- ● _____ (　)　● _____ (　)

## 【약점】　　　　　　　　추가 【특기】

- ○ _____ (　) ⬌ ● _____ (　)
- ○ _____ (　) ⬌ ● _____ (　)
- ○ _____ (　) ⬌ ● _____ (　)

🍃 **꿈** _____

🍃 **인연**

| | 내용 | | | 내용 | 상대 |
|---|---|---|---|---|---|
| 당신 (　) | ■■□□□□ | ➡ ☆ ⬅ | □□□□■■ | (　) | 마을 |
| 당신 (　) | □□□□□□ | ➡ ☆ ⬅ | □□□□□□ | (　) | |
| 당신 (　) | □□□□□□ | ➡ ☆ ⬅ | □□□□□□ | (　) | |
| 당신 (　) | □□□□□□ | ➡ ☆ ⬅ | □□□□□□ | (　) | |
| 당신 (　) | □□□□□□ | ➡ ☆ ⬅ | □□□□□□ | (　) | |
| 당신 (　) | □□□□□□ | ➡ ☆ ⬅ | □□□□□□ | (　) | |
| 당신 (　) | □□□□□□ | ➡ ☆ ⬅ | □□□□□□ | (　) | |
| 당신 (　) | □□□□□□ | ➡ ☆ ⬅ | □□□□□□ | (　) | |
| 당신 (　) | □□□□□□ | ➡ ☆ ⬅ | □□□□□□ | (　) | |
| 당신 (　) | □□□□□□ | ➡ ☆ ⬅ | □□□□□□ | (　) | |

🍃 **신비** _____ 　　　　_____ **마음**

🍃 **실**

| 상대 | 내용 | 상대 | 내용 | 추억 |
|---|---|---|---|---|
| • _____ | (　) | • _____ | (　) | |
| • _____ | (　) | • _____ | (　) | |
| • _____ | (　) | • _____ | (　) | |

# 신비로운 요괴 TRPG 저녁노을 어스름 인연 관리 시트

이름 : _____
정체 : _____
PL명 : _____
메모 : _____
_____
약점 : _____
약점 : _____
약점 : _____

(　) □□□□□➔☆←□□□□□ (　)

이름 : _____
정체 : _____
PL명 : _____
메모 : _____
_____
약점 : _____
약점 : _____
약점 : _____

(　)

이름: _____
정체: _____
메모: _____
_____

이름: _____
정체: _____
메모: _____
_____

(　)　(　)　(　)

이름 : _____
정체 : _____
PL명 : _____
메모 : _____
_____
약점 : _____
약점 : _____
약점 : _____

(　) □□□□□➔☆←□□□□□ (　)

이름 : _____
정체 : _____
PL명 : _____
메모 : _____
_____
약점 : _____
약점 : _____
약점 : _____

이름: _____
정체: _____
메모: _____
_____

● _____ 마을과의 인연

PC1 : _____
(　) □□□□□➔☆←□□□□□ (수용)
PC2 : _____
(　) □□□□□➔☆←□□□□□ (수용)
PC3 : _____
(　) □□□□□➔☆←□□□□□ (수용)
PC4 : _____
(　) □□□□□➔☆←□□□□□ (수용)
: _____
(　) □□□□□➔☆←□□□□□ (수용)

● 【약점】 극복
한 번 행동할 때마다
【신비】와 【마음】을 합계 6점 사용한다

이야기 이름: _____
이야기꾼: _____
이야기한 날: _____
이야기한 장소: _____

# 색인

# 신비로운 요괴 TRPG

# 저녁노을 어스름

**2019년 3월 6일 초판 1쇄 발행**

**원제    ふしぎもののけRPG    ゆうやけこやけ**

| | |
|---|---|
| **제작** | |
| **감수** | 카미야 료, RAP |
| **감독** | 시미즈 미케 |
| **게임 디자인** | 카미야 료 |
| **커버 일러스트** | 이케 |
| **권두 코믹** | 에비모모 |
| **표지·로고 디자인** | 이노우에 유우키 |
| **본문 일러스트** | 이케, 사사키 료、하마하라 요시오 |
| **본문 제작** | 카미야 료, 시미즈 미케, 샤미즈이, 타마네기 스나가 |
| **리플레이** | 샤미즈이 |
| **무척 신기한 규칙·사건표** | 후지나미 토모유키 |
| **저녁놀 점 시트** | 야스다 린 |
| **개발** | 하시다 슌스케、오오노 아카리 |
| **편집** | 시미즈 미케, 이노우에 유우키, 카지와라 케이스케 |
| **교정·그림 조정·색인 제작** | 키리베 유키 |
| **DTP디자인** | 이노우에 유우키 |

이 책의 내용은 픽션입니다. 실제 단체, 인물, 지명과는 관계가 없습니다. 세계관을 표현하기 위하여 현대의 가치관과 맞지 않는 용어를 사용하고 있으나, 차별을 조장하거나 특정 사상이나 종교를 권유 및 비방하려는 의도는 일절 없습니다.

**한국어판 제작**

| | |
|---|---|
| **총괄** | 곽건민(이그니시스) |
| **번역** | 유범 |
| **편집** | 곽건민(이그니시스), 정재민 |
| **교정** | 유범, 김효경, 곽건민(이그니시스) |
| **발행** | TRPG Club |

ISBN: 979-11-88546-11-4